Hinkel/Stollenwerk
Nachbarrecht Hessen

Nachbarrecht Hessen

mit außergerichtlicher Streitschlichtung

Kommentar

von

Dr. Karl Reinhard Hinkel
Ministerialrat a. D.

Detlef Stollenwerk
Verwaltungsfachwirt,
Stellv. Leiter des Fachbereichs Bürgerdienste,
Verbandsgemeinde Pellenz

9. Auflage

KOMMUNAL- UND SCHUL-VERLAG · WIESBADEN

Bibliografische Information der Deutschen Nationalbibliothek
Die Deutsche Nationalbibliothek verzeichnet diese Publikation in der Deutschen Nationalbibliografie; detaillierte bibliografische Daten sind im Internet über http://dnb.dnb.de abrufbar.

9. Auflage 2020

Satz: C.H.Beck.Media.Solutions · Nördlingen
Druck: CPI books

ISBN 978-3-8293-1560-9

Inhaltsübersicht

DIE GRENZWAND

FENSTER- UND LICHTRECHT

EINFRIEDUNGEN

EINWIRKUNGEN VOM NACHBARGRUNDSTÜCK

DULDUNGEN

Abkürzungsverzeichnis

a. A.	=	anderer Ansicht
a. a. O.	=	am angegebenen Ort
AbmarkungsG	=	Abmarkungsgesetz
AG	=	Amtsgericht
AGBGB	=	Ausführungsgesetz zum BGB
ALR	=	Allgemeines Landrecht für die preußischen Staaten 1794
Anh.	=	Anhang
Anl.	=	Anlage
Art.	=	Artikel
Az.	=	Aktenzeichen
BAnz.	=	Bundesanzeiger
BauGB	=	Baugesetzbuch
BauNVO	=	Baunutzungsverordnung
BauR	=	Baurecht (Zeitschrift)
BayObLGZ	=	Entscheidungen des Bayerischen Obersten Landesgerichts in Zivilsachen
BB	=	Betriebsberater (Zeitschrift)
BFStrG	=	Bundesfernstraßengesetz
BGB	=	Bürgerliches Gesetzbuch
BGBl.	=	Bundesgesetzblatt
BGH	=	Bundesgerichtshof
BGH LM	=	Nachschlagwerk des Bundesgerichtshofs, Hrsg. v. F. Lindenmaier, Ph. Möhring 1951 ff.
BGHZ	=	Entscheidungen des Bundesgerichtshofs in Zivilsachen
BImSchG	=	Bundes-Immissionsschutzgesetz
BVerfGE	=	Entscheidungen des Bundesverfassungsgerichts
BVerwG	=	Bundesverwaltungsgericht
BVerwGE	=	Entscheidungen des Bundesverwaltungsgerichts
db (dB)	=	Dezibel, Messeinheit für Lautstärke
Dehner, W.	=	Nachbarrecht, 7. Aufl.
DJurTag	=	Deutscher Juristentag, Veröffentlichungen
DJZ (JZ)	=	Deutsche Juristenzeitung (Zeitschrift)
DÖV	=	Die Öffentliche Verwaltung (Zeitschrift)
DVBl	=	Deutsches Verwaltungsblatt (Zeitschrift)
DWW	=	Deutsche Wohnungswirtschaft (Zeitschrift)
EGBGB	=	Einführungsgesetz zum Bürgerlichen Gesetzbuch
EGZPO	=	Einführungsgesetz zur Zivilprozessordnung
Entw.	=	Entwurf
ErbbauVO	=	Verordnung über das Erbbaurecht
Erl.	=	Erläuterungen
FAG	=	Finanzausgleichsgesetz
FStrG	=	Bundesfernstraßengesetz
GastG	=	Gaststättengesetz
GG	=	Grundgesetz

GMBl.	=	Gemeinsames Ministerialblatt des Bundesministers d. Innern u. a.
GS	=	Preußische Gesetzessammlung
GVBl.	=	Hessisches Gesetz- und Verordnungsblatt
HBO	=	Hessische Bauordnung
Hess. AGBGB	=	Hessisches Ausführungsgesetz zum BGB
Hess. ForstG	=	Hessisches Forstgesetz
Hess. Verw. Rechtspr.	=	Rechtssprechung der hessischen Verwaltungsgerichte (Beilage zum Staatsanzeiger für das Land Hessen)
HessVGH	=	Hessischer Verwaltungsgerichtshof
HL	=	Herrschende Lehre
HNachbG	=	Hessisches Nachbarrechtsgesetz
HSchAG	=	Hessisches Schiedamtsgesetz
HSchlG	=	Gesetz zur Regelung der außergerichtlichen Streitschlichtung
HSOG	=	Hessisches Gesetz über die öffentliche Sicherheit und Ordnung
HStrG	=	Hessisches Straßengesetz
HV	=	Hessische Verfassung
HVGG	=	Hessisches Vermessungs- und Geoinformationsgesetz
HVwfG	=	Hessisches Verwaltungsverfahrensgesetz
HWG	=	Hessisches Wassergesetz
i. d. F.	=	in der Fassung
JZ	=	Juristenzeitung (Zeitschrift)
Kom.	=	Kommentar
Kurhess. VO	=	Kurhessische Verordnung
LärmVO	=	Lärmverordnung
LG	=	Landgericht
LM	=	Nachschlagewerk des Bundesgerichtshofs Hrsg. Lindenmaier/ Möhring (Entscheidungssammlung)
LNRG RhPf	=	Nachbarrechtsgesetz Rheinland-Pfalz
LT-Drs.	=	Landtagsdrucksache
MDR	=	Monatsschrift für Deutschen Recht
m. w. N.	=	mit weiteren Nachweisen
NJW	=	Neue Juristische Wochenschrift (Zeitschrift)
NJW-RR	=	NJW-Rechtsprechungsreport (Zeitschrift)
n. v.	=	nicht veröffentlicht
NVwZ	=	Neue Zeitschrift für Verwaltungsrecht
OLG	=	Oberlandesgericht
OVG	=	Oberverwaltungsgericht
OWiG	=	Ordnungswidrigkeitengesetz
Preuß. Allg. Landrecht (PreußALR)	=	Preußisches Allgemeines Landrecht
RdNr.	=	Randnummer
RG	=	Reichsgericht
RGBl.	=	Reichsgesetzblatt
RGK	=	Das BGB, erläutert von Reichsgerichtsräten
RGZE	=	Entscheidungen des Reichsgerichts in Zivilsachen
Rspr.	=	Rechtsprechung

StAnz.	=	Staatsanzeiger für das Land Hessen
StGB	=	Strafgesetzbuch
StVO	=	Straßenverkehrsordnung
StVZO	=	Straßenverkehrszulassungsordnung
TA-Lärm	=	Technische Anleitung zum Schutz gegen Lärm
TA-Luft	=	Technische Anleitung zur Reinhaltung der Luft
TÜV	=	Technischer Überwachungsverein
Urt.	=	Urteil
VDI	=	Verband Deutscher Ingenieure
Verh f. d. 31. Djurtag	=	Verhandlungen für den 31. Deutschen Juristentag
VersR	=	Versicherungsrecht (Zeitschrift)
VGH	=	Hessischer Verwaltungsgerichtshof
VwV	=	Verwaltungsvorschriften
WEG	=	Wohnungseigentumsgesetz
WHG	=	Wasserhaushaltsgesetz
WM	=	Wohnungswirtschaft und Mietrecht (Zeitschrift)
WPM	=	Zeitschrift für Wirtschafts- und Bankrecht (Wertpapiermitteilungen)
ZMR	=	Zeitschrift für Miet- und Raumrecht
ZPO	=	Zivilprozeßordnung

Vorwort

Die freie Entfaltung der Persönlichkeit, insbesondere die Eigentumsgestaltung konzentriert sich in hohem Maße auf den häuslichen Bereich. Die Freude an Haus, Hof und Garten findet in vielfältiger Weise ihre Ausprägung. Der den Unbillen der nachindustriellen Gesellschaft ausgesetzte Mensch sucht ein Refugium. Kaum anderswo treffen unterschiedliche Interessen der Menschen so unmittelbar aufeinander wie bei Grundstücksnachbarn. Das gilt vorzugsweise in der dichtbesiedelten Bundesrepublik Deutschland und ganz und gar in Agglomerationen.

Interessenkonflikte sind dabei unausbleiblich. Der im Laufe der letzten Jahrzehnte verminderte Gemeinschaftssinn und die zunehmende Rücksichtslosigkeit in unserer Gesellschaft verschärfen die Konflikte in unerfreulichem Maße. In vielen Fällen sind Situationen und Zustände zwischen Nachbarn eingetreten, bei denen das rechtswidrige Verhalten der einen Seite von der anderen seit Jahren hingenommen wird, sei es, dass man Auseinandersetzungen scheut, sei es, dass der Betroffene davon ausgeht, auch er werde die Nachsichtigkeit des anderen einmal in Anspruch nehmen müssen. In der Tat sind Nachbarschaftsverhältnisse häufig in ihrer Interessenlage so verschränkt, dass es nicht ratsam erscheint, sich einseitig strikt auf Rechtspositionen zu berufen. Damit soll keiner Interessenjurisprudenz das Wort geredet werden. Sicherlich lebt jedoch das Nachbarschaftsverhältnis zu einem wesentlichen Teil von Toleranz und Ausgleich.

Andere Entwicklungen, wie das geschärfte Umweltbewusstsein, beeinflussen ebenfalls das Nachbarschaftsverhältnis. Geräusche und Gerüche von Nachbargrundstücken erhöhen noch die ohnehin bestehende Umweltverschmutzung und -belastung. Bäume und Sträucher haben, auch wenn sie nicht den vorgeschriebenen Grenzabstand aufweisen, eine große Bedeutung für die Gesundheit der Menschen. Die Vorschriften des Nachbarrechts sind vor diesem Hintergrund und im Lichte dieser Entwicklung zu sehen. Entsprechende Überlegungen sind in die Kommentierung des Gesetzes einbezogen worden. Gerade weil das Hessische Nachbarrechtsgesetz nachgiebiges Recht ist und der Privatautonomie großen Spielraum lässt, erscheint es wichtig zu erkennen, dass diese Vorschriften nicht nur Anspruchsgrundlagen für streitige Auseinandersetzungen, sondern auch Rechtsgrundlagen und Rahmen für ausgleichende Verhandlungen sind.

Einführung

Unter Nachbarrecht versteht man die Rechtsnormen, die den Inhalt des Eigentums mit dem Ziel eines Ausgleichs der widerstreitenden Interessen benachbarter Grundstückseigentümer bestimmen.

Der **privatrechtliche Nachbarschutz** wird zunächst durch mehrere Vorschriften des BGB, insbesondere durch die §§ 903 ff. BGB und die Art. 122, 123 und 124 EGBGB geregelt. Darüber hinaus haben die Länder, so auch Hessen, Nachbarrechtsgesetze erlassen (vgl. unten). Die nachbarrechtlichen Vorschriften gelten nicht nur für das Verhältnis zwischen den Eigentümern benachbarter Grundstücke, sondern auch zugunsten und zu Lasten desjenigen, der auf Grund eines dinglichen Rechts (z. B. eines Nießbrauchs, eines dinglichen Wohnrechts, eines Erbbaurechts) zur Nutzung eines Grundstücks berechtigt ist, aber auch desjenigen, dem der Eigentümer durch schuldrechtlichen Vertrag (Miete, Pacht, Leihe) den Besitz des Grundstücks überlassen hat. **Der Besitzer** (Mieter, Pächter, Entleiher) wird gegen eine Beeinträchtigung seines Besitzes nach §§ 861, 862 BGB **geschützt**. Auch insoweit gelten kraft Bundesrechts die gleichen Grundsätze für das Verhältnis Besitzer zu Eigentümer und Besitzer zu Besitzer (z. B. Mieter zu Mieter) wie zwischen den Eigentümern.

Unter nachbarrechtlichen Konflikten verstand man früher nur Streitigkeiten zwischen Eigentümern aneinandergrenzender Grundstücke. Für die neuere Rechtsentwicklung ist der Bereich, in dem ein Grundstückseigentümer nachbarrechtliche Ansprüche geltend machen kann, ausgeweitet worden. Das hängt mit der technischen Entwicklung (z. B. Lärm- und Geräuschimmissionen) zusammen (*Stollenwerk*, ZMR 1999 S. 7 u. 90).

Das **öffentliche Nachbarrecht**, z. B. das Baurecht (HBO), insbesondere das Planungsrecht und Bauordnungsrecht, geht dem privaten Nachbarrecht vor (vgl. Erl. zu § 45 HNachbG). Es regelt, wie der Bauherr sein Grundstück im Wege der Bebauung nutzen darf. Innerhalb dieser ihm gewährten Freiheit kann der Bauherr seinen Bauanspruch konkretisieren. Entspricht das Bauvorhaben den baurechtlichen Vorschriften, so muss der Nachbar des Bauherrn die Errichtung des Bauwerks im Rahmen des öffentlichen Rechts grundsätzlich dulden. Soweit das öffentliche Recht nachbarschützende Vorschriften enthält, hat der BGH darin die Qualität von Schutzgesetzen i. S. des § 823 BGB gesehen (BGHZ 40, 306; 66, 354). Werden diese Rechte im Rahmen eines Bauvorhabens verletzt, kann sich der Geschützte wehren. Insoweit gilt der öffentliche Rechtsweg vor den Verwaltungsgerichten; durch den genehmigenden Verwaltungsakt kann der Nachbar betroffen sein. Passiv-Beklagter ist die Körperschaft des öffentlichen Rechts, d. h. die kreisfreie Stadt oder der Landkreis, jeweils vertreten durch den Magistrat bzw. den Kreisausschuss.

Dieser Weg über die Schutznorm erwies sich freilich in der Praxis als immer weniger brauchbar, da sich der Gesetzgeber dem Wunsch nach nachbarschützenden Vorschriften zunehmend verschloss. Als Ausweg hat das Bundesverwaltungsgericht das Gebot der Rücksichtnahme entwickelt (hierzu *Alexy*, DÖV 1984 S. 953). Je verständlicher und unabweisbarer die mit dem Vorhaben verfolgten Interessen sind, umso weniger braucht derjenige, der das Vorhaben verwirklichen will, Rücksicht zu nehmen (BVerwGE 52 S. 122, 126). Zum öffentlich-rechtlichen und privatrechtlichen Nachbarschutz, *Achim Seidel*, NJW-Schriftenreihe 2000, Bd. 13.

Im **Entwurf der Landesregierung** für ein Hessisches Nachbarrechtsgesetz (LT-Drs. Abt. I Nr. 1092 vom 20.6.1961, S. 3310) ist das Ziel des Gesetzes wie folgt umschrieben:

„Der Entwurf will die Rechtszersplitterung auf nachbarrechtlichem Gebiet beseitigen und unter Berücksichtigung moderner Erkenntnisse und Erfahrungen auf baurechtlichem Gebiet ein einheitliches Nachbarrecht für Hessen schaffen."

Die Regierungsvorlage für ein Hessisches Nachbarrechtsgesetz enthielt keine Vorschriften über das Fenster- und Lichtrecht. Diese Vorschriften sind erst durch den Hessischen Landtag eingefügt worden. Dieser war der Auffassung, das Fenster- und Lichtrecht müsse geregelt werden.

Nicht geregelt ist im Hessischen Nachbarrechtsgesetz das Anwende- oder Schwengelrecht, auch Tret-, Kehr- oder Pflugrecht genannt. Dabei handelt es sich um das Recht des Grundstückseigentümers, auf dem Grundstück des Nachbarn zu wenden. Die Entwicklung – insbesondere durch die vorgenommenen Umlegungen – schien es zu rechtfertigen, diese Regelungen als entbehrlich anzusehen.

Schließlich enthält das Hessische Nachbarrechtsgesetz auch nicht das Recht der engen Reihe, Winkel oder Schluchten. Hierunter versteht man schmale Zwischenräume zwischen Gebäuden wie sie häufig in mittelalterlichen Altstädten vorgefunden werden. Sie wurden als Feuergassen, Lichtschächte oder Abflussrinnen geschaffen, haben heute ihre Bedeutung verloren oder werden bei Gelegenheit auf Veranlassung der Baubehörden beseitigt.

Die Regierungsvorlage des Hessischen Nachbarrechtsgesetzes enthielt eine Regelung über das Lagern von Holz, Brettern und anderen Stoffen und schrieb hierfür gewisse Grenzabstände vor. Der Hessische Landtag hat diese Vorschrift nicht übernommen. Entsprechende Regelungen finden sich in feuerpolizeilichen Bestimmungen.

Nach der **Regelung für die außergerichtliche Streitschlichtung** können Klagen vor den Gerichten der ordentlichen Gerichtsbarkeit ab 1.6.2001 **nur** erhoben werden, nachdem von einer Gütestelle versucht worden ist, die Streitigkeit einvernehmlich beizulegen.

Dies gilt grundsätzlich für

- Ansprüche aus §§ 906, 910, 911, 923 BGB und nach dem Hess. NRG sowie
- Streitigkeiten über Ansprüche wegen Verletzungen der persönlichen Ehre.

Wegen der Einzelheiten wird auf den Abdruck und die Kommentierung der neuen Regelung im Anschluss an das Hess. Nachbarrechtsgesetz hingewiesen.

Die **Kommentierung** des Hess. NRG geht nicht auf die vor diesem Gesetz bestehende Rechtslage (Partikularrecht) ein. Sie erläutert fortlaufend die Vorschriften des HNachbG und fügt die im Zusammenhang hiermit stehenden anderen Vorschriften, insbesondere die des BGB, ein. Der Zusammenhang der verschiedenen Vorschriften – auch der Vorschriften des öffentlichen Rechts – wird, soweit notwendig, in einer allgemeinen Erläuterung zu dem jeweiligen Abschnitt dargestellt, ungeachtet dessen, dass in den Kommentierungen zu den einzelnen Vorschriften weitergehende Hinweise auf öffentlich-rechtliche Vorschriften enthalten sind. Die Kommentierung ist in Abschnitte aufgeteilt, die sich nach dem sachlichen Zusammenhang richten.

Hessisches Nachbarrechtsgesetz

vom 24. September 1962 (GVBl. I S. 417), zuletzt geändert durch Gesetz vom 28. September 2014 (GVBl. S. 218)

– Text –

ERSTER ABSCHNITT
NACHBARWAND

§ 1
Errichten einer Nachbarwand

(1) Nachbarwand ist die auf der Grenze zweier Grundstücke errichtete Wand, die den auf diesen Grundstücken errichteten oder zu errichtenden Bauwerken als Abschlußwand oder zur Unterstützung oder Aussteifung dient oder dienen soll.

(2) Der Eigentümer eines Grundstücks darf eine Nachbarwand errichten, wenn

1. **die Bebauung seines und des benachbarten Grundstücks bis an die Grenze vorgeschrieben oder zugelassen ist und**
2. **der Eigentümer des benachbarten Grundstücks einwilligt.**

§ 2
Beschaffenheit der Nachbarwand

Die Nachbarwand ist in der Art und in der Dicke auszuführen, wie es notwendig ist, um den beabsichtigten Zweck zu erreichen. Höchstens mit der Hälfte der hiernach gebotenen Dicke darf sie das angrenzende Grundstück in Anspruch nehmen.

§ 3
Anbau an die Nachbarwand

(1) Der Eigentümer des Nachbargrundstücks ist berechtigt, an die Nachbarwand anzubauen. Anbau ist die Mitbenutzung der Nachbarwand als Abschlußwand oder zur Unterstützung oder Aussteifung des neuen Bauwerks.

(2) Der anbauende Eigentümer des Nachbargrundstücks ist zur Zahlung einer Vergütung in Höhe des halben Wertes der Nachbarwand, höchstens des halben Wertes einer Nachbarwand im Sinne des § 2 Satz 1 verpflichtet, soweit die Nachbarwand durch den Anbau genutzt ist. Nimmt die Nachbarwand von dem angrenzenden Grundstück eine größere Bodenfläche in Anspruch, als § 2 Satz 2 vorsieht, so ist dies bei der Festsetzung der Vergütung angemessen zu berücksichtigen. Für die Berechnung des Wertes der Nachbarwand und für die Fälligkeit der Vergütung ist der Zeitpunkt der Rohbauabnahme des Anbaus maßgebend. Auf Verlangen ist Sicherheit in Höhe der voraussichtlich zu gewährenden Vergütung zu leisten; in solchem Falle darf der Anbau erst nach Leistung der Sicherheit begonnen oder fortgesetzt werden.

(3) Bis zum Anbau an die Nachbarwand fallen die Unterhaltungskosten dem Eigentümer allein zur Last. Nach dem Anbau sind die Unterhaltungskosten für den gemeinsam genutzten Teil der Nachbarwand von beiden Grundstückseigentümern entsprechend dem Verhältnis ihrer Beteiligung gemäß Abs. 2 Satz 1 und 2 zu tragen.

§ 4
Nichtbenutzen der Nachbarwand

(1) Wird das spätere Bauwerk nicht an die Nachbarwand angebaut, so hat der anbauberechtigte Eigentümer des Nachbargrundstücks für die durch die Errichtung der Nachbarwand entstandenen Mehraufwendungen gegenüber den Kosten der Herstellung einer Grenzwand (§ 8 Abs. 1) Ersatz zu leisten; dabei ist in angemessener Weise zu berücksichtigen, daß das Nachbargrundstück durch die Nachbarwand teilweise weiter genutzt wird. Der zu erstattende Betrag darf jedoch nicht höher sein als der, den der Eigentümer des Nachbargrundstücks im Falle des Anbaus nach § 3 Abs. 2 Satz 1 bis 3 zu zahlen hätte. Der Anspruch wird mit der Rohbauabnahme des späteren Bauwerks fällig.

(2) Der anbauberechtigte Eigentümer des Nachbargrundstücks ist ferner verpflichtet, die Fuge zwischen der Nachbarwand und seinem an die Nachbarwand herangebauten Bauwerk auf seine Kosten bündig mit der Außenfläche seines Bauwerks zu verdecken.

§ 5
Beseitigen der Nachbarwand

(1) Der Eigentümer der Nachbarwand ist berechtigt, die Nachbarwand ganz oder teilweise zu beseitigen, solange und soweit noch nicht angebaut ist.

(2) Das Recht nach Abs. 1 besteht nicht, wenn der anbauberechtigte Eigentümer des Nachbargrundstücks die Absicht, die Nachbarwand ganz oder teilweise durch Anbau zu nutzen, dem Eigentümer der Nachbarwand anzeigt und spätestens binnen 6 Monaten den erforderlichen Bauantrag bei der Bauaufsichtsbehörde einreicht.

(3) Abs. 2 ist nicht anwendbar, wenn der Eigentümer der Nachbarwand, bevor er eine Anzeige nach Abs. 2 erhalten hat, die Absicht, die Nachbarwand ganz oder teilweise zu beseitigen, dem Eigentümer des Nachbargrundstücks anzeigt und spätestens binnen 6 Monaten den erforderlichen Bauantrag bei der Bauaufsichtsbehörde einreicht.

(4) Gehen die Anzeigen nach Abs. 2 und 3 ihren Empfängern gleichzeitig zu, so hat die Anzeige nach Abs. 3 keine Rechtswirkung.

(5) Macht der Eigentümer der Nachbarwand von seinem Beseitigungsrecht zulässigen Gebrauch, so hat er dem Eigentümer des Nachbargrundstücks für die Dauer der Nutzung des Nachbargrundstücks durch den hinübergebauten Teil der Nachbarwand eine angemessene Vergütung zu leisten. Beseitigt der Eigentümer der Nachbarwand diese ganz oder teilweise, obwohl gemäß Abs. 2 ein Recht hierzu nicht besteht, so hat er dem anbauberechtigten Eigentümer des Nachbargrundstücks Ersatz für den durch die völlige oder teilweise Beseitigung der Anbaumöglichkeit zugefügten Schaden zu leisten; der Anspruch wird mit der Rohbauabnahme des späteren Bauwerks fällig.

§ 6
Erhöhen der Nachbarwand

Jeder Grundstückseigentümer ist berechtigt, die Nachbarwand in voller Dicke auf seine Kosten zu erhöhen. Für den erhöhten Teil der Nachbarwand gelten die §§ 3, 4 Abs. 2, sowie § 5 Abs. 1 bis 4 und Abs. 5 Satz 2 entsprechend.

§ 7
Verstärken der Nachbarwand

Jeder Grundstückseigentümer darf die Nachbarwand auf seinem Grundstück verstärken.

ZWEITER ABSCHNITT
GRENZWAND

§ 8
Anbau an eine Grenzwand

(1) Grenzwand ist die an der Grenze zum Nachbargrundstück auf dem Grundstück des Erbauers errichtete Wand.

(2) Der Eigentümer des Nachbargrundstücks darf eine Grenzwand durch Anbau nutzen, wenn der Eigentümer der Grenzwand einwilligt. Anbau ist die Mitbenutzung der Grenzwand als Abschlußwand oder zur Unterstützung oder Aussteifung des neuen Bauwerks.

(3) Der anbauende Eigentümer des Nachbargrundstücks hat eine Vergütung in Höhe des halben Wertes der Grenzwand, soweit sie durch den Anbau genutzt ist, zu zahlen und ferner eine angemessene Vergütung dafür zu leisten, daß er den für die Errichtung einer eigenen Abschlußwand erforderlichen Baugrund einspart. Für die Berechnung des Wertes der Grenzwand und für die Fälligkeit der Vergütung ist der Zeitpunkt der Rohbauabnahme des Anbaus maßgebend. Auf Verlangen ist Sicherheit in Höhe der voraussichtlich zu gewährenden Vergütung zu leisten; in solchem Falle darf der Anbau erst nach Leistung der Sicherheit begonnen oder fortgesetzt werden.

(4) Nach dem Anbau sind die Unterhaltungskosten für den gemeinsam genutzten Teil der Grenzwand von den beiden Grundstückseigentümern zu gleichen Teilen zu tragen.

§ 9
Errichten einer zweiten Grenzwand

Steht auf einem Grundstück ein Bauwerk an der Grenze und wird später auf dem Nachbargrundstück an dieser Grenze ein Bauwerk errichtet, aber nicht an die Grenzwand angebaut, so ist dessen Erbauer verpflichtet, die Fuge zwischen den Grenzwänden auf seine Kosten bündig mit der Außenfläche des Bauwerks zu verdecken.

§ 10
Besondere Gründung

(1) Auf Verlangen des Eigentümers des Nachbargrundstücks ist der Erbauer eines an der gemeinsamen Grenze zu errichtenden Bauwerks verpflichtet, eine solche Gründung vorzunehmen, daß bei der späteren Durchführung des Bauvorhabens des Eigentümers des Nachbargrundstücks zusätzliche Baumaßnahmen vermieden werden. Der Eigentümer des Nachbargrundstücks kann das Verlangen nur bis zum Eingang des Bauantrags bei der Bauaufsichtsbehörde dem Bauherrn gegenüber stellen.

(2) Die durch das Verlangen nach Abs. 1 entstehenden Mehrkosten sind zu erstatten. In Höhe der voraussichtlich erwachsenden Mehrkosten ist auf Verlangen des Bauherrn binnen zwei Wochen Vorschuß zu leisten. Der Anspruch auf die besondere Gründung erlischt, wenn der Vorschuß nicht fristgerecht geleistet wird.

(3) Soweit der Bauherr die besondere Gründung auch zum Vorteil seines Bauwerks ausnutzt, beschränkt sich die Erstattungspflicht des Eigentümers des Nachbargrundstücks

auf den angemessenen Kostenanteil. Bereits gezahlte Kosten können zurückgefordert werden.

§ 10a
Wärmedämmung

(1) Der Eigentümer und die Nutzungsberechtigten eines Grundstücks haben Bauteile, die auf ihr Grundstück übergreifen, zu dulden, wenn

1. es sich bei den übergreifenden Bauteilen um eine Wärmedämmung handelt, die über die Bauteilanforderungen der Energieeinsparungsverordnung vom 24.7.21007 (BGBl. I S. 1519), geändert durch Verordnung vom 29. April 2009 (BGBl I S. 954), in der jeweils geltenden Fassung für bestehende Gebäude nicht hinausgeht,
2. eine vergleichbare Wärmedämmung auf andere Weise mit vertretbaren Aufwand nicht vorgenommen werden kann und
3. die übergreifenden Bauteile
   a) an einer vorhandenen einseitigen Grenzwand auf dem Nachbargrundstück angebracht werden kann,
   b) die Benutzung des betroffenen Grundstücks nicht oder nur geringfügig beeinträchtigten und
   c) öffentlich-rechtlichen Vorschriften nicht widersprechen.

Die Duldungspflicht nach Satz 1 erstreckt sich auf die mit einer Wärmedämmung zusammenhängenden notwendigen Änderungen von Bauteilen.

(2) Für die Verpflichtung zum Schadensersatz und zur Anzeige gelten die §§ 23 und 24 entsprechend mit der Maßgabe, dass die Frist zur Anzeige einen Monat beträgt und die Anzeige Art und Umfang der Baumaßnahme umfassen muss.

(3) Dem Eigentümer des betroffenen Grundstücks ist ein angemessener Ausgleich in Geld zu leisten. Sofern nichts anderes vereinbart wird, gelten § 912 Abs. 2 und die §§ 913 und 914 des Bürgerlichen Gesetzbuchs entsprechend.

§ 10b
Über die Grenze gebaute Wand

Die Vorschriften für die Grenzwand gelten entsprechend für eine über die Grenze hinausreichende Wand, die keine Nachbarwand im Sinne von § 1 Abs. 1 ist und zu deren Duldung der Eigentümer und die Nutzungsberechtigten des Nachbargrundstücks verpflichtet sind.

DRITTER ABSCHNITT
FENSTER- UND LICHTRECHT

§ 11
Umfang und Inhalt

(1) In oder an der Außenwand eines Gebäudes, die parallel oder in einem Winkel bis zu 60° zur Grenze des Nachbargrundstücks verläuft, dürfen Fenster oder Türen oder zum Betreten bestimmte Bauteile nur mit der Einwilligung des Eigentümers des Nachbargrundstücks angebracht werden, wenn die Fenster, die Türen oder die Bauteile von der Grenze einen geringeren Abstand als 2,5 m einhalten sollen.

(2) Die Einwilligung muß erteilt werden, wenn keine oder nur geringfügige Beeinträchtigungen zu erwarten sind.

§ 12
Ausnahmen

§ 11 Abs. 1 gilt nicht,

1. soweit nach öffentlich-rechtlichen Vorschriften Fenster, Türen oder zum Betreten bestimmte Bauteile anzubringen sind;
2. für lichtdurchlässige, jedoch undurchsichtige und gegen Feuereinwirkung widerstandsfähige Wandbauteile;
3. für Außenwände gegenüber Grenzen zu öffentlichen Straßen, zu öffentlichen Grünflächen und zu Gewässern.

§ 13
Ausschluß des Beseitigungsanspruchs

Der Anspruch auf Beseitigung einer Einrichtung nach § 11 Abs. 1, die einen geringeren als den in § 11 Abs. 1 vorgeschriebenen Abstand einhält, ist ausgeschlossen,

1. wenn die Einrichtung bei Inkrafttreten dieses Gesetzes vorhanden ist und ihr Abstand dem bisherigen Recht entspricht oder
2. wenn der Nachbar nicht binnen einem Jahr nach dem Anbringen der Einrichtung Klage auf Beseitigung erhoben hat; diese Frist beginnt frühestens mit dem Inkrafttreten dieses Gesetzes.

VIERTER ABSCHNITT
EINFRIEDUNG

§ 14
Errichtung

(1) Der Eigentümer eines bebauten oder gewerblich genutzten Grundstücks ist auf Verlangen des Eigentümers des Nachbargrundstücks verpflichtet, sein Grundstück einzufrieden, soweit die Grenze zum Nachbargrundstück nicht mit Gebäuden besetzt ist. Sind beide Grundstücke bebaut oder gewerblich genutzt, so sind die Eigentümer der beiden Grundstücke gegenseitig verpflichet, bei der Errichtung der Einfriedung mitzuwirken. Stellt das Verlangen nach Satz 1 der Eigentümer eines Grundstücks, das weder bebaut noch gewerblich genutzt ist, aber innerhalb eines im Zusammenhang bebauten Ortsteils gelegen oder in einem Bebauungsplan als Bauland ausgewiesen ist, so ist er berechtigt, bei der Errichtung der Einfriedung mitzuwirken.

(2) Die Einfriedung ist im Falle des Abs. 1 Satz 1 – vorbehaltlich des § 16 Abs. 1 – entlang der Grenze, in den übrigen Fällen auf der Grenze zu errichten.

(3) Als gewerblich genutzt im Sinne des Abs. 1 Satz 1 gilt nicht ein Grundstück, das dem Erwerbsgartenbau dient.

§ 15
Beschaffenheit

Die Einfriedung besteht aus einem ortsüblichen Zaun; läßt sich eine ortsübliche Einfriedung nicht feststellen, so besteht sie aus einem 1,2 m hohen Zaun aus verzinktem Maschendraht. Schreiben öffentlich-rechtliche Vorschriften eine andere Art der Einfriedung vor, so tritt diese an die Stelle der in Satz 1 genannten Einfriedungsart.

§ 16

Abstand von der Grenze

(1) Die Einfriedung muß von der Grenze eines Grundstücks, das außerhalb eines im Zusammenhang bebauten Ortsteils liegt und nicht in einem Bebauungsplan als Bauland ausgewiesen ist, 0,5 m zurückbleiben, auch wenn ein Verlangen nach § 14 Abs. 1 nicht gestellt worden ist. Dies gilt nicht gegenüber Grundstücken, für die nach Lage, Beschaffenheit oder Größe eine Bearbeitung mit Gespann oder Schlepper nicht in Betracht kommt.

(2) Der Anspruch auf Beseitigung einer Einfriedung, die einen geringeren als den nach Abs. 1 vorgeschriebenen Abstand einhält, ist ausgeschlossen,

1. wenn die Einfriedung bei Inkrafttreten dieses Gesetzes vorhanden ist und ihr Abstand dem bisherigen Recht entspricht oder
2. wenn der Nachbar nicht binnen zwei Jahren nach der Errichtung Klage auf Beseitigung erhoben hat; diese Frist beginnt frühestens mit dem Inkrafttreten dieses Gesetzes.

(3) Wird eine Einfriedung, die einen geringeren als den nach Abs. 1 vorgeschriebenen Abstand einhält, durch eine andere ersetzt, so gilt Abs. 1.

§ 17

Kosten der Errichtung

(1) In den Fällen des § 14 Abs. 1 Satz 2 und 3 tragen die beteiligten Grundstückseigentümer die Kosten der Errichtung der Einfriedung zu gleichen Teilen.

(2) Wird das an ein eingefriedetes Grundstück angrenzende Grundstück bebaut oder gewerblich genutzt, so ist der Eigentümer des angrenzenden Grundstücks, sofern eine Verpflichtung zur Übernahme anteiliger Errichtungskosten für ihn noch nicht entstanden ist, zur Zahlung einer Vergütung in Höhe der Hälfte der Kosten der Errichtung der Einfriedung unter angemessener Berücksichtigung der bisherigen Abnutzung verpflichtet; das gleiche gilt, wenn das angrenzende Grundstück in den im Zusammenhang bebauten Ortsteil einbezogen oder in einem Bebauungsplan als Bauland ausgewiesen wird, sofern der Eigentümer dieses Grundstücks oder sein Rechtsvorgänger die Errichtung der Einfriedung verlangt hatte.

(3) Der Berechnung sind die Errichtungskosten einer Einfriedung im Sinne des § 15, höchstens die tatsächlichen Aufwendungen, einschließlich der Eigenleistungen, zugrunde zu legen. Ist nur für eines der beiden Grundstücke eine Einfriedungsart nach § 15 Satz 2 vorgeschrieben, so sind der Berechnung die Errichtungskosten einer Einfriedung nach § 15 Satz 1, höchstens die tatsächlichen Aufwendungen, einschließlich der Eigenleistungen, zugrunde zu legen.

§ 18

Kosten der Unterhaltung

(1) Die Kosten der Unterhaltung der Einfriedung tragen die beteiligten Grundstückseigentümer je zur Hälfte, wenn für sie oder ihre Rechtsvorgänger die Verpflichtung zur Tragung von Errichtungskosten begründet worden ist.

(2) § 17 Abs. 3 gilt entsprechend.

§ 19

Ausnahmen

Die §§ 14 bis 18 gelten nicht für Einfriedungen zwischen Grundstücken und den an sie angrenzenden öffentlichen Straßen, öffentlichen Grünflächen und Gewässern.

FÜNFTER ABSCHNITT

VERÄNDERUNG DES GRUNDWASSERSPIEGELS

§ 20

Der Eigentümer und die Nutzungsberechtigten eines Grundstücks dürfen auf dessen Untergrund mit physikalischen oder chemischen Mitteln nicht in einer Weise einwirken, daß der Grundwasserspiegel steigt oder sinkt und dadurch auf einem Nachbargrundstück erhebliche Beeinträchtigungen hervorgerufen werden.

SECHSTER ABSCHNITT

WILD ABFLIESSENDES WASSER

§ 21

Abfluß und Zufluß

(1) Wild abfließendes Wasser ist oberirdisch außerhalb eines Bettes abfließendes Quell- oder Niederschlagswasser.

(2) Der Eigentümer und die Nutzungsberechtigten eines Grundstücks dürfen nicht

1. **den Abfluß wild abfließenden Wassers auf Nachbargrundstücke verstärken,**
2. **den Zufluß wild abfließenden Wassers von Nachbargrundstücken auf ihr Grundstück hindern,**

wenn dadurch die Nachbargrundstücke erheblich beeinträchtigt werden.

(3) Der Eigentümer und die Nutzungsberechtigten eines Grundstücks dürfen den Abfluß von Niederschlagswasser von ihrem Grundstück auf Nachbargrundstücke mindern oder unterbinden.

§ 22

Wiederherstellung des früheren Zustandes

(1) Haben Naturereignisse den Abfluß wild abfließenden Wassers von einem Grundstück auf ein Nachbargrundstück verstärkt oder den Zufluß wild abfließenden Wassers von einem Nachbargrundstück auf ein Grundstück gemindert oder unterbunden und wird dadurch das Nachbargrundstück erheblich beeinträchtigt, so müssen der Eigentümer und die Nutzungsberechtigten des Grundstücks die Wiederherstellung des früheren Zustandes durch den Eigentümer und die Nutzungsberechtigten des beeinträchtigten Nachbargrundstücks dulden.

(2) Die Wiederherstellung muß binnen drei Jahren vom Ende des Jahres ab, in dem die Veränderung eingetreten ist, durchgeführt werden. Während der Dauer eines Rechtsstreits über die Verpflichtung zur Duldung der Wiederherstellung ist der Lauf der Frist für die Prozeßbeteiligten gehemmt.

§ 23

Schadensersatz

Schaden, der bei Ausübung des Rechts auf dem betroffenen Grundstück entsteht, ist zu ersetzen. Auf Verlangen ist Sicherheit in Höhe des voraussichtlichen Schadensbetrags zu leisten; in solchem Falle darf das Recht erst nach Leistung der Sicherheit ausgeübt werden.

§ 24

Anzeigepflicht

(1) Die Absicht, das Recht nach § 22 Abs. 1 auszuüben, ist zwei Wochen vor Beginn der Bauarbeiten dem Eigentümer und, soweit deren Rechtsstellung oder Besitzstand davon berührt wird, auch den Nutzungsberechtigten des betroffenen Grundstücks anzuzeigen.

(2) Ist der Duldungspflichtige, der nicht unmittelbarer Besitzer ist, nicht bekannt oder infolge Aufenthalts im Ausland nicht alsbald erreichbar und hat er auch keinen Vertreter bestellt, so genügt insoweit die Anzeige an den unmittelbaren Besitzer.

§ 25

Wegfall der Verpflichtung zur Sicherheitsleistung und zur Anzeige

Ist die Ausübung des Rechts nach § 22 Abs. 1 zur Abwendung einer gegenwärtigen erheblichen Gefahr erforderlich, so entfällt die Verpflichtung zur Sicherheitsleistung und zur Anzeige.

SIEBENTER ABSCHNITT
DACHTRAUFE

§ 26

Niederschlagswasser

(1) Der Eigentümer und die Nutzungsberechtigten eines Grundstücks müssen ihre baulichen Anlagen so einrichten, daß

1. Niederschlagswasser nicht auf das Nachbargrundstück tropft oder nach diesem abgeleitet wird,
2. Niederschlagswasser, das auf das eigene Grundstück tropft oder abgeleitet ist, nicht auf das Nachbargrundstück übertritt.

(2) Abs. 1 findet keine Anwendung auf freistehende Mauern entlang öffentlicher Straßen und öffentlicher Grünflächen.

§ 27

Anbringen von Sammel- und Abflußeinrichtungen

(1) Der Eigentümer und die Nutzungsberechtigten eines Grundstücks, die aus besonderem Rechtsgrund verpflichtet sind, das von den baulichen Anlagen eines Nachbargrundstücks tropfende oder abgeleitete oder von dem Nachbargrundstück übertretende Niederschlagswasser aufzunehmen, sind berechtigt, auf eigene Kosten besondere Sammel- und Abflußeinrichtungen an der baulichen Anlage des traufberechtigten Nachbarn anzubringen, wenn die damit verbundene Beeinträchtigung nicht erheblich ist. Sie haben diese Einrichtungen zu unterhalten.

(2) Für die Verpflichtungen zum Schadensersatz und zur Anzeige gelten die §§ 23 und 24 entsprechend.

ACHTER ABSCHNITT
HAMMERSCHLAGS- UND LEITERRECHT

§ 28
Inhalt und Umfang

(1) Der Eigentümer und die Nutzungsberechtigten eines Grundstücks müssen dulden, daß ihr Grundstück von dem Eigentümer und den Nutzungsberechtigten des Nachbargrundstücks zwecks Errichtung, Veränderung, Unterhaltung oder Beseitigung einer baulichen Anlage betreten wird und daß auf oder über ihm Gerüste aufgestellt sowie die zu den Bauarbeiten erforderlichen Gegenstände über das Grundstück gebracht oder dort niedergelegt werden, wenn und soweit

1. **das Vorhaben anders nichtzweckmäßig oder nur mit unverhältnismäßig hohen Kosten durchgeführt werden kann,**
2. **die mit der Duldung verbundenen Nachteile oder Belästigungen nicht außer Verhältnis zu dem von dem Berechtigten erstrebten Vorteil stehen und**
3. **das Vorhaben den baurechtlichen Vorschriften entspricht.**

(2) Das Recht ist mit tunlichster Schonung auszuüben. Wird das betroffene Grundstück landwirtschaftlich oder gewerbsmäßig gärtnerisch genutzt, so darf das Recht nicht zur Unzeit geltend gemacht werden, wenn sich die Arbeiten unschwer auf einen späteren Zeitpunkt verlegen lassen.

(3) Abs. 1 findet auf die Eigentümer öffentlicher Straßen keine Anwendung.

§ 29
Schadensersatz und Anzeigepflicht

Für die Verpflichtungen zum Schadensersatz und zur Anzeige gelten die §§ 23 bis 25 entsprechend.

NEUNTER ABSCHNITT
DULDUNG VON LEITUNGEN

§ 30
Leitungen in Privatgrundstücken

(1) Der Eigentümer und die Nutzungsberechtigten eines Grundstücks müssen dulden, daß durch ihr Grundstück der Eigentümer und die Nutzungsberechtigten des Nachbargrundstücks auf ihre Kosten Versorgungs- und Abwasserleitungen hindurchführen, wenn

1. **der Anschluß an das Versorgungs- und Entwässerungsnetz anders nicht zweckmäßig oder nur mit unverhältnismäßig hohen Kosten durchgeführt werden kann und**
2. **die damit verbundene Beeinträchtigung nicht erheblich ist.**

(2) Ist das betroffene Grundstück an das Versorgungs- und Entwässerungsnetz bereits angeschlossen und reichen die vorhandenen Leitungen aus, um die Versorgung oder Entwässerung der beiden Grundstücke durchzuführen, so beschränkt sich die Verpflichtung nach Abs. 1 auf das Dulden des Anschlusses. Im Falle des Anschlusses ist zu den Herstellungskosten des Teils der Leitungen, der nach dem Anschluß mitbenutzt werden

soll, ein angemessener Beitrag und auf Verlangen Sicherheit in Höhe des voraussichtlichen Beitrags zu leisten. In solchem Falle darf der Anschluß erst nach Leistung der Sicherheit vorgenommen werden.

(3) Bestehen mehrere Möglichkeiten der Durchführung, so ist die für das betroffene Grundstück schonendste zu wählen.

§ 31
Unterhaltung

(1) Der Berechtigte hat die nach § 30 Abs. 1 verlegten Leitungen oder die nach § 30 Abs. 2 hergestellten Anschlußleitungen auf seine Kosten zu unterhalten. Zu den Unterhaltungskosten der Teile der Leitungen, die von ihm mitbenutzt werden, hat er einen angemessenen Beitrag zu leisten.

(2) Zur Durchführung von Maßnahmen im Sinne des Abs. 1 Satz 1 darf der Berechtigte das betroffene Grundstück betreten.

§ 32
Schadensersatz und Anzeigepflicht

Für die Verpflichtungen zum Schadensersatz und zur Anzeige gelten die §§ 23 bis 25 entsprechend.

§ 33
Nachträgliche erhebliche Beeinträchtigung

(1) Führen die nach § 30 Abs. 1 verlegten Leitungen oder die nach § 30 Abs. 2 hergestellten Anschlußleitungen nachträglich zu einer erheblichen Beeinträchtigung, so können der Eigentümer und die Nutzungsberechtigten des betroffenen Grundstücks von dem Berechtigten verlangen, daß er seine Leitungen beseitigt und die Beseitigung der Teile der Leitungen, die gemeinschaftlich benutzt werden, duldet. Dieses Recht entfällt, wenn der Berechtigte die Beeinträchtigung so herabmindert, daß sie nicht mehr erheblich ist.

(2) Schaden, der durch die Maßnahmen nach Abs. 1 auf dem betroffenen Grundstück entsteht, ist zu ersetzen.

§ 34
Anschlußrecht des Duldungspflichtigen

(1) Der Eigentümer und die Nutzungsberechtigten eines Grundstücks, das gemäß § 30 Abs. 1 in Anspruch genommen ist, sind berechtigt, ihrerseits an die verlegten Leitungen anzuschließen, wenn diese ausreichen, um die Versorgung oder Entwässerung der beiden Grundstücke durchzuführen. § 30 Abs. 2 Satz 2 und § 31 Abs. 1 gelten entsprechend.

(2) Soll ein auf dem betroffenen Grundstück errichtetes oder noch zu erstellendes Gebäude an die Leitungen angeschlossen werden, die der Eigentümer oder die Nutzungsberechtigten des Nachbargrundstücks nach § 30 Abs. 1 durch das Grundstück hindurchführen wollen, so können der Eigentümer und die Nutzungsberechtigten des betroffenen Grundstücks verlangen, daß die Leitungen in einer ihrem Vorhaben Rechnung tragenden und technisch vertretbaren Weise verlegt werden. Die durch dieses Verlangen entstehenden Mehrkosten sind zu erstatten. In Höhe der voraussichtlich erwachsenden Mehrkosten ist auf Verlangen binnen zwei Wochen Vorschuß zu leisten; der Anspruch nach Satz 1 erlischt, wenn der Vorschuß nicht fristgerecht geleistet wird.

§ 35
Leitungen in öffentlichen Straßen

Die §§ 30 bis 34 gelten nicht für die Verlegung von Leitungen in öffentlichen Straßen und in öffentlichen Grünflächen.

ZEHNTER ABSCHNITT
HÖHERFÜHREN VON SCHORNSTEINEN UND LÜFTUNGSSCHÄCHTEN

§ 36
Inhalt und Umfang

(1) Der Eigentümer und die Nutzungsberechtigten eines Grundstücks müssen dulden, daß an ihrem Gebäude der Eigentümer und die Nutzungsberechtigten des angrenzenden niederen Gebäudes ihre Schornsteine und Lüftungsschächte befestigen, wenn

1. die Erhöhung der Schornsteine und Lüftungsschächte zur Erzielung der notwendigen Zug- und Saugwirkung erforderlich ist und
2. die Befestigung der höhergeführten Schornsteine und Lüftungsschächte anders nicht zweckmäßig oder nur mit unverhältnismäßig hohen Kosten durchgeführt werden kann.

(2) Der Eigentümer und die Nutzungsberechtigten des betroffenen Grundstücks müssen ferner dulden, daß die höhergeführten Schornsteine und Lüftungsschächte des Nachbargebäudes von ihrem Grundstück aus unterhalten und gereinigt und die hierzu erforderlichen Einrichtungen angebracht werden, wenn diese Maßnahmen anders nicht zweckmäßig oder nur mit unverhältnismäßig hohen Kosten durchgeführt werden können. Sie können aber den Berechtigten darauf verweisen, eine Steigleiter an ihrem Gebäude anzubringen und zu benutzen, wenn diese Lösung technisch zweckmäßig ist.

§ 37
Schadensersatz und Anzeigepflicht

Für die Verpflichtungen zum Schadensersatz und zur Anzeige gelten die §§ 23 bis 25 entsprechend. Die Anzeigepflicht entfällt auch, wenn die nach der Kehrordnung vorgeschriebene Reinigung durchgeführt werden soll.

ELFTER ABSCHNITT
GRENZABSTÄNDE FÜR PFLANZEN

§ 38
Grenzabstände für Bäume, Sträucher und einzelne Rebstöcke

(1) Der Eigentümer und die Nutzungsberechtigten eines Grundstücks haben bei dem Anpflanzen von Bäumen, Sträuchern und einzelnen Rebstöcken von den Nachbargrundstücken – vorbehaltlich des § 40 – folgende Abstände einzuhalten:

1. mit Allee- und Parkbäumen, und zwar
   a) sehr stark wachsenden Allee- und Parkbäumen, insbesondere dem Eschenahorn (Acer negundo), sämtlichen Lindenarten (Tilia), der Platane (Platanus acerifolia), der Roßkastanie (Aesculus hippocastanum), der Rotbuche (Fagus sylvatica), der Stieleiche (Quercus robur), ferner der Atlas- und Liba- — 4 m,

non-Zeder (Cedrus atlantica u. libani), der Douglasfichte (Pseudotsuga taxifolia), der Eibe (Taxus baccata), der österreichischen Schwarzkiefer (Pinus nigra austriaca)... ... ...

b) stark wachsenden Allee- und Parkbäumen, insbesondere der Mehlbeere (Sorbus intermedia), der Weißbirke (Betula pendula), der Weißerle (Alnus incana), ferner der Fichte oder Rottanne (Picea abies), der gemeinen Kiefer oder Föhre (Pinus sylvestris), dem abendländischen Lebensbaum (Thuja occidentalis) ... ... 2 m,

c) allen übrigen Allee- und Parkbäumen... ... ... 1,5 m,

2. mit Obstbäumen, und zwar

a) Walnußsämlingsbäumen... ... ... 4 m,

b) Kernobstbäumen, soweit sie auf stark wachsender Unterlage veredelt sind, sowie Süßkirschenbäumen und veredelten Walnußbäumen... ... ... 2 m,

c) Kernobstbäumen, soweit sie auf schwach wachsender Unterlage veredelt sind, sowie Steinobstbäumen, ausgenommen die Süßkirschenbäume... ... ... 1,5 m,

3. mit Ziersträuchern, und zwar

a) stark wachsenden Ziersträuchern, insbesondere der Alpenrose (Rhododendron-Hybriden), dem Feldahorn (Acer campestre), dem Feuerdorn (Pyracantha coccinea), dem Flieder (Syringa vulgaris), dem Goldglöckchen (Forsythia intermedia), der rotblättrigen Haselnuß (Corylus avellana v. fuscorubra), den stark wachsenden Pfeifensträuchern – falscher Jasmin – (Philadelphus coronarius, satsumanus zeyheri u. a.), ferner dem Wacholder (Juniperus communis) ... ... 1 m,

b) allen übrigen Ziersträuchern... ... ... 0,5 m,

4. mit Beerenobststräuchern, und zwar

a) Brombeersträuchern... ... ... 1 m,

b) allen übrigen Beerenobststräuchern... ... ... 0,5 m,

5. mit einzelnen Rebstöcken... ... ... 0,5 m.

(2) Abs. 1 gilt auch für wild gewachsene Pflanzen.

§ 39

Grenzabstände für lebende Hecken

(1) Der Eigentümer und die Nutzungsberechtigten eines Grundstücks haben bei dem Anpflanzen lebender Hecken von den Nachbargrundstücken – vorbehaltlich des § 40 – folgende Abstände einzuhalten:

1. mit Hecken über 2,0 m Höhe 0,75 m,
2. mit Hecken bis zu 2,0 m Höhe 0,50 m,
3. mit Hecken bis zu 1,2 m Höhe 0,25 m.

(2) Abs. 1 gilt nicht für Hecken, die das öffentliche Recht als Einfriedung vorschreibt.

§ 40
Ausnahmen

(1) Die doppelten Abstände nach den §§ 38 und 39 sind einzuhalten gegenüber Grundstücken, die

1. **dem Weinbau dienen,**
2. **landwirtschaftlich nutzbar sind oder dem Erwerbsgartenbau oder dem Kleingartenbau dienen und im Außenbereich (§ 19 Abs. 1 Nr. 3, 35 Baugesetzbuchs) liegen oder**
3. **durch Bebauungsplan der landwirtschaftlichen, erwerbsgärtnerischen oder kleingärtnerischen Nutzung vorbehalten sind.**

(2) Die §§ 38 und 39 gelten nicht für

1. **Anpflanzungen, die hinter einer Wand oder Mauer vorgenommen werden und diese nicht überragen,**
2. **Anpflanzungen an den Grenzen zu öffentlichen Straßen, zu öffentlichen Grünflächen und zu Gewässern,**
3. **Anpflanzungen auf öffentlichen Straßen.**

(3) § 9 Abs. 3 und 4 des Hessischen Waldgesetzes vom 27.6.2013 (GVBl. S. 458) bleibt unberührt.

§ 41
Berechnung des Abstandes

Der Abstand wird von der Mitte des Baumstammes, des Strauches oder des Rebstocks bis zur Grenzlinie gemessen, und zwar an der Stelle, an der der Baum, der Strauch oder der Rebstock aus dem Boden austritt.

§ 42
Grenzabstand im Weinbau

(1) Der Eigentümer und die Nutzungsberechtigten eines dem Weinbau dienenden Grundstücks haben bei dem Anpflanzen von Rebstöcken folgende Abstände einzuhalten:

1. **gegenüber den parallel zu den Rebzeilen verlaufenden Grenzen die Hälfte des geringsten Zeilenabstandes, gemessen zwischen den Mittellinien der Rebzeilen, mindestens aber 0,75 m,**
2. **gegenüber den sonstigen Grenzen, gerechnet von dem äußersten Rebstock oder von der Verankerung, falls eine solche vorhanden ist, 0,5 m.**

(2) Übersteigt die Gesamthöhe der Rebanlage 1,8 m (Rebschnittgärten, Weitraumanlage), so beträgt der Abstand nach Abs. 1 Nr. 1 mindestens 1,5 m.

§ 43
Beseitigungsanspruch, Anspruch auf Rückschnitt[1)]

(1) Einzelne Bäume, Sträucher und Rebstöcke, die den Grenzabstand nach den §§ 38 und 40, und Hecken, die den Grenzabstand nach § 39 Abs. 1 Nr. 3 und § 40 nicht einhalten, sind auf Verlangen des Nachbarn zu beseitigen. Der Anspruch ist ausgeschlossen, wenn der Nachbar nicht bis zum Ablauf des dritten auf das Anpflanzen oder die Errichtung

1) Gemäß Artikel 3 des Gesetzes zur Änderung des Hessischen Nachbarrechtsgesetzes und der Hessischen Bauordnung vom 10. Dezember 2009 (GVBl. I S. 631) gilt für Anpflanzungen, die bereits vor dem Inkrafttreten des Gesetzes vorhanden waren; § 43 Abs. 1 Nr. 2 in der bis zu diesem Zeitpunkt geltenden Fassung.

folgenden Kalenderjahres Klag auf Beseitigung erhoben hat. Bei Bäumen, Sträuchern und Rebstöcken, die zunächst als Heckenbestandteil gezogen wurden, beginnt die Frist zu dem Zeitpunkt, zu dem die Anpflanzung das Erscheinungsbild einer Hecke verliert. Bei wild gewachsenen Pflanzen beginnt die Frist zu dem Zeitpunkt, zu dem das Vorhandensein der Pflanzen für den Nachbarn erkennbar wird.

(2) Hecken, die den Grenzabstand nach $§ 39 Abs. 1 Nr. 1 und 2 und § 40 nicht einhalten, sind auf Verlangen des Nachbarn auf die zur Einhaltung des Grenzabstandes erforderliche Höhe zurückzuschneiden. Die Verpflichtung zum Rückschnitt muss nur in der Zeit vom 01. Oktober bis zum 15. März erfüllt werden. Für den Anspruch auf Rückschnitt gilt Abs. 1 Satz 2 entsprechend mit der Maßgabe, dass die Frist zu dem Zeitpunkt beginnt, zu dem die Hecke den erforderlichen Abstand unterschreitet.

(3) Werden für die in Absatz 1 Satz 1 genannten Anpflanzungen Ersatzanpflanzungen vorgenommen, so gelten die §§ 38 bis 42. Werden in geschlossenen Obstanlagen einzelne Obstbäume nachgepflanzt, so bleibt der Abstand der anderen Obstbäume maßgebend.

§ 44
Nachträgliche Grenzänderungen

Die Rechtmäßigkeit des Abstandes einer Anpflanzung wird durch nachträgliche Grenzänderungen nicht berührt; jedoch gilt § 43 Abs. 3 entsprechend.

ZWÖLFTER ABSCHNITT
ANWENDUNGSBEREICH DES GESETZES

§ 45

Die §§ 1 bis 44 gelten nur, soweit öffentlich-rechtliche Vorschriften nicht entgegenstehen oder die Beteiligten nichts anderes vereinbaren.

DREIZEHNTER ABSCHNITT
SCHLUSSBESTIMMUNGEN

§ 46
Übergangsvorschriften

Der Umfang von Rechten, die bei Inkrafttreten dieses Gesetzes bestehen, richtet sich – unbeschadet des § 13, des § 16 Abs. 2 und des § 43 Abs. 1 – nach den Vorschriften dieses Gesetzes.

§ 47
(Änderungsanweisung)

§ 48
(Aufhebungsanweisung)

§ 49
Inkraftteten, Außerkrafttreten

Dieses Gesetz tritt am 1. November 1962 in Kraft. Es tritt mit Ablauf des 31. Dezember 2022 außer Kraft.

Nachbarrecht
– Kommentar –

DAS EIGENTUM ALLGEMEIN

Art. 14 GG
Eigentum, Erbrecht und Enteignung

(1) Das Eigentum und das Erbrecht werden gewährleistet. Inhalt und Schranken werden durch die Gesetze bestimmt.

(2) Eigentum verpflichtet. Sein Gebrauch soll zugleich dem Wohle der Allgemeinheit dienen.

(3) Eine Enteignung ist nur zum Wohle der Allgemeinheit zulässig. Sie darf nur durch Gesetz oder auf Grund eines Gesetzes erfolgen, das Art und Ausmaß der Entschädigung regelt. Die Entschädigung ist unter gerechter Abwägung der Interessen der Allgemeinheit und der Beteiligten zu bestimmen. Wegen der Höhe der Entschädigung steht im Streitfalle der Rechtsweg vor den ordentlichen Gerichten offen.

Erläuterungen

Art. 14 Abs. 1 Satz 1 GG gewährleistet das **Privateigentum** sowohl als Rechtsinstitut wie auch als subjektives Recht des einzelnen Eigentümers (BVerfGE 58, 300). Art. 14 Abs. 1 GG begründet auch ein an den Staat gerichtetes Vermögensentziehungs- und -umverteilungsverbot. Dem Eigentumsartikel des GG kommt insgesamt eine Art „Friedensfunktion" zu.

Art. 14 Abs. 1 Satz 1 GG schützt die Herrschafts- und Nutzungsbefugnis, das Recht des „Habens" und „Gebrauchmachens" an einem konkreten Gegenstand. Um den Sinn von Entschädigungen durch Gesetz oder in Urteilen ausgesprochenen „Ausgleiche" für Eigentumsbeschränkungen verstehen zu können, ist davon auszugehen, dass Art. 14 neben der Eigentumsbestands- und Eigentumsgebrauchs- oder -nutzungsgarantie eine unbedingte und unentziehbare Eigentums**wertgarantie** enthält. Dem Ziel der Eigentumsgarantie, einen Freiheitsraum für eigenverantwortliche Betätigung abzusichern, entspricht in erster Linie eine gegenstandsbezogene Eigentumsfreiheit, eine konkrete Bestands- und Nutzungsgarantie und nicht ein bloßer Wertschutz. Die Eigentumsgarantie wendet sich an den Gesetzgeber und verpflichtet ihn, einen Kernbestand von Normen zur Verfügung zu stellen, welche die Existenz, die Funktionsfähigkeit und die Privatnützigkeit von Eigentum ermöglichen. Das Eigentum darf von der öffentlichen Hand nicht in seinem Wesensgehalt berührt werden. In diesem Sinne ist auch das Nachbarrecht im weitesten Sinne zu sehen, das im Verhältnis von benachbarten Grundstückseigentümern Grundlagen für die Existenz und die Funktionsfähigkeit des Grundeigentums schafft.

Durch Art. 14 werden u. a. das Privateigentum an Grundstücken und alle aus diesem abgeleiteten Rechte geschützt. Das Privateigentum am Boden ist die normale Rechtsgrundlage der Bodennutzung in unserer Rechtsordnung. Modifikationen des Privateigentums an Grund und Boden sind das Wohnungseigentum nach dem Wohnungseigentumsgesetz und das Heimstätteneigentum nach dem Reichsheimstättengesetz. Das Erbbaurecht, der Nießbrauch, das Wohnungsrecht und das Dauerwohnrecht kommen als beschränkte dingliche Rechte, die eine Bodennutzung eröffnen, in Betracht. Als dingliche Privatrechte sind schließlich noch die übrigen Dienstbarkeiten zu erwähnen, die gemäß den §§ 1018 und 1090 BGB dem Berechtigten die Befugnis geben, ein Grundstück „in einzelnen Beziehungen" zu benutzen. Auch sie werden in Art. 14 GG geschützt.

Wesentlicher Teil des verfassungsrechtlich geschützten Grundeigentums ist die **Baufreiheit**. Zum Inhalt des Eigentums an Grund und Boden gehört neben einer Fülle unbenannter Nutzungsmöglichkeiten grundsätzlich auch die bauliche Nutzung. Die einschlägigen Normen des Bauplanungs- und Bauordnungsrechts stellen Ausgestaltungen bzw. Einschränkungen der Nutzbarkeit dar. Art. 14 GG wirkt in vielfältiger Weise in das öffentliche Bau- und Baunachbarrecht ein. Öffentlich-rechtlicher Nachbarschutz ist regelmäßig nur auf der Grundlage solcher Rechtsvorschriften gegeben, die zugunsten der Nachbarn als Schutznormen zu qualifizieren sind. Das können nur solche Rechtsnormen sein, die das individuell geschützte private Interesse, die Art seiner Verletzung und den Kreis der unmittelbar geschützten Personen hinreichend deutlich darstellen und abgrenzen und wenn der Nachbar durch die Baumaßnahme „schwer und unerträglich" getroffen würde (BVerwGE 32, 173).

Die das privatrechtliche Eigentum ausformende und begrenzende Vorschrift des § 906 BGB kann, wenn und soweit spezielle nachbarrechtliche Vorschriften des öffentlichen Rechts nicht existieren, Anwendung finden. Das zivile Nachbarrecht des § 906 BGB kann indes bei öffentlichen Straßen und anderen vergleichbaren raumübergreifenden und -verbindenden Kommunikationsanlagen nicht zur Anwendung gelangen (*Schupp*, Das Verhältnis von privatem und öffentlichem Nachbarrecht, 1978 S. 97 ff.). Die Vorschrift ist auf den Ausgleich im „kleinnachbarrechtlichen Raum" ausgerichtet. Das Kriterium dafür ist die „Ortsüblichkeit". Die hier angesprochenen Anlagen sind hingegen nicht auf enge Räume zugeschnitten, sie sind grenzüberschreitend und siedlungsteileverbindend. § 906 BGB setzt ferner eine annähernd gleiche Nutzung der Grundstücke im engeren Beurteilungsraum als reale Möglichkeit voraus.

Adressat des Grundrechts in Art. 14 GG sind der Staat und die sonstigen juristischen Personen des öffentlichen Rechts, nicht aber Privatrechtssubjekte (keine unmittelbare Drittwirkung).

Es ist danach Aufgabe des Gesetzgebers, dem Einfluss des Art. 14 GG auf die Privatrechtsordnung Rechnung zu tragen. Das bedeutet, dass die staatlichen Organe, auch die Gerichte, die Wertentscheidung in Art. 14 GG zugunsten des Privateigentums zu würdigen und insbesondere der Auslegung und Anwendung von Generalklauseln und unbestimmten Rechtsbegriffen des Privatrechts zugrunde zu legen haben (sog. **mittelbare Drittwirkung**). Der Rechtsanwender hat in diesen Fällen das Grundrecht als „Element objektiver Ordnung des Gemeinwesens" im Auslegungs- und Abwägungsprozeß in Rechnung zu stellen. Als Elemente der objektiven Ordnung des Gemeinwesens gewähren die Grundrechte nur ein Mindestmaß an Freiheit, während die Privatrechtsordnung vielfach einen größeren Spielraum der Privatautonomie belässt.

Art. 45 HV

(1) Das Privateigentum wird gewährleistet. Sein Inhalt und seine Begrenzung ergeben sich aus den Gesetzen. Jeder ist berechtigt, auf Grund der Gesetze Eigentum zu erwerben und darüber zu verfügen.

(2) Das Privateigentum verpflichtet gegenüber der Gemeinschaft. Sein Gebrauch darf dem Gemeinwohl nicht zuwiderlaufen. Es darf nur im öffentlichen Interesse, nur auf Grund eines Gesetzes, nur in dem darin vorgesehenen Verfahren und nur gegen angemessene Entschädigung eingeschränkt oder enteignet werden.

(3) Soweit die Gesetze nichts anderes bestimmen, sind für Streitigkeiten über Art und Höhe der Entschädigung die ordentlichen Gerichte zuständig.

(4) Das Erbrecht wird nach Maßgabe des bürgerlichen Rechts gewährleistet. Der Anteil des Staates am Nachlaß bestimmt sich nach dem Gesetz.

Erläuterungen

Die Eigentumsgarantie des Art. 45 HV ist systematisch nicht mit den Freiheitsrechten verknüpft, sondern in den Regelungszusammenhang der „sozialen und wirtschaftlichen Rechte und Pflichten" gestellt. Die Unterschiede, die Art. 45 HV zu Art. 14 GG aufweist (*Zinn/Stein*, Verfassung des Landes Hessen, Kom., Art. 45 Anm. 1), werden im Zusammenhang mit dem Nachbarrecht nicht relevant.

§ 903 BGB
Befugnisse des Eigentümers

Der Eigentümer einer Sache kann, soweit nicht das Gesetz oder Rechte Dritter entgegenstehen, mit der Sache nach Belieben verfahren und andere von jeder Einwirkung ausschließen. Der Eigentümer eines Tieres hat bei der Ausübung seiner Befugnisse die besonderen Vorschriften zum Schutz der Tiere zu beachten.

Erläuterungen

Das BGB enthält keine Legaldefinition des Eigentums; § 903 BGB will im wesentlichen den Inhalt der dem Eigentümer zustehenden Befugnisse festlegen. Das Eigentum ist das umfassendste Recht zu tatsächlichen (Benutzung, Verbrauch) und rechtlichen (Belastung, Veräußerung) Herrschaftshandlungen, das die Rechtsordnung an einer beweglichen oder unbeweglichen Sache zuläßt.

Das Eigentum kann verschiedene **rechtliche Formen** haben. Beim Alleineigentum ist Rechtsinhaber nur eine natürliche oder juristische Person. Bei dem Miteigentum nach Bruchteilen steht jedem Miteigentümer ein ideeller Anteil an der Sache (Grundstück) zu, über den er frei verfügen kann (§ 1008 BGB). Das Gesamthandeigentum besteht an Sachen, die zum Vermögen einer Gesamthandsgemeinschaft gehören (z. B. §§ 54, 718 BGB). Eine Verfügung über den Anteil an der einzelnen Sache ist daher nicht möglich. Neben diesen Eigentumsarten gibt es noch Sonderformen wie z. B. das Wohnungseigentum.

Als **Befugnisse des Eigentümers** lassen sich unterscheiden:

- positive Wirkung: mit der Sache nach Belieben zu verfahren, etwa Übereignung, Eigentumsaufgabe, Belastung mit dinglichen Rechten, Inbesitznahme, Benutzung, Veränderung, Verbrauch, Vernichtung, Haus- und Grundstücksordnung (BGH, NJW 1994 S. 188);
- negative Wirkung: Einwirkungen Fremder auf die Sache auszuschließen, wie z. B. Wegnahme, Zerstörung, Beschädigung, Benutzung, Bemalen, Immissionen usw. zu verhindern. Das Ausschließungsrecht kann geltend gemacht werden durch Notwehr (§ 227 BGB), Klage auf Herausgabe (§ 985 BGB), auf Unterlassung oder Beseitigung der Störung (§§ 907 bis 909, 1004 BGB); bei rechtswidriger schuldhafter Einwirkung ist auch Schadensersatz nach § 823 BGB möglich.

So kann der Eigentümer eines Hundes bestimmen, dass Dritte seinen Hund nicht füttern dürfen. Daher stellt das Füttern des Hundes unabhängig davon, ob dadurch ein Schaden für das Tier droht, als ein der Herrschaftsmacht des Eigentümers widersprechender Eingriff eine Eigentumsbeeinträchtigung im Sinne des § 1004 BGB dar (LG Meiningen, Urt. vom 10.7.2013 – 3 S 65/13 –).

Bei benachbarten Grundstücken, auch wenn sie nicht unmittelbar aneinandergrenzen, kann die positive Wirkung (insbesondere das Benutzungsrecht) für den einen Eigentümer mit der negativen (Ausschließungsrecht) für den anderen kollidieren. Jedes dieser Rechte ist mit Rücksicht auf die sich aus dem nachbarlichen Verhältnis ergebende Rücksichtnahme inhaltlich begrenzt. Bei einer mit Grenzüberschreitung verbundenen Benutzung des eigenen Grundstücks geht nach den Vorschriften der §§ 903 ff. BGB das Benutzungsrecht gegenüber dem Ausschließungsrecht nach. Dem Eigentümer des betroffenen Grundstücks steht daher § 1004 BGB zur Seite, wenn nicht ein besonderer Erlaubnistatbestand vorliegt. Handlungen auf dem eigenen Grundstück, die natürliche Vorteile vom Nachbargrundstück abhalten, sind nicht als Eigentümerbeeinträchtigung nach § 1004 BGB abwehrbar (z. B. kein Abwehranspruch gegen Behinderung der Zufuhr von Licht und Luft zum Nachbargrundstück oder des Ausblicks von diesem durch bauliche Anlagen, Zäune oder Bäume (BGH, LM § 1004 BGB Nrn. 1, 2), Rundfunk-/Fernsehempfangsstörungen, BGHZ 88, 344, Entziehung von Grundwasser durch Grundwasserförderung auf eigenem Grundstück, BayObLGZ 65, 7).

Auch Handlungen auf dem eigenen Grundstück, die das ästhetische/sittliche Empfinden des Nachbarn verletzen oder den Verkehrswert des Nachbargrundstücks mindern, sind aus dem genannten Grund nicht als Eigentümerbeeinträchtigung nach § 1004 BGB abwehrbar. Zur Duldung in absehbarer Zeit entfallender Immissionen ZMR 1998 S. 553. Ein Abwehranspruch kann sich aber ergeben aus dem nachbarlichen Gemeinschaftsverhältnis bei Verstoß gegen die §§ 226 und 826 BGB oder bei Verstoß gegen das allgemeine Persönlichkeitsrecht oder Störung des gesundheitlichen Wohlbefindens. Kein Abwehranspruch z. B. gegen Nacktbaden (RGZ 76, 130) oder Bordell (BGHZ 95, 307), vgl. auch BGH, NJW 1991 S. 1671.

Eine Ausübung des Eigentumsrechts, welche nur den Zweck haben kann, einem anderen Schaden zuzufügen, ist unzulässig. Schikanöse Rechtsausübung ist durch die allgemeine Norm des § 226 BGB verboten.

Soweit nicht das **Gesetz oder Rechte Dritter entgegenstehen**, kann mit der Sache nach Belieben verfahren werden.

Die Eigentümerbefugnisse werden durch zahlreiche Vorschriften des Privatrechts beschränkt. Die wichtigsten gesetzlichen Beschränkungen der Eigentümerbefugnis enthalten die §§ 904 und 905 BGB und das Nachbarrecht; erweiterte Nachbarrechte im Bauplanungsrecht (Sornighaus, NJW 1995 S. 502).

Der gerechte Ausgleich unterschiedlicher Interessen von Nachbarn kann im Einzelfall ein Hinausgehen über die Regelungen des Nachbarrechts erfordern. Rechtsgrundlage ist das sog. nachbarliche Gemeinschaftsverhältnis (vgl. *Palandt*, Kom. z. BGB, 1992, § 903 Anm. 3a, bb), das eine Ausprägung von § 242 BGB für das Zusammenleben von Grundstücksnachbarn ist. Hieraus kann sich die Pflicht zur Rücksichtnahme ergeben. Rechtliche Schranken §§ 226, 242, 826 BGB.

Hierbei handelt es sich um Regelungen, die sich aus einem gesitteten nachbarlichen Miteinander ergeben, welche jedoch durch konkrete Rechtsvorschriften nicht erfasst sind. Zu nennen ist z. B. das Hinüberwechseln einer Katze auf das Nachbargrundstück oder Regelungen zur Gerüstaufstellung an der Nachbargrenze, wo das Landesnachbarrecht keine Regelung in Form eines Hammerschlags- und Leiterrecht vorsieht.

Die Eigentümerbefugnisse werden auch durch zahlreiche öffentlich-rechtliche Vorschriften und schließlich durch Rechte Dritter beschränkt (hierzu BVerwG NVwZ 1998 S. 394).

Ein Grundstück kann auch im Gemeingebrauch stehen, so daß es jeder ohne besondere Zulassung gemäß der Zweckbestimmung (Widmung) benutzen kann. Insoweit ist das Eigentümerrecht zurückgedrängt.

§ 226 BGB
Schikaneverbot

Die Ausübung eines Rechts ist unzulässig, wenn sie nur den Zweck haben kann, einem anderen Schaden zuzufügen.

Erläuterungen

Die Vorschrift hat auch für nachbarrechtliche Beziehungen Bedeutung. § 226 BGB regelt einen Sonderfall der **unzulässigen Rechtsausübung**. Ein anderer Zweck als Schadenszufügung muß objektiv ausgeschlossen sein. Es muss feststehen, dass die Rechtsausübung dem „Rechtwahrnehmenden" objektiv keinen Vorteil erbringen kann und lediglich zur Schädigung des anderen taugt.

Beispiele:

Errichtung eines unvernünftig hohen Bretterzaunes oder einer sehr hohen Mauer, die dem Eigentümer keinen Vorteil bringt, aber dem Nachbarn Licht und Sonne wegnimmt.

Verbot gegenüber anderen Familienangehörigen, auf der Grabstelle eines Familienmitglieds Blumenniederlegungen (siehe aber AG Grevenbroich, NJW 1998 S. 2063).

Die Rechtsprechung hat weitergehend aus § 242 BGB i. V. m. § 826 BGB den allgemeinen Rechtsgrundsatz entwickelt, dass eine gegen Treu und Glauben verstoßende Rechtsausübung unzulässig sei. Längere Untätigkeit des Nachbarn führt unter Umständen nicht zur Verwirkung des Abwehranspruchs (BVerwG, NVwZ 1991 S. 1182). Das Verlangen der Durchführung des Rückschnitts des nachbarlichen Überhanges unter gleichzeitigem Verbot des Grundstücksbetretungsrechts kann als schikanöses Verhalten angesehen werden.

Dient eine Rechtsausübung eindeutig dem alleinigen Zweck der Schadenszufügung liegt ein Verstoß gegen das Schikaneverbot nach § 226 BGB vor. Ein unzulässiges schikanöses Verhalten in Form der Selbsthilfe ersetzt nicht den Verwaltungsrechtsweg, um sich gegen eine erteilte Genehmigung der Behörde zu wenden. Dies ist auch nicht durch die Befugnisse des Eigentümers nach § 903 BGB gedeckt (vgl. LG Landshut, Beschl. vom 25.3.2013 – 54 O 756/13 –).

§ 904 BGB
Notstand

Der Eigentümer einer Sache ist nicht berechtigt, die Einwirkung eines anderen auf die Sache zu verbieten, wenn die Einwirkung zur Abwendung einer gegenwärtigen Gefahr notwendig und der drohende Schaden gegenüber dem aus der Einwirkung dem Eigentümer entstehenden Schaden unverhältnismäßig groß ist. Der Eigentümer kann Ersatz des ihm entstehenden Schadens verlangen.

Erläuterungen

§ 904 BGB regelt die zur Abwehr einer dem Handelnden (Notstand) oder einem Dritten (Nothilfe) drohenden Gefahr vorgenommene Einwirkung auf eine fremde Sache (Grundstück des Nachbarn), von der (dem) die Gefahr nicht ausgeht. Für das Rechtsgut muss eine gegenwärtige Gefahr bestehen.

Die **Notstandshandlung** besteht in der unmittelbaren oder mittelbaren Einwirkung auf eine Sache (Grundstück), z. B. Benutzung, Belästigung. Die Einwirkung muss zur Abwehr der Gefahr notwendig sein. Die Notwendigkeit ist objektiv zu bestimmen. Kann die Gefahr anders abgewehrt werden, ist § 904 BGB nicht anwendbar. Die Einwirkung muss die Gefahrenabwehr bezwecken und nicht nur zufällig bewirken (BGH 1992 S. 357 a. A. Braun, NJW 1998 S. 941). Der drohende Schaden muss gegenüber dem aus der Einwirkung unverhältnismäßig groß sein. Die Beweislast obliegt dem, der sich auf die Rechtfertigung nach § 904 BGB beruft.

Rechtsfolgen: Die Einwirkung kann vom Eigentümer nicht verboten werden, sie ist rechtsmäßig. Der Eigentümer hat daher keine Abwehransprüche (z. B. aus § 1004 BGB). So hat z. B. der Eigentümer eines Grundstücks keinen Abwehranspruch, wenn der Nachbar zur

Abstützung seiner vor dem Einsturz stehenden Mauer das nebenanliegende Grundstück zur Abstützung usw. benutzt.

Der Duldungspflichtige hat einen Schadensersatzanspruch. Schuldner ist der Einwirkende (BGHZ Bd. 6 S. 102). Gegen von einem Grundstück auf ein anderes Grundstück infolge hoheitlicher Benutzung grundsätzlich abwehrbare Einwirkungen im Sinne von § 906 BGB aus, an deren Abwehr der Betroffene aus besonderen Grund gehindert ist, so besteht ein aus dem Rechtsgedanken der §§ 904 Satz 2, 906 Abs. 2 Satz 2 BGB verschuldensunabhängiger nachbarrechtlicher Ausgleichsanspruch. Verpflichtet ist hierbei notwendigerweise nicht nur der Eigentümer des Nachbargrundstücks, sondern auch dessen „Benutzer", d. h. derjenige, der die Nutzungsart des beeinträchtigten Grundstücks bestimmt (so z. B. kommunale Stadtwerke), vgl. OLG Düsseldorf, Urt. vom 17.2.2010 – 1–19 U 13/09 –.

Befindet sich zwischen zwei landwirtschaftlich genutzten Grundstücken eine von den Nachbarn gemeinsam genutzte schmale Durchfahrtsfläche, den die Grundstücksgrenze schräg verlaufend durchschneidet, so handelt es sich um eine gemeinschaftliche Einrichtung i. S. des § 921 BGB. Versperrt ein Grundstückseigentümer die Durchfahrtsfläche an beiden Enden mit jeweils zwei Metallpfosten, so ist der Grundstückseigentümer trotz Behinderung der Durchgangsmöglichkeit nicht berechtigt, eigenmächtig die Metallpfosten zu entfernen. Ein Rechtsfertigungsgrund hierfür ergibt sich nicht aus § 904 Abs. 1, § 228 Satz 1 BGB, wenn zum Zeitpunkt der Entfernung der Metallpfosten keine gegenwärtige Gefahr für irgendwelche Rechtsgüter des Grundstücksnachbarn bestand (AG Viersen, Urt. vom 26.9.2012 – 33 C 231/11 –). Zur Rechtfertigung eines Drohnenabschusses über dem Grundstück, vgl. AG Riesa, Urt. vom 24.4.2019 – 9 Cs 926 Js 3044/19 – (bejaht).

§ 228 BGB
Notwehr

Wer eine fremde Sache beschädigt oder zerstört, um eine durch sie drohende Gefahr von sich oder einem anderen abzuwenden, handelt nicht widerrechtlich, wenn die Beschädigung oder die Zerstörung zur Abwendung der Gefahr erforderlich ist und der Schaden nicht außer Verhältnis zu der Gefahr steht. Hat der Handelnde die Gefahr verschuldet, so ist er zum Schadenersatze verpflichtet.

Erläuterungen

Die Vorschrift behandelt die Notstandsverteidigung oder **Notwehr**, sie enthält einen allgemeinen Rechtsgrundsatz und gilt auch für das Nachbarrecht. § 228 BGB gibt das Recht, auf eine fremde Sache, von der die Gefahr droht, einzuwirken, ohne dass der andere dies verbieten darf. § 904 BGB hingegen gibt das Recht, auf eine Sache einzuwirken, obwohl von ihr keine Gefahr ausgeht. Beide Vorschriften gehen davon aus, dass im Konfliktfall das weniger schutzwürdige Rechtsgut hinter höherrangigen Rechtsgütern zurücktreten muss.

Die Vorschrift setzt voraus, daß die **Gefahr** der Verletzung eines Rechtsguts durch eine fremde Sache (z. B. Grundstück) droht. Es braucht sich danach nicht um eine gegenwärtige Gefahr zu handeln. Die Gefahr muss von der Sache ausgehen.

Die **Notwehrhandlung** besteht in dem Beschädigen oder Zerstören der Sache, von der die Gefahr ausgeht. Die Handlung muss zur Abwehr der Gefahr erforderlich sein. Die Erforderlichkeit ist objektiv zu bestimmen. Kann die Gefahr auch auf andere Weise abgewendet werden, ist § 228 BGB nicht anwendbar. Der durch die Notwehrhandlung angerichtete Schaden darf nicht außer Verhältnis zu der damit abgewendeten Gefahr stehen. Die im Notstand vorgenommene Handlung ist rechtmäßig.

> *Beispiele:*
>
> *Der Nachbar reißt die fremde Mauer nieder, deren Einsturz Einrichtungen auf seinem Grundstück zu zerstören droht.*

Nachbar tötet Rassehund zu Gunsten eines Mischlingshundes, wenn Angriff auf andere Weise nicht abwendbar ist (OLG Hamm, NJW-RR 1995 S. 279).
Wird ein Briefträger in Ausübung seines Dienstes von Hunden angefallen und gebissen und reagieren die Hunde weder auf Kommandos des Hundehalters noch sind sie sonst zu beruhigen, liegt eine Notstandslage vor, in der er sich mit einem Knüppel wehren darf. Der Schutz von Leben und Gesundheit eines Briefträgers geht dem Interesse an der Unversehrtheit der Hunde vor (OLG Hamm, Urteil vom 14.3.1995 – 27 U 218/94 –).

Dazu gehört auch das widerrechtliche Betreten eines Grundstücks zur Gefahrvermeidung.

§ 905 BGB
Begrenzung des Eigentums

Das Recht des Eigentümers eines Grundstücks erstreckt sich auf den Raum über der Oberfläche und auf den Erdkörper unter der Oberfläche. Der Eigentümer kann jedoch Einwirkungen nicht verbieten, die in solcher Höhe oder Tiefe vorgenommen werden, daß er an der Ausschließung kein Interesse hat.

Erläuterungen

„Der **Begriff des Grundstücks** ist durch die Rechtsordnung geschaffen. Das Grundstück ist ein abgegrenzter Teil der in einem natürlichen Zusammenhang stehenden Erdmasse, der vom Recht als selbständiger Gegenstand menschlicher Wirtschaft anerkannt wird" (*Meisner/Stern/Hodes*, Nachbarrecht im Bundesgebiet ohne Bayern und in West-Berlin, 1970, S. 6). Durch menschliche Aktionen (Willenserklärungen der Berechtigten) erfolgt die Abgrenzung, Teilung und Zusammenlegung von Grundstücken. Entscheidend ist zunächst (zur Individualisierung), einen Ausschnitt aus der Erdoberfläche zu bestimmen, und zwar im Verhältnis zu anderen Ausschnitten, und diesen Teil der Erdoberfläche in eine Katasterkarte einzutragen.

Die zunächst korrekte Vorstellung eines Keiles aus dem Erdreich, dessen Endpunkt mit dem Mittelpunkt der Erde zusammenfällt, ist rein theoretisch. Das Bürgerliche Gesetzbuch spricht nur von dem „Erdkörper unter der Oberfläche". Mit **Erdkörper** sind auch Hohlräume gemeint. Zum Eigentum gehören auch künstliche Hohlräume, wie z. B. Keller, Felsenräume usw. Wie weit das Eigentumsrecht reicht, kann nur generell gesagt werden: Soweit ein Eigentümer tatsächlich in der Lage ist, auf die Bestandteile des Erdkörpers einzuwirken. Das Grundwasser (BVerfG, NJW 1982 S. 745) gehört nicht zum Erdkörper, hierfür spricht der Wortlaut des § 95 BGB. Das den Boden als ständiger Strom durchfließende Grundwasser weist nicht die Merkmale der festen Konsistenz und des Eingeschlossenseins durch die Grundstücksgrenzen auf. Zu Recht kann daher das Wasserhaushaltsrecht Regelungen über das Grundwasser treffen.

Das Bett der in der Anlage 1 zum Hessischen Wassergesetz i. d. F. vom 14.12.2010 (GVBl. I S. 548) genannten Gewässer erster Ordnung steht im Eigentum des Landes, das Bett eines natürlich fließenden Gewässers zweiter und dritter Ordnung steht im Eigentum der Gemeinde, in der es liegt (§ 3 HWG).

Ist ein Gewässerbett ein selbständiges Grundstück, so wird die Eigentumsgrenze zwischen dem Gewässerbett und den Ufergrundstücken durch die Uferlinie, die Uferlinie durch die Schnittlinie der Wasserfläche mit dem Ufer bei Mittelwasserstand bestimmt. Bildet ein Gewässerbett mit den Ufern ein selbständiges Grundstück, so bestimmt sich die Eigentumsgrenze zu den angrenzenden Grundstücken nach dem Liegenschaftskataster. Steht das Eigentum an einem Gewässerbett den Eigentümerinnen oder Eigentümern der Ufergrundstücke zu, so sind die Anteile Bestandteile der Ufergrundstücke (vgl. im Übrigen § 4 HWG).

Zu **Heilquellen** enthält § 35 HWG **Bodenbestandteile**, die nicht den Bergregeln unterliegen, werden vom Privateigentum erfasst (BGH, NJW 1984 S. 1169, 1172).

Nach der Formulierung *Niemeyers* (Verh f. d. 31. DJurTag Bd. 2 S. 39 f.) erschöpft sich das Recht des Grundeigentümers am **Luftraum** in dem ausschließlichen Recht auf Benutzung des Luftraums, soweit es vom Grundstück aus und in Verbindung mit diesem ausgeübt werden kann, und in dem Verbietungsrecht gegen solche Einwirkungen, welche diese Benutzung des Luftraumes und die Benutzung des Grundstücks beeinträchtigen. Der Abwehranspruch setzt aber stets eine Einwirkung auf die senkrechte Luftsäule über dem Grundstück oder auf den Erdkörper voraus. An dieser Einwirkung fehlt es, wenn z. B. einer Windmühle durch den Neubau des Nachbarn der Luftzug entzogen wird (*Meisner/Stern/Hodes*, Nachbarrecht im Bundesgebiet, S. 12). Im Übrigen wird auf die Regelungen zum Überhang (§ 910 BGB) und Überbau (§ 912 BGB) hingewiesen. Das OLG Frankfurt hat mit Beschl. vom 11.1.2011 – 4 W 43/10 – entschieden, dass dem Eigentümer eines Grundstücks in entsprechender Anwendung der Vorschriften über das Hammerschlags- und Leiterrecht ein Benutzungsrecht am Nachbargrundstück des Inhalts zustehen kann, dass der Anleger eines auf seinem Grundstück stehenden Baukrans über dem Luftraum des Nachbargrundstücks schwenken kann. Das Benutzungsrecht entsteht jedoch erst mit Ablauf der zweiwöchigen Frist nach Anzeige der beabsichtigten Benutzung.

Die Möglichkeit einer Beeinträchtigung des Luftraums des Nachbargrundstücks besteht auch darin, dass an der mit der Grenzlinie abschließenden Wand erhabene Verzierungen und „Überstände" (Plastiken, überragende Fenstersimse, Fensterläden usw.) vorhanden sind. In diesen Fällen liegt kein Überbau vor. Der Nachbar ist also zur Duldung dieser Beeinträchtigungen nicht verpflichtet, sondern kann mit der Beseitigungsklage vorgehen, zumal § 905 Satz 2 BGB in diesen Fällen regelmäßig nicht Platz greift, denn diese Eingriffe spielen sich nicht in Höhen ab, in denen er an der Ausschließung kein Interesse haben könnte.

Das nach § 905 Satz 2 BGB maßgebende **Interesse des Eigentümers** an der Ausschließung braucht nicht notwendig ein vermögensrechtliches zu sein, es genügt jedes, nur irgendwie schutzwürdiges (auch immaterielles, z. B. ein ästhetisches) Interesse. Das Interesse muss sich auf das Grundstück beziehen. Die Frage, ob der Eigentümer an der Ausschließung der Einwirkung ein Interesse hat, ist nach den gegebenen Verhältnissen zu beurteilen. Dabei ist zu berücksichtigen, dass der Wegfall des Interesses durch die Höhe oder die Tiefe, in welcher die Einwirkung vorgenommen wird, verursacht sein muß. Der Eigentümer wird ein Interesse an der Ausschließung haben – auch in großer Höhe oder Tiefe –, wenn die Benutzung seines Grundstücks beeinträchtigt wird.

Anwendungsfälle des § 905 Satz 2 BGB sind Tunnelbauten, elektrische Leitungen (mit gewissen Einschränkungen), Viadukte, unterirdische Röhren und Kabel, Kanäle, Untergrundbahnen, Drahtseilbahnen.

§§ 93 ff. BGB
Bestandteile eines Grundstücks und ihre Rechte

§ 93 BGB
Wesentliche Bestandteile

Bestandteile einer Sache, die voneinander nicht getrennt werden können, ohne daß der eine oder der andere zerstört oder in seinem Wesen verändert wird (wesentliche Bestandteile), können nicht Gegenstand besonderer Rechte sein.

§ 94 BGB

Wesentliche Bestandteile eines Grundstücks oder Gebäudes

(1) Zu den wesentlichen Bestandteilen eines Grundstücks gehören die mit dem Grund und Boden fest verbundenen Sachen, insbesondere Gebäude, sowie die Erzeugnisse des Grundstücks, solange sie mit dem Boden zusammenhängen. Samen wird mit dem Aussäen, eine Pflanze wird mit dem Einpflanzen wesentlicher Bestandteil des Grundstücks.

(2) Zu den wesentlichen Bestandteilen eines Gebäudes gehören die zur Herstellung des Gebäudes eingefügten Sachen.

§ 95 BGB

Vorübergehende Verbindung

(1) Zu den Bestandteilen eines Grundstücks gehören solche Sachen nicht, die nur zu einem vorübergehenden Zwecke mit dem Grund und Boden verbunden sind. Das gleiche gilt von einem Gebäude oder anderen Werke, das in Ausübung eines Rechtes an einem fremden Grundstücke von dem Berechtigten mit dem Grundstücke verbunden worden ist.

(2) Sachen, die nur zu einem vorübergehenden Zwecke in ein Gebäude eingefügt sind, gehören nicht zu den Bestandteilen des Gebäudes.

§ 96 BGB

Rechte als Bestandteile eines Grundstücks

Rechte, die mit dem Eigentum an einem Grundstücke verbunden sind, gelten als Bestandteile des Grundstücks.

Erläuterungen

Diese Vorschriften regeln, dass eine Sache – im vorliegenden Zusammenhang geht es um Grundstücke – und ihre (wesentlichen) Bestandteile ein einheitliches rechtliches Schicksal haben sollen.

Der Begriff des Bestandteils ist im Gesetz nicht definiert, sondern als gegeben vorausgesetzt. Begrifflich setzt „Bestandteil" voraus, dass er einen Teil einer Sache ausmacht und daher eine selbständige Existenz nicht besitzt.

Nach § 94 BGB sind wesentliche Bestandteile eines Grundstücks die mit dem Grund und Boden fest verbundenen Sachen, insbesondere Gebäude, sowie die Erzeugnisse des Grundstücks, solange sie mit dem Boden zusammenhängen.

Art. 182 EGBGB und Wohnungseigentumsgesetz

Art. 182

Stockwerkseigentum

Das zur Zeit des Inkrafttretens des Bürgerlichen Gesetzbuches bestehende Stockwerkseigentum bleibt bestehen. Das Rechtsverhältnis der Beteiligten untereinander bestimmt sich nach den bisherigen Gesetzen.

Erläuterungen

Diese Rechtsinstitute gehören nur im weitesten Sinne zum Nachbarrecht, weil sie das Rechtsverhältnis zwischen mehreren Eigentümern auf dem gleichen Grundstück, nicht aber das Rechtsverhältnis zwischen den Eigentümern benachbarter Grundstücke zueinander zum Inhalt haben.

Neues Stockwerkseigentum kann nicht begründet werden; über Rechtsverhältnisse des früheren Rechts vgl. *Thümmel*, JZ 1980 S. 125.

Dem früheren Stockwerkseigentum ähnlich ist das **Wohnungseigentum** nach dem Gesetz über Wohnungseigentum und Dauerwohnrecht vom 15.3.1951 (BGBl. I S. 175). Wohnungseigentum ist das Miteigentum der Bewohner am Grund und Boden und an gemeinschaftlichen Gebäudeteilen mit Sondereigentum an einer Wohnung oder an nicht zu Wohnzwecken dienenden Räumen. Im Rahmen des Wohnungseigentums sind Vorschriften des Nachbarrechts z. T. anwendbar.

GRENZVERHÄLTNISSE

§ 919 BGB
Abmarkung

(1) Der Eigentümer eines Grundstücks kann von dem Eigentümer eines Nachbargrundstücks verlangen, daß dieser zur Errichtung fester Grenzzeichen und, wenn ein Grenzzeichen verrückt oder unkenntlich geworden ist, zur Wiederherstellung mitwirkt.

(2) Die Art der Abmarkung und das Verfahren bestimmen sich nach den Landesgesetzen; enthalten diese keine Vorschriften, so entscheidet die Ortsüblichkeit.

(3) Die Kosten der Abmarkung sind von den Beteiligten zu gleichen Teilen zu tragen, sofern nicht aus einem zwischen ihnen bestehenden Rechtsverhältnisse sich ein anderes ergibt.

Erläuterungen

§ 919 BGB dient der Sicherung eines unstreitigen Grenzverlaufs und begründet einen aus dem Eigentum resultierenden **Mitwirkungsanspruch** zur Errichtung fester Grenzzeichen bzw. zur Wiederherstellung von Grenzzeichen. Ein Grenzabmarkungsanspruch nach § 919 Abs. 1 BGB ist auch dann gegeben, wenn ein möglicherweise vorhandenes Grenzzeichen unkenntlich geworden ist und eine Freilegung nur mit unverhältnismäßigem Aufwand erfolgen kann (LG Saarbrücken, Urt. vom 11.10.2013 – 13 S 130/13 –).

Der Anspruch ist gemäß § 924 BGB unverjährbar. Ist der Grenzverlauf umstritten, gilt § 920 BGB.

Der Verlauf der Grenze wird durch gedachte Linien bestimmt. Zur äußeren Kennbarmachung dieser Grenzlinien dienen sichtbare Zeichen, die sog. **Grenzmarken** (Grenzmale, d. h. Grenzsteine, Gebäude- oder Mauerecken u. ä.). Art und Verfahren der Abmarkung richten sich nach Landesrecht (Abs. 2). Nach dem öffentlichen Vermessungs- und Geoinformationsgesetz (HVGG) vom 6.9.2007 (GVBl. I S. 548), früher Abmarkungsgesetz, sollen die Grundstücksgrenzen durch Grenzmarken dauerhaft gekennzeichnet (abgemarkt) sein, soweit die Grenzen nicht bereits durch Gebäude- oder Mauerecken oder in anderer Weise hinreichend erkennbar festgelegt sind. Grenzpunkte werden auf Antrag in der Örtlichkeit durch dazu gewidmete Grenzmarken dauerhaft abgemarkt (§ 14 Abs. 1 HVGG). Der Abmarkung neuer Grenzpunkte geht ihre Festlegung nach § 10 Abs. 3 HVGG oder die Bestimmung neuer Grenzpunkte durch ein Bodenordnungs- oder Enteignungsverfahren voraus. Der Abmarkung bereits im Liegenschaftskataster geführte Grenzpunkte geht eine Grenzfeststellung, ein Grenzstellungsvertrag oder ein Grenzscheidungsverfahren nach § 920 BGB voraus. Das Abmarken von Grenzpunkten erfolgt in einem Abmarkungsverfahren, in dem durch Verwaltungsakt festgestellt wird, das die betreffenden Grenzmarken in der Örtlichkeit mit den Grenzpunkten nach § 14 Abs. 2 HVGG übereinstimmen. Wenn eine direkte Abmarkung nicht möglich oder zweckmäßig ist, kann die Grenzmarke ersatzweise an einer in der Grenze zurückversetzten Postition (indirekte Abmarkung) angebracht werden. Die unteren Kataster- und Vermessungsbehörden führen das Liegenschaftskataster (§ 15 HVVG). Zu weiteren Zuständigkeitsfragen wird auf § 15 HVGG verwiesen.

Wird eine Abmarkung samt der vorangehenden Grenzermittlung angefochten und dabei die Richtigkeit der Grenzfeststellung bestritten, so hat das Gericht zu prüfen, ob die abgemarkte Grenze mit den Vermessungsfeststellungen des Liegenschaftskatasters bzw. des Katasternachweises übereinstimmt oder ob insoweit ein Abmarkungsmangel vorliegt. Die Abmarkung hat keine konstitutive Wirkung bezüglich der Grundstücksgrenze, sondern sie schafft lediglich ein (widerlegliches) Beweismittel dafür, wie weit das jeweilige Eigentum reicht. Ein Läuferstein kennzeichnet und wiederholt als Zwischenmarke lediglich eine bereits bestehende abgemarkte Grenze und dient ausschließlich der Erkennbarkeit des Grenzverlaufs. (VG München, Urt. vom 25.10.2017 – M 23 K 17.589 –).

Der **Abmarkungsanspruch** ist vor dem ordentlichen Zivilgericht geltend zu machen (sog. Abmarkungsklage).

Nach § 919 Abs. 3 BGB sind die **Kosten** der Abmarkung von den Beteiligten zu gleichen Teilen zu tragen, es sei denn, dass etwas anderes vereinbart worden ist. Ein Anspruch auf Ausgleich der hälftigen Abmarkungskosten kann nicht auf § 919 BGB gestützt werden, wenn der Grenzverlauf zwischen den Parteien streitig ist, da § 919 BGB nur bei einem unstreitigen Grenzverlauf Anwendung findet. Zudem besteht ein Anspruch auf § 919 BGB nur bei der Wiederherstellung der Grenzsteine und nicht bei deren Freilegung (AG Meiningen, Urt. vom 19.3.2009 – 11 C 1131/08 –).

§ 920 BGB
Grenzverwirrung

(1) Läßt sich im Falle einer Grenzverwirrung die richtige Grenze nicht ermitteln, so ist für die Abgrenzung der Besitzstand maßgebend. Kann der Besitzstand nicht festgestellt werden, so ist jedem der Grundstücke ein gleich großes Stück der streitigen Fläche zuzuteilen.

(2) Soweit eine diesen Vorschriften entsprechende Bestimmung der Grenze zu einem Ergebnisse führt, das mit den ermittelten Umständen, insbesondere mit der feststehenden Größe der Grundstücke, nicht übereinstimmt, ist die Grenze so zu ziehen, wie es unter Berücksichtigung dieser Umstände der Billigkeit entspricht.

Erläuterungen

Bei Streit über den Grenzverlauf kann jeder Eigentümer der benachbarten/angrenzenden Grundstücke aus dem Eigentum heraus Anspruch auf die von ihm als Eigentum angesehene Fläche geltend machen. Anspruchsgrundlagen hierfür sind die §§ 985 und 1004 BGB. Dabei muß er sein Eigentum an der fraglichen Fläche nachweisen. Kann keine Partei diesen Nachweis führen, bleibt nur die Klage aus § 920 BGB (Feststellungsklage).

Voraussetzung ist die **Nicht-Feststellbarkeit** (Nachweisbarkeit) der Grenze. Daran fehlt es, soweit die Vermutung des § 891 BGB reicht.

Eine Grenzverwirrung liegt dann vor, wenn die richtige Grenze objektiv nicht ermittelt werden kann, weil sie nicht anhand des Grundstücks in Verbindung mit der Vermutung des § 891 BGB und dem Liegenschaftskataster oder eine Grenzniederschrift feststellbar ist, und von keiner Partei anderweitig nachgewiesen werden kann (OLG Hamm, Urt. vom 24.11.2011 – 1–5 U 132/10 –).

Der Klageantrag geht auf richterliche Abgrenzung. Die Entscheidung hat in erster Linie von dem Besitzstand z. Z. des Urteils (letzte mündliche Verhandlung) auszugehen. Kann auch der Besitzstand nicht festgestellt werden, so ist jedem benachbarten Grundstück ein gleich großes Stück der streitigen Fläche zuzuschlagen, d. h. das Gericht verfährt hierbei nach den Richtlinien, die der Gesetzgeber in § 920 BGB aufgestellt hat.

Das Urt. setzt die Grenzen bindend fest, hat also konstitutiven Charakter und wirkt auch für und gegen Einzelrechtsnachfolger. Auf Grund des Urt. kann Abmarkung (§ 919 BGB) verlangt werden.

Das wichtigste Hilfsmittel für die Ermittlung der richtigen Grenzen ist das Kataster, vor allem in Verbindung mit dem Grundbuch. Bei der Grenzverwirrung ist von der Klagemöglichkeit aus § 920 BGB auszugehen, wenn keine der Parteien den genauen Verlauf der Grenzlinie zwischen den benachbarten Grundstücken bezeichnen und nachweisen, die richtige Grenze im gerichtlichen Verfahren aber ermittelt werden kann. Soweit sich bei der Klage aus § 920 BGB die Grenze zwischen den Nachbargrundstücken ermitteln lässt, ist für die Abgrenzung zwischen den beiden Grundstücken nicht der Besitzstand zur Zeit des Urt. maßgebend. Die Maßgeblichkeit des Besitzstandes für die Abgrenzung ist auch dann ausgeschlossen, wenn der Nachbar den derzeitigen Besitzstand durch verbotene Eigenmacht erlangt hat (OLG Brandenburg, Urt. vom 7.8.2009 – 5 U 89/07 –).

§§ 921, 922 BGB
Grenzeinrichtungen

§ 921 BGB
Gemeinschaftliche Benutzung von Grenzanlagen

Werden zwei Grundstücke durch einen Zwischenraum, Rain, Winkel, einen Graben, eine Mauer, Hecke, Planke oder eine andere Einrichtung, die zum Vorteile beider Grundstücke dient, voneinander geschieden, so wird vermutet, daß die Eigentümer der Grundstücke zur Benutzung der Einrichtung gemeinschaftlich berechtigt seien, sofern nicht äußere Merkmale darauf hinweisen, daß die Einrichtung einem der Nachbarn allein gehört.

§ 922 BGB
Art der Benutzung und Unterhaltung

Sind die Nachbarn zur Benutzung einer im § 921 bezeichneten Einrichtungen gemeinschaftlich berechtigt, so kann jeder sie zu dem Zwecke, der sich aus ihrer Beschaffenheit ergibt, insoweit benutzen, als nicht die Mitbenutzung des anderen beeinträchtigt wird. Die Unterhaltungskosten sind von den Nachbarn zu gleichen Teilen zu tragen. Solange einer der Nachbarn an dem Fortbestand der Einrichtung ein Interesse hat, darf sie nicht ohne seine Zustimmung beseitigt oder geändert werden. Im übrigen bestimmt sich das Rechtsverhältnis zwischen den Nachbarn nach den Vorschriften über die Gemeinschaft.

Erläuterungen

§ 921 BGB nennt einige typische **Grenzeinrichtungen** und stellt nur für die Benutzung derselben eine Vermutung auf, nämlich für die gemeinschaftliche Benutzung. Die Grenzeinrichtung muss von der Grenzlinie geschnitten werden, und sie muss dem Vorteil beider Grundstücke dienen. Einrichtungen, die an der Grenze, ganz auf einem der Nachbargrundstücke stehen (sich befinden), gehören nicht zu den Grenzeinrichtungen i. S. des § 921 BGB; Mauer teilweise auf Grenze, LG Aachen, MDR 1998 S. 541.

Die gesetzlichen Beispiele lassen sich noch vermehren: gemeinsame Dachrinne, gemeinsame Dungstätte, gemeinsame Brunnen, Steinwälle. Die Einrichtungen müssen dem Vorteil beider Grundstücke dienen. Es ist nicht erforderlich, dass die Einrichtung Grenzscheidungsfunktion hat.

Zur Errichtung sind die Nachbarn nicht gegenseitig verpflichtet. Bei Errichtung ohne Zustimmung des Nachbarn hat dieser Anspruch aus § 1004 BGB (BGHZ 91, 282). Ein Recht zur gemeinschaftlichen Benutzung wird vermutet.

Bei einer Hecke, die als Grenzeinrichtung dient, kommen nicht die Grundsätze des § 923 Abs. 2 BGB zur Anwendung. Die Beseitigung einer solchen Hecke kann daher einseitig nicht verlangt werden.

§ 922 BGB gilt nur, wenn die Benutzungsvermutung des § 921 BGB besteht. Eine abweichende Vereinbarung ist zulässig. Jeder Nachbar darf die ganze Einrichtung, nicht aber das benachbarte Grundstück benutzen. Die Verwaltung obliegt beiden Nachbarn. Die Unterhaltungskosten tragen sie stets zu gleichen Teilen. Die Beseitigung und Änderung kann grundsätzlich nur mit Zustimmung des Nachbarn erfolgen. Bei Beseitigung/Änderung ohne Zustimmung hat der NachbarAnspruch aus § 1004 BGB.

Inhalt und **Rahmen** der **Benutzung** der Grenzeinrichtungen ist im Gesetz festgelegt. Die Einrichtung darf nur zu dem Zweck benutzt werden, der sich aus ihrer Beschaffenheit ergibt. Sie darf auch nur insoweit benutzt werden, als nicht die Mitbenutzung des anderen beeinträchtigt wird.

GRENZÜBERBAUTEN

Allgemeine Übersicht

Ein Grenzüberbau entsteht, wenn über die Grenze eines Grundstücks hinausgebaut wird. Das kann in zweierlei Weise geschehen:

- die Fundamente eines Bauwerks werden teilweise auf das Nachbargrundstück gesetzt oder
- bei der Errichtung eines Gebäudes wird – etwa durch einen Balkon – in einen fremden Luftraum, d. h. in den Luftraum des Nachbargrundstücks hineingebaut.

Solche Grenzüberbauten können

ohne Zustimmung und

mit Zustimmung des Nachbarn entstehen.

Bei Überbauten **ohne Zustimmung** kann man unterscheiden zwischen

- unrechtmäßigen Überbauten, wenn die Voraussetzungen der §§ 912 bis 916 BGB vorliegen (unbewusst und ohne grobe Fahrlässigkeit) und
- den unrechtmäßigen Überbauten, ohne die Voraussetzungen der §§ 912 ff. BGB.

Ein unrechtmäßiger Überbau in letzterem Sinne liegt vor, wenn der Bauherr den Grenzüberbau vorsätzlich oder grobfahrlässig herbeigeführt hat oder

wenn trotz des Widerspruchs des betroffenen Nachbarn weitergebaut wird oder

das Gebäude nicht durch den Grundstückseigentümer oder den Erbbauberechtigten errichtet wird.

Bei dem unrechtmäßigen Überbau ohne die Voraussetzungen des § 912 BGB kann der beeinträchtigte Nachbar **Beseitigung** des Überbaues auf Kosten des Überbauers (§§ 903, 905, 1004 BGB) und Herausgabe der Fläche (§ 985 BGB) verlangen. Eigentümer des überbauten Teils wird der beeinträchtigte Nachbar, da die §§ 93 und 94 Abs. 2 BGB bei rechtswidriger Eigentumsverletzung zurücktreten (BGH, NJW 1985 S. 789).

Grenzüberbauten **mit Zustimmung**

- bei allen Überbauten mit Zustimmung des Eigentümers des Nachbargrundstücks handelt es sich um rechtmäßige Überbauten.

Beseitigung kann wegen der Zustimmung nicht verlangt werden (BGH, NJW 1983 S. 1112). Hinsichtlich einer Entschädigung ist die Vereinbarung maßgebend. Fehlt eine Entschädigungsregelung, ist durch Auslegung zu ermitteln, ob auf Entschädigung verzichtet worden ist. Eine bloß schuldrechtliche Vereinbarung bindet den Rechtsnachfolger nicht.
Eigentümer des Gesamtgebäudes ist der jeweilige Eigentümer des Grundstücks, das z. Z. der Errichtung Stammgrundstück ist (BGH 62, 141);

- bei der sog. Nachbarwand, die auf der Grenze steht und daher z. T. ein Überbau ist, kommen die §§ 1 bis 7 Hess. NRG zur Anwendung.

In hessischen Gebieten ist es häufig üblich, zur Ersparung von Baugrund und Baumaterial zwei aneinanderstoßenden Häusern eine gemeinsame Giebelmauer verstärkten Umfangs zu geben. Der Bau solcher Häuser erfolgt häufig nicht gleichzeitig. Nicht selten wird zunächst der eine Nachbar sein Haus errichten und setzt dabei eine Giebelwand zum Teil, meist zur Hälfte (halbscheidig) über die Grenze auf den Grund und Boden seines Nachbarn. Baut dann später der Nachbar ein Haus, verwendet er die z. T. auf seinem Boden stehende Mauer als Umfangmauer seines Neubaus. Hierzu enthält das BGB keine Vorschriften. Auf Grund des Art. 124 EGBGB können die Länder das Anbaurecht und die Entschädigungspflicht des Nachbarn selbständig regeln. Als Grenzeinrichtung im Sinne der Bestimmung kann auch die auf der Grenze errichtete gemeinsame Zufahrt von der Straße bis zu den aneinander gebauten Grenzgaragen angesehen werden. Eine solche funktionell beiden Grundstücken dienende Anlage darf nicht ohne Zustimmung des Nachbarn beseitigt oder verändert werden. Das Erscheinungsbild einer Grenzeinrichtung ist Bestandteil ihrer Zweckbestimmung (BGH, NJW-RR 2018 S. 528).

§ 912 BGB
Überbau; Duldungspflicht

(1) Hat der Eigentümer eines Grundstücks bei der Errichtung eines Gebäudes über die Grenze gebaut, ohne daß ihm Vorsatz oder grobe Fahrlässigkeit zur Last fällt, so hat der Nachbar den Überbau zu dulden, es sei denn, daß er vor oder sofort nach der Grenzüberschreitung Widerspruch erhoben hat.

(2) Der Nachbar ist durch eine Geldrente zu entschädigen. Für die Höhe der Rente ist die Zeit der Grenzüberschreitung maßgebend.

Erläuterungen

Die Vorschrift regelt den unrechtmäßigen Überbau, den, wenn die Voraussetzungen des § 912 BGB vorliegen, der Nachbar zu dulden hat (Absatz 1).

Ein **Gebäude** ist ein Bauwerk, das durch räumliche Umfriedung gegen äußere Einflüsse Schutz gewährt und den Eintritt von Menschen gestattet. Dabei ist die völlige Umschlossenheit nicht erforderlich. Keine Gebäude sind daher Zäune, Mauern usw. Das Gebäude muß nicht mit seinen Grundmauern überbaut sein; ein Überbau i. S. des § 912 BGB ist auch ein Balkon, eine Galerie, ein Dachvorsprung usw. Für zeitlich befristete Bauten gelten die §§ 912 ff. BGB bis zur Erfüllung des Bestimmungszwecks. Das Gebäude muss vom Eigentümer des Grundstücks, d. h. in seinem Namen bzw. wirtschaftlichen Interesse errichtet worden sein (BGH, NJW 1983 S. 2022).

Die **Grenzüberschreitung** muss sich darin dokumentieren, dass ein einheitliches Gebäude (Teile desselben) überbaut ist (BGH, NJW 1982 S. 756). Ein Carport ist kein Gebäude i. S. des § 912 Abs. 1, § 912 ist jedoch analog anzuwenden (OLG Karlsruhe vom 9.9.1992, NJW-RR 1993 S. 665).

Der Umfang der Grenzüberschreitung ist unerheblich. Das Nachbargrundstück kann auch in Gänze überbaut sein, das Gebäude darf sich aber nicht ausschließlich auf dem Nachbargrundstück befinden. Der Eigentümer eines überbauten Grundstücks kann zwar nicht im verwaltungsgerichtlichen Verfahren gegen die Baugenehmigung aber im Zivilrechtsprozess gegen den Überbau vorgehen (VGH Mannheim, NJW 1996 S. 3429).

Es darf nur leichte Fahrlässigkeit des Überbauers vorliegen, und zwar zum Zeitpunkt der Grenzüberschreitung. Die Beweislast hat der Überbauer (BGHZ 42, 68).

Der **Widerspruch** muss vor oder nach der Grenzüberschreitung so rechtzeitig erhoben werden, dass eine Beseitigung ohne erhebliche Zerstörung möglich ist (BGHZ 59, 191). Es kommt darauf an, wann die Grenzüberschreitung objektiv erkennbar ist. Der Widerspruch ist formfrei und bedarf keiner Begründung. Adressat ist der Überbauer, bei mehreren genügt einer.

Der Eigentümer des überbauten Grundstücks hat eine Duldungspflicht. Dem entspricht ein Recht auf Duldung des Eigentümers des „überbauenden" Grundstücks. Die Duldungspflicht und das Recht auf Duldung sind nicht in das Grundbuch eintragbar. Der Überbauer wird Eigentümer des gesamten Gebäudes (BGHZ 27, 197); es ist bestritten, ob dies aus § 95 Abs. 1 Satz 2 BGB oder aus den §§ 93 und 94 Abs. 2 BGB folgt. Die Duldungspflicht eines zunächst baulich ordnungsgemäß errichteten Überbaus entfällt nicht ohne Weiteres dadurch, dass dieser allmählich verfällt (OLG Frankfurt, Urt. vom 16.11.2011 – 1 U 292/10 –).

Die Geldrente **(Absatz 2)** ist eine Entschädigung für die Duldungspflicht als Ausgleich für den Nutzungsverlust (BGH, NJW 1976 S. 669). Für die Höhe der Geldrente ist die Zeit der Grenzüberschreitung maßgebend. Im Übrigen vgl. Erl. zu § 913 BGB.

Wird ein Gebäude auf mehreren Grundstücken desselben Eigentümers errichtet (Eigengrenzüberbau), so wird das Gesamtgebäude Bestandteil des „Stammgrundstücks", d. h. des Grundstücks, zu dem es nach Absicht und Interesse des Erbauers gehören soll (BGH, NJW 1985 S. 789). Ein Anspruch aus § 912 BGB führt nicht zur Unwirksamkeit eines Bebauungsplanes. Der Überbauer wird nicht Eigentümer der überbauten Grundstücksfläche. Er kann deshalb nicht stärker geschützt sein als ein Grundstückseigentümer. Dieser ist aber nicht in der Lage, mit Hilfe des § 903 BGB jede ihm missliebige Überplanung abzuwehren (BVerwG, Beschl. vom 3.1.2012 – 4 BN 42/11 –).

§ 913 BGB
Überbaurente

(1) Die Rente für den Überbau ist dem jeweiligen Eigentümer des Nachbargrundstücks von dem jeweiligen Eigentümer des anderen Grundstücks zu entrichten.

(2) Die Rente ist jährlich im voraus zu entrichten.

Erläuterungen

Schuldner ist der jeweilige Eigentümer des „überbauenden" Grundstücks, d. h. der Überbauer. Das gilt auch bei gutgläubigem Erwerb. Der Veräußerer haftet persönlich für Rückstände z. Z. des Eigentumsüberganges.

Gläubiger ist der jeweilige Eigentümer des überbauten Grundstücks.

Die Rente ist von dem Zeitpunkt an zu zahlen, zu dem die Grenze überschritten wird, nicht etwa von dem Zeitpunkt, an dem die Grenzüberschreitung entdeckt wird. Vgl. zur Thematik auch Stollenwerk, Rechtsfragen zum Grenzüberbau, DWW 1997 S. 376 ff.

Für die **Höhe** der Rente ist von dem Verkehrswert des gesamten Grundstücks z. Z. der Grenzüberschreitung (§ 912 Abs. 2 BGB) auszugehen und für den überbauten Teil (als Teilbetrag) zu errechnen. Der Verkehrswert ist ggf. zu verzinsen. Mangels Verkehrswert (z. B. bei Straßenfläche) ist ein übliches Nutzungsentgelt zu ermitteln. Der Verkehrswert ergibt sich aus der Wertermittlungsverordnung vom 6.12.1988 (BGBl. I S. 2209) und den hierzu erlassenen Richtlinien für die Ermittlung der Verkehrswerte von Grundstücken.Die

Überbaurente ist nicht nach Art und Ausmaß der Einbuße bei der tatsächlichen Nutzung des überbauten Grundstücksteils sondern allein auf der Grundlage von dessen Verkehrswert zur Zeit der Grenzüberschreitung zu berechnen (BGH, Urt. vom 12.10.2018 – V ZR 81/18 –).

§ 914 BGB

Rang, Eintragung und Erlöschen der Rente

(1) Das Recht auf die Rente geht allen Rechten an dem belasteten Grundstück, auch den älteren, vor. Es erlischt mit der Beseitigung des Überbaues.

(2) Das Recht wird nicht in das Grundbuch eingetragen. Zum Verzicht auf das Recht sowie zur Feststellung der Höhe der Rente durch Vertrag ist die Eintragung erforderlich.

(3) Im übrigen finden die Vorschriften Anwendung, die für eine zugunsten des jeweiligen Eigentümers eines Grundstücks bestehende Reallast gelten.

Erläuterungen

Das Rentenrecht hat Vorrang vor allen anderen Rechten an dem Grundstück, auch gegenüber den älteren Rechten. Der Rang mehrerer solcher vorgehenden Rentenrechte richtet sich nach deren zeitlicher Entstehung.

Das Rentenrecht ist nicht eintragungsfähig (Absatz 2). Die Feststellung der Höhe der Rente durch Vertrag und der Verzicht auf das Rentenrecht erfordern allerdings die Eintragung in das Grundbuch (Abt. II des überbauenden Grundstücks). Neben der Beseitigung des Überbaues führt auch der Verzicht zum Erlöschen des Rentenanspruchs.

Nach Abs. 3 finden die Vorschriften Anwendung, die für eine zugunsten des jeweiligen Eigentümers eines Grundstücks bestehende Reallast gelten (§§ 1107, 1108, 1109 Abs. 3, 1110, nicht aber 1111 und 1112 BGB).

§ 915 BGB

Abkauf des überbauten Grundstücksteils

(1) Der Rentenberechtigte kann jederzeit verlangen, daß der Rentenpflichtige ihm gegen Übertragung des Eigentums an dem überbauten Teile des Grundstücks den Wert ersetzt, den dieser Teil zur Zeit der Grenzüberschreitung gehabt hat. Macht er von dieser Befugnis Gebrauch, so bestimmen sich die Rechte und Verpflichtungen beider Teile nach den Vorschriften über den Kauf.

(2) Für die Zeit bis zur Übertragung des Eigentums ist die Rente fortzuentrichten.

Erläuterungen

Berechtigter ist der Eigentümer des überbauten Grundstücks. Das „Verlangen" muss (kann) in Form einer einseitigen empfangsbedürftigen formfreien Willenserklärung erfolgen. Damit entsteht ein Rechtsverhältnis, auf das die §§ 433 ff. BGB Anwendung finden.

Der Anspruch unterliegt nicht der Verjährung (§ 924 BGB).

§ 916 BGB

Beeinträchtigung von Erbbaurecht oder Dienstbarkeit

Wird durch den Überbau ein Erbbaurecht oder eine Dienstbarkeit an dem Nachbargrundstück beeinträchtigt, so finden zugunsten des Berechtigten die Vorschriften der §§ 912 bis 914 entsprechende Anwendung.

Erläuterungen

Für den Fall, dass der Überbau ein Erbbaurecht oder eine Dienstbarkeit an dem Nachbargrundstück beeinträchtigt, finden zugunsten des Berechtigten die Vorschriften der §§ 912 bis 914 BGB entsprechende Anwendung.

Für jeden Beeinträchtigten besteht ein eigenes Rentenrecht.

Wegen des Erbbaurechts vgl. Erbbaurechts-VO vom 15.1.1919 (RGBl. I S. 72).

Wegen der Dienstbarkeiten vgl. die §§ 1018 ff. (Grunddienstbarkeit), §§ 1030 ff. (Nießbrauch), §§ 1090 ff. BGB (beschränkte persönliche Dienstbarkeiten).

§ 1 HNachbG
Errichten einer Nachbarwand

(1) Nachbarwand ist die auf der Grenze zweier Grundstücke errichtete Wand, die den auf diesen Grundstücken errichteten oder zu errichtenden Bauwerken als Abschlußwand oder zur Unterstützung oder Aussteifung dient oder dienen soll.

(2) Der Eigentümer eines Grundstücks darf eine Nachbarwand errichten, wenn

1. die Bebauung seines und des benachbarten Grundstücks bis an die Grenze vorgeschrieben oder zugelassen ist und

2. der Eigentümer des benachbarten Grundstücks einwilligt.

Erläuterungen

Übersicht

1. Nachbarwand
2. Bauwerk
3. Beschaffenheit
4. Einwilligung
5. Öffentliches Recht
6. Eigentumsverhältnisse

1. Nachbarwand

Bei der Nachbarwand handelt es sich um einen Grenzüberbau. Sie ist die auf der Grenze zweier Grundstücke errichtete Wand, die den auf diesen Grundstücken errichteten oder zu errichtenden Bauwerken als Abschlusswand oder zur Unterstützung oder Aussteifung dient oder dienen soll. Die frühere Bezeichnung für Nachbarwand war Kommunmauer. Der Begriff Kommunmauer erscheint mit Rücksicht auf moderne Betonkonstruktionen als zu eng.

Die Bauweise unter Ausnutzung einer Nachbarwand wurde wegen des Platzmangels bereits in den mittelalterlichen Städten (wenig Raum innerhalb der Stadtmauer) trotz der Empfehlung des Propheten Jesaja „Weh dem, der Haus an Haus reiht" eingeführt. Sie findet sich aber auch in den später entstandenen kleinhäuslichen Dörfern Mittel- und Nordhessens. Vor allem trifft man die Nachbarwand in den Bereichen an, in denen der sog. Kommunmauerzwang bestand, d. h. dort, wo nach früherem Recht (vor dem Hessischen Nachbarrechtsgesetz) eine Nachbarwand vorgeschrieben war.

Die Nachbarwand ist im Unterschied zur Grenzmauer (§§ 8 bis 10 HNachbG, die bis an die Grenze des Grundstücks gebaut ist) **auf der Grenze** errichtet, d. h. sie steht z. T. auf dem Nachbargrundstück. Eine Wand, die an ihrem einen Ende ganz auf dem Grundstück A, am anderen Ende dagegen ganz auf dem Grundstück B steht, ist keine Nachbarwand i. S. des

Gesetzes. Allerdings kann auch bei einer solchen Wand vereinbart werden, daß sie gemeinsam wie eine Nachbarwand genutzt werden darf. Andererseits kommt es nicht darauf an, mit welcher Dicke die Wand auf dem einen oder anderen Grundstück steht (vgl. jedoch grundsätzlich die §§ 2 und 3 Hess. NRG). Zum Schallschutz von Elektrorolläden, vgl. OLG Frankfurt, NJW-RR 2010 S. 26.

2. Bauwerk

Die Nachbarwand dient u. a. den auf den beiden Nachbargrundstücken errichteten (oder zu errichtenden) Bauwerken als Abschlusswand, zur Unterstützung oder zur Aussteifung. Der Begriff **Bauwerk** ist mit dem Begriff der „baulichen Anlagen" in § 2 Abs. 1 Satz 1 HBO deckungsgleich. Die frühere Fassung der HBO hat noch den Begriff Bauwerk verwendet, insoweit bestand Wortgleichheit zwischen HBO und HNachbG. Der Begriff bauliche Anlage hat in § 2 Abs. 1 Satz 3 HBO eine Erweiterung gefunden, die jedoch nicht für das Nachbarrecht gelten kann. Nach § 2 Abs. 1 Satz 1 HBO sind bauliche Anlagen mit dem Erdboden verbundene, aus Baustoffen und Bauteilen hergestellte Anlagen. Eine Verbindung mit dem Boden besteht auch dann, wenn die Anlage durch eigene Schwere auf dem Boden ruht.

Eine Begrenzung des Begriffs Bauwerk auf den Begriff **Gebäude** kann nicht angenommen werden. Zwar liegt dies insofern nahe, als § 1 Abs. 2 HNachbG u. a. voraussetzt, dass die Bebauung „bis an die Grenze vorgeschrieben oder zugelassen ist" und die Regelung hierzu, insbesondere in den §§ 6 und 7 HBO enthalten, dort jedoch von „Gebäuden" die Rede ist. Es ist aber den örtlichen Regelungen unbenommen, auch Bestimmungen i. S. des § 1 Abs. 2 HNachbG für bauliche Anlagen zu treffen, die keine Gebäude sind. Von der Praxis her wird sich der Begriff Bauwerk gleichwohl auf „Gebäude" konzentrieren. Die Zweckbestimmung der Wand als Nachbarwand kann auch nachträglich durch Vereinbarung der Nachbarn getroffen werden (BGH, BeckRS 2014, 04356).

3. Beschaffenheit

Die Nachbarwand kann aus den verschiedensten Materialien **(Beschaffenheit)** bestehen (Bausteinen, Hohlblocksteinen, Beton, Stahlbeton oder Fertigteilen). Auch Holzwände kommen in Betracht, wenn sie die erforderliche Dicke und Standfestigkeit besitzen, um die Belastung beider Bauwerke zu tragen (vgl. § 11 HBO). Die Nachbarwand muss also bautechnisch geeignet sein, Bauwerken auf beiden Grundstücken sofort oder später als Abschlusswand, zur Unterstützung oder zur Aussteifung zu dienen (vgl. § 15 HBO). Dabei muss dies nicht für beide Gebäude in gleicher Funktion sein (also z. B. für beide zur Aussteifung). Soweit die Nachbarwand durch einen Abbruch zwar in ihrer Standfestigkeit nicht beeinträchtigt wird, aber die Funktion einer Außenwand nicht mehr erfüllen kann, weil sie gegen Witterungseinflüsse nicht ausreichend geschützt ist, steht dieser Umstand der Annahme einer Nachbarwand nicht entgegen; der entsprechende Mangel lässt sich nach dem Abbruch unschwer beheben.

Unter **Abschlusswand** ist jede Wand zu verstehen, die ein Gebäude bzw. ein Bauwerk nach außen abschließt. Eine Nachbarwand liegt daher auch dann vor, wenn das neben ihre errichtete Gebäude oder Bauwerk ohne sie zwar standfest, aber nach dieser Seite hin offen wäre.

Zur **Unterstützung** der beiden Gebäude dient die Wand, wenn tragende Teile der Anbauten (z. B. Decken oder das Dach) in sie eingelegt oder auf sie aufgelegt werden (können).

Der **Aussteifung** zu dienen bestimmt ist die Wand, wenn eines der an sie angebauten Gebäude ohne sie nicht hinreichend standfest wäre. Dient die Wand keiner der drei vorgenannten Zweckbestimmungen, so handelt es sich nicht um eine Nachbarwand. Andererseits liegt eine Nachbarwand auch dann vor, wenn sie einem der drei Zwecke dienen sollte, die ihr zugedachte Zweckbestimmung jedoch nachträglich nicht erfüllen kann, z. B. weil der Nachbar sein Gebäude so errichtet hat, dass er sie nicht benutzen wird.

Der Eigentümer des benachbarten Grundstücks muss in die Errichtung der Wand eingewilligt haben (Abs. 2). Die Erteilung der **Einwilligung** steht im freien Belieben des Nachbarn. Der einwilligende Nachbar ist verpflichtet, die Nachbarwand zu dulden. Als schuldrechtlicher Vertrag bindet die Vereinbarung jedoch nur den einwilligenden Nachbarn selbst sowie seine etwaigen Gesamtrechtsnachfolger (z. B. Erben). Ein Sonderrechtsnachfolger des einwilligenden Nachbarn (z. B. der Käufer des betreffenden Grundstücks) ist an die Vereinbarung nur gebunden, wenn er die Verpflichtung seines Rechtsvorgängers gegenüber dem Vertragspartner übernommen hat. Daraus folgt, dass z. B. bei einem Verkauf oder einer Versteigerung des Nachbargrundstücks der neue Eigentümer der vorher vereinbarten Errichtung der Nachbarwand erfolgreich widersprochen hat, wenn er die Verpflichtung des früheren Eigentümers, die Errichtung einer Nachbarwand zu dulden, nicht übernommen hat. Eine Sicherung gegen einen Widerspruch eines künftigen Erwerbs des Nachbargrundstücks gegen die Errichtung der geplanten Nachbarwand kann jedoch durch die Bestellung einer entsprechenden Grunddienstbarkeit erfolgen.

4. Einwilligung

Die erteilte Einwilligung ist unwiderruflich. Sie kann nur durch eine entsprechende vertragliche Vereinbarung geändert oder aufgehoben werden.

Die Vereinbarung, dass die Wand als Nachbarwand gelten soll, kann sowohl vor ihrer Errichtung, was der Regelfall sein wird, als auch danach zustande kommen. Von einem nachträglichen Zustandekommen einer entsprechenden Vereinbarung wird insbesondere dann auszugehen sein, wenn mit dem Nachbarn wegen eines Anbaues eine Absprache getroffen wird oder tatsächlich angebaut wird.

Eine Form für die Vereinbarung ist nicht vorgesehen. Zur Vermeidung von Beweisschwierigkeiten ist die Schriftform jedoch zu empfehlen. Die Einwilligung kann auch durch konkludentes Verhalten erklärt werden. Eine konkludente Zustimmung kann noch nicht dann angenommen werden, wenn der Nachbar gegen die Errichtung der Wand keinen erkennbaren Widerstand erhebt. Der Nachbar hätte den Beseitigungsanspruch. Baut der Nachbar aber an, so liegt hierin die nachträglich erteilte Einwilligung zur Errichtung einer Nachbarwand.

5. Öffentliches Recht

Die Bebauung der beiden benachbarten Grundstücke muss bis an die Grenze zulässig oder vorgeschrieben sein. Das gilt für beide aneinandergrenzenden Grundstücke bzw. für deren Bebaubarkeit. Hier kommt der in § 45 HNachbG enthaltene allgemeine Grundsatz (Vorrang **öffentlich-rechtlicher Normen** gegenüber den Vorschriften §§ 1 bis 44 HNachbG) nochmals im Rahmen einer Spezialvorschrift zum Ausdruck. Insbesondere ist insoweit auf die Vorgaben der HBO und entsprechende Regelungen in kommunalen Satzungen (Bebauungspläne bzw. Ortssatzungen) hinzuweisen. Auch wenn Vorschriften des Bauordnungsrechts bzw. einer Bausatzung entgegenstehen, ist es denkbar, dass Ausnahmegenehmigungen erteilt werden (z. B. § 63 HBO). Es kommt im übrigen im Rahmen der zivilrechtlichen Verhältnisse nicht darauf an, ob die Nachbarwand sonstigen bauordnungsrechtlichen Vorschriften entspricht.

In §§ 6 und 25 ff. HBO ist die baurechtliche (öffentlich-rechtliche) Regelung über Wände enthalten.

6. Eigentumsverhältnisse

Die **Eigentumsverhältnisse** an der Nachbarwand richten sich nach den Vorschriften des BGB, sie sind den Abreden der Beteiligten entzogen.

Bis zum Anbau mit dem zweiten Gebäude steht die Nachbarwand im Alleineigentum des Gebäudeeigentümers (§§ 93, 94 Abs. 2 BGB, vgl. auch BGHZ 27, 197, 36, 46, 41, 177). Insoweit wirkt sich der Grundsatz der rechtlichen Untrennbarkeit der Bestandteile (§ 93

BGB) aus; er ist stärker als der Grundsatz des § 94 Abs. 1 BGB. Das Reichsgericht ging von einem anderen Standpunkt aus. Danach soll ein Gebäude grundsätzlich nur insoweit wesentlicher Bestandteil eines Grundstücks sein, als es mit diesem fest verbunden ist, also darauf steht (§ 94 BGB). Reicht ein Teil des Gebäudes über die Grenze des Grundstücks hinaus, so ist dieser Teil Bestandteil des angrenzenden Grundstücks. Nur dann ist der hinübergebaute Teil eines Gebäudes ausnahmsweise rechtlicher Bestandteil des Gebäudes, wenn der Teil in Ausübung eines dinglichen Rechts an dem Nachbargrundstück mit diesem verbunden wurde (§ 95 Abs. 1 Satz 2 BGB) oder wenn die Voraussetzungen gegeben sind, unter denen der Nachbar den Überbau nach § 912 BGB zu dulden hat (RKG, Bem. 5 zu § 94 BGB; vgl. auch RG, Urt. vom 8.2.1911, Archiv für Civil- und Kriminalrecht der preuß. Rheinprovinz, 108. 373 ff.). Das RG sieht in der Erlaubnis zum Überbau mit einer Nachbarwand ein dinglich wirkendes Recht i. S. des § 95 Abs. 1 Satz 2 BGB. Denn die halbscheidig errichtete Mauer, deren spätere Mitbenutzung durch den Anbau in Aussicht genommen ist, stelle schon vor dem Anbau eine Grenzeinrichtung i. S. der §§ 921 und 922 BGB dar. Nach § 922 BGB dürfe aber eine Grenzeinrichtung, solange einer der Nachbarn an ihrem Fortbestand ein Interesse habe, ohne deren Zustimmung weder beseitigt noch verändert werden. Damit erweise sich die Überbaubefugnis als ein dinglich wirkendes Recht an dem fremden Grund und Boden, soweit darauf die Anlage stehe. Dieses Recht werde durch die Herstellung der Nachbarwand (Kommunmauer) erworben, die ihrerseits auf der formlosen Zustimmung des Nachbarn beruhe. Hieraus ergebe sich aber, dass der Vertrag über die Erlaubnis zum Überbau formlos gültig sei, trotzdem aber dingliche Wirkung habe.

Dieser Ansicht kann nur im Ergebnis, nicht aber in der Begründung gefolgt werden (HL). Sie geht von der unrichtigen Annahme aus, dass die auf der Grenze errichtete Mauer eines Gebäudes schon vor dem Anbau eine Grenzeinrichtung i. S. der §§ 921 und 922 BGB sei. Dem steht entgegen, dass die Mauer bis zum Anbau des zweiten Gebäudes im Alleineigentum ihres Erbauers einfach deshalb steht, weil die §§ 93 und 94 Abs. 2 BGB den unbedingten Vorrang vor dem § 94 Abs. 1 BGB zu beanspruchen haben. Eine im bloßen Alleineigentum des einen Grundstückseigentümers stehende Grenzmauer kann aber wiederum keine Grenzeinrichtung nach den §§ 921 und 922 BGB sein. Damit entfällt die Möglichkeit, aus den §§ 921 und 922 BGB ein Recht auf unverändertes Fortbestehen der Mauer mit dinglicher Wirkung gemäß § 95 Abs. 1 Satz 2 BGB zu folgern. Haben sich die Nachbarn wegen der Nachbarwand nicht geeinigt, gilt § 912 BGB.

Mit dem Anbau des zweiten Gebäudes wird die Nachbarwand zur Grenzeinrichtung i. S. des § 921 BGB, da erst dann das Alleineigentum an ihr sich in Miteigentum der beiden Nachbarn umwandelt. Bei einem teilweisen Anbau dürfte der nicht genutzte Teil nicht Grenzeinrichtung werden; dem steht allerdings entgegen, dass die Nachbarwand vorwiegend als Einheit angesehen wird.

Die Nachbarwand wird wesentlicher Bestandteil beider Bauwerke und steht im **Miteigentum** nach Bruchteilen beider Grundstückseigentümer. Auch bei einem nur teilweisen Anbau steht die ganze Wand im Miteigentum. Die beiderseitigen Miteigentumsanteile richten sich nach dem Verhältnis, in dem die zum Anbau genutzte Außenfläche zur Gesamtaußenfläche der Nachbarwand steht (BGHZ, 27, 197). Wird z. B. in voller Tiefe und halber Höhe angebaut, werden der Erbauer zu ¾ und der Anbauende zu ¼ Miteigentümer. Für die Miteigentumsverhältnisse ist es ohne Bedeutung, ob die Wand mehr auf dem einen als auf dem anderen Grundstück steht.

Die Nachbarn können abweichend von § 1 HNachbG die Rechtsverhältnisse vereinbaren.

§ 2 HNachbG
Beschaffenheit der Nachbarwand

Die Nachbarwand ist in der Art und in der Dicke auszuführen, wie es notwendig ist, um den beabsichtigten Zweck zu erreichen. Höchstens mit der Hälfte der hiernach gebotenen Dicke darf sie das angrenzende Grundstück in Anspruch nehmen.

Erläuterungen

Die Beschaffenheit der Nachbarwand, insbesondere die Art ihrer Ausführung sowie ihrer Dicke, lässt sich nicht allgemein festlegen. Für die Beschaffenheit wird die Art ihrer Mitbenutzung (zum Abschluss, zur Unterstützung, zur Aussteifung) von entscheidender Bedeutung sein. Hiernach haben sich die technischen Erfordernisse zu richten. Die technische Sicherheit ist im § 11 HBO (Bauordnungsrecht) geregelt: Die Wand muss bei Fortfall eines der beiden Gebäude erhalten bleiben können (vgl. hierzu Erl. zu § 1 HNachbG).

Satz 2 regelt, inwieweit die Nachbarwand, sofern nichts anderes vereinbart ist, das Nachbargrundstück in Anspruch nehmen darf, nämlich nur mit der Hälfte ihrer Dicke. Eine über die Hälfte der Dicke hinausgehende Inanspruchnahme seines Grundstücks braucht der Nachbar nicht zu dulden. Soweit die Mauer mehr als die Hälfte des Nachbargrundstücks in Anspruch nimmt, handelt es sich um einen Überbau, den der Nachbar nur bei Vorliegen der Voraussetzungen des § 912 BGB zu dulden braucht.

Eine andere Vereinbarung ist möglich. Auch insoweit handelt es sich dann um eine Nachbarwand, wenn z. B. die Mauer nur zu einem geringen Teil ihrer Dicke auf dem Grundstück des Erbauers, zu einem weit größeren Teil auf dem Grundstück des Nachbarn steht.

Es bleibt dem Erbauer vorbehalten, auf seinem Grundstück die Hälfte der Mauerdicke zu überschreiten und die Wand nach „seiner Seite" hin zu verstärken, also dicker zu machen.

Ob sich der Nachbar sofort an den Baukosten der Wand beteiligt, wenn sie errichtet wird, ist eine Frage der Vereinbarung. Er kann sich sofort beteiligen, muss es aber nicht.

§ 3 HNachbG
Anbau an die Nachbarwand

(1) Der Eigentümer des Nachbargrundstücks ist berechtigt, an die Nachbarwand anzubauen. Anbau ist die Mitbenutzung der Nachbarwand als Abschlußwand oder zur Unterstützung oder Aussteifung des neuen Bauwerks.

(2) Der anbauende Eigentümer des Nachbargrundstücks ist zur Zahlung einer Vergütung in Höhe des halben Wertes der Nachbarwand, höchstens des halben Wertes einer Nachbarwand im Sinne des § 2 Satz 1 verpflichtet, soweit die Nachbarwand durch den Anbau genutzt ist. Nimmt die Nachbarwand von dem angrenzenden Grundstück eine größere Bodenfläche in Anspruch, als § 2 Satz 2 vorsieht, so ist dies bei der Festsetzung der Vergütung angemessen zu berücksichtigen. Für die Berechnung des Wertes der Nachbarwand und für die Fälligkeit der Vergütung ist der Zeitpunkt der Rohbauabnahme des Anbaus maßgebend. Auf Verlangen ist Sicherheit in Höhe der voraussichtlich zu gewährenden Vergütung zu leisten; in solchem Falle darf der Anbau erst nach Leistung der Sicherheit begonnen oder fortgesetzt werden.

(3) Bis zum Anbau an die Nachbarwand fallen die Unterhaltungskosten dem Eigentümer allein zur Last. Nach dem Anbau sind die Unterhaltungskosten für den gemeinsam genutzten Teil der Nachbarwand von beiden Grundstückseigentümern entsprechend dem Verhältnis ihrer Beteiligung gemäß Abs. 2 Satz 1 und 2 zu tragen.

Erläuterungen

Übersicht

1. Anbaurecht

Absatz 1 normiert ein **Anbaurecht**, d. h. die Mitbenutzung der Nachbarwand, keine Anbaupflicht. Der Nachbar ist frei in seiner Entscheidung. Errichtet er aber sein Bauwerk, ohne die Nachbarwand zu benutzen, so muss er gemäß § 4 Abs. 1 HNachbG einen Ausgleich leisten. Falls er bis an die Nachbarwand heranbaut, ist er verpflichtet, auf seine Kosten die Fuge zwischen der Nachbarwand und seiner Gebäudewand bündig mit der Außenfläche seines Bauwerks zu verdecken (§ 4 Abs. 2 HNachbG). Die Benutzung der Nachbarwand kann als Abschlusswand, zur Unterstützung oder zur Aussteifung des neuen Bauwerks erfolgen (vgl. Erl. zu § 1 HNachbG).

2. Vergütung

In **Absatz 2** ist die **Vergütung** geregelt. Der anbauende Eigentümer des Nachbargrundstücks ist grundsätzlich zur Zahlung einer Vergütung in Höhe des halben Wertes der Nachbarwand verpflichtet, da ihm durch das Vorhandensein und die Benutzungsmöglichkeit ein Vorteil zuteil wird. Der Anspruch richtet sich auf die Hälfte des Wertes bei der Rohbauabnahme des Anbaus, höchstens beträgt die Vergütung die Hälfte des Wertes i. S. des § 2 Satz 1 HNachbG, d. h. des Wertes in der Ausführung, in der die Nachbarwand notwendig ist, um den beabsichtigten Zweck zu erreichen. Der Mehrwert einer besonders (unnötig) aufwendigen Wand muss bei der Berechnung der Vergütung abgesetzt werden. Nur der Wert der Nachbarwand darf in Rechnung gestellt werden, soweit sie flächenmäßig tatsächlich benutzt wird (Absatz 2 Satz 1). Das kann in der Länge oder/und in der Höhe sein.

Nimmt die Nachbarwand zu mehr als der Hälfte der Dicke das benachbarte Grundstück in Anspruch (§ 2 Abs. 2 Satz 2 HNachbG), so muss zugunsten des anbauenden Nachbarn ein entsprechender Abschlag von der zu zahlenden Vergütung vorgenommen werden. Als Anhaltspunkt könnte hier die Höhe einer kapitalisierten Überbaurente hinsichtlich des zu Unrecht mehr in Anspruch genommenen Teils des Grundstücks in Betracht kommen.

Wie der Gegenwartswert der Nachbarwand im Zeitpunkt der Rohbauabnahme des Anbaus zu ermitteln ist, bestimmt das Gesetz nicht. Es wird in aller Regel der Herstellungswert im maßgeblichen Zeitpunkt festgestellt und hiervon ein Abnützungsabschlag abgezogen werden müssen. Die tatsächlichen Herstellungskosten können demgegenüber grundsätzlich nicht maßgebend sein.

3. Rohbauabnahme

Der Zeitpunkt der **Rohbauabnahme** ist für die Berechnung des Wertes der Nachbarwand und für die Fälligkeit der Vergütung maßgebend. Der Rohbau ist fertiggestellt, wenn die tragenden Teile, die Schornsteine, die Brandwände, die notwendigen Treppen und die Dachkonstruktion vollendet sind (§ 74 HBO). Ob die Baubehörde den Rohbau besichtigt (abnimmt), steht im Ermessen der Bauaufsichtsbehörde. Der maßgebende Zeitpunkt i. S. des § 3 Abs. 2 Satz 3 HNachbG dürfte somit derjenige sein, zu dem mit den Ausbauarbeiten begonnen werden kann.

4. Unterhaltskosten

Auf Verlangen ist Sicherheit in Höhe der voraussichtlich zu gewährenden Vergütung zu leisten. In diesem Falle darf der Anbau erst nach Leistung der Sicherheit begonnen oder fortgesetzt werden.

Bis zum Anbau hat der Erbauer der Nachbarwand die Kosten für deren Unterhaltung zu tragen. Die Nachbarwand steht in Gänze im Eigentum des Ersterbauers (vgl. Erl. zu § 1 Hess. NRG).

Nach dem Anbau haben die beteiligten Grundstückseigentümer die Unterhaltungskosten für die Nachbarwand in dem gleichen Verhältnis zu tragen, wie ihnen unter Berücksichtigung der Dicke der Wand und des Umfangs der Nutzung die Herstellungskosten anteilig zur Last fallen (vgl. oben).

Dem Grundstückseigentümer steht der Erbbauberechtigte gleich (§ 11 ErbbauVO).

§ 4 HNachbG
Nichtbenutzen der Nachbarwand

(1) Wird das spätere Bauwerk nicht an die Nachbarwand angebaut, so hat der anbauberechtigte Eigentümer des Nachbargrundstücks für die durch die Errichtung der Nachbarwand entstandenen Mehraufwendungen gegenüber den Kosten der Herstellung einer Grenzwand (§ 8 Abs. 1) Ersatz zu leisten; dabei ist in angemessener Weise zu berücksichtigen, daß das Nachbargrundstück durch die Nachbarwand teilweise weiter genutzt wird. Der zu erstattende Betrag darf jedoch nicht höher sein als der, den der Eigentümer des Nachbargrundstücks im Falle des Anbaus nach § 3 Abs. 2 Satz 1 bis 3 zu zahlen hätte. Der Anspruch wird mit der Rohbauabnahme des späteren Bauwerks fällig.

(2) Der anbauberechtigte Eigentümer des Nachbargrundstücks ist ferner verpflichtet, die Fuge zwischen der Nachbarwand und seinem an die Nachbarwand herangebauten Bauwerk zu verdecken.

Erläuterungen

Absatz 1 regelt einen **Ausgleich** für den Fall, dass der Nachbar zwar auf seinem Grundstück ein Bauwerk errichtet, aber nicht an die Nachbarwand anbaut. § 4 findet danach keine Anwendung, wenn der Nachbar überhaupt keine Bauwerke errichtet.

Die Ausgleichspflicht hat der Gesetzgeber deshalb statuiert, weil der Erbauer der Nachbarwand auf Grund der Einwilligung des Nachbarn davon ausgehen konnte, dass später eine Vergütung anfallen würde. Es entspricht daher der Billigkeit, wenn eine Ersatzpflicht eintritt.

Die **Höhe der Ersatzleistung** errechnet sich aus dem Unterschiedsbetrag zwischen den Herstellungskosten für die Nachbarwand und den Aufwendungen, die dem Erbauer der Nachbarwand bei Errichtung lediglich einer Grenzwand (§ 8 HNachbG) erwachsen wären. Dabei muss sich allerdings der Berechtigte als Vorteil (angemessen) anrechnen lassen, dass er auch in Zukunft einen Streifen des Nachbargrundstücks benutzt. Nach § 4 Abs. 1 Satz 2 darf der Betrag aber nicht höher sein als der Betrag, den der Nachbar hätte für die Nachbarwand zahlen müssen, wenn der Anbau erfolgt wäre (§ 3 Abs. 2 HNachbG und die dortigen Erl.).

Auch insoweit wird der Anspruch auf Ersatzleistung mit der Rohbauabnahme des späteren Bauwerks fällig. Hierfür gelten die Erl. zu § 3 HNachbG.

Absatz 2 regelt den Fall, dass der anbauberechtigte Nachbar zwar nicht die Nachbarwand benutzt, sein Bauwerk aber bis an die Nachbarwand heranbaut. Er ist verpflichtet, die Fuge zwischen der Nachbarwand und seinem an die Nachbarwand herangebauten Bauwerk auf seine Kosten bündig mit der Außenfläche seines Bauwerks zu verdecken. Eine entsprechende Auflage wird die Bauaufsichtsbehörde dem Bauenden in aller Regel machen. Die Kosten des fugenlosen Abdichtens obliegen dem Zweiterbauer.

Dem Grundstückseigentümer steht der Erbbauberechtigte gleich (§ 11 ErbbauVO).

§ 5 HNachbG
Beseitigen der Nachbarwand

(1) Der Eigentümer der Nachbarwand ist berechtigt, die Nachbarwand ganz oder teilweise zu beseitigen, solange und soweit noch nicht angebaut ist.

(2) Das Recht nach Abs. 1 besteht nicht, wenn der anbauberechtigte Eigentümer des Nachbargrundstücks die Absicht, die Nachbarwand ganz oder teilweise durch Anbau zu nutzen, dem Eigentümer der Nachbarwand anzeigt und spätestens binnen 6 Monaten den erforderlichen Bauantrag bei der Bauaufsichtsbehörde einreicht.

(3) Abs. 2 ist nicht anwendbar, wenn der Eigentümer der Nachbarwand, bevor er eine Anzeige nach Abs. 2 erhalten hat, die Absicht, die Nachbarwand ganz oder teilweise zu beseitigen, dem Eigentümer des Nachbargrundstücks anzeigt und spätestens binnen 6 Monaten den erforderlichen Bauantrag bei der Bauaufsichtsbehörde einreicht.

(4) Gehen die Anzeigen nach Abs. 2 und 3 ihren Empfängern gleichzeitig zu, so hat die Anzeige nach Abs. 3 keine Rechtswirkung.

(5) Macht der Eigentümer der Nachbarwand von seinem Beseitigungsrecht zulässigen Gebrauch, so hat er dem Eigentümer des Nachbargrundstücks für die Dauer der Nutzung des Nachbargrundstücks durch den hinübergebauten Teil der Nachbarwand eine angemessene Vergütung zu leisten. Beseitigt der Eigentümer der Nachbarwand diese ganz oder teilweise, obwohl gemäß Abs. 2 ein Recht hierzu nicht besteht, so hat er dem anbauberechtigten Eigentümer des Nachbargrundstücks Ersatz für den durch die völlige oder teilweise Beseitigung der Anbaumöglichkeit zugefügten Schaden zu leisten; der Anspruch wird mit der Rohbauabnahme des späteren Bauwerks fällig.

Erläuterungen

Nach **Absatz 1** ist der Eigentümer der Nachbarwand berechtigt, diese ganz oder teilweise zu beseitigen, soweit und solange noch nicht angebaut ist.

In **Absatz 2** ist geregelt, dass das Beseitigungsrecht nach Absatz 1 nicht besteht, wenn der anbauberechtigte Eigentümer die Absicht, die Nachbarwand ganz oder teilweise durch Anbau zu nutzen, dem Eigentümer der Nachbarwand angezeigt und spätestens binnen sechs Monaten den erforderlichen Bauantrag bei der Bauaufsichtsbehörde einreicht.

Es wäre unbillig, wenn der Eigentümer der Nachbarwand noch ein Beseitigungsrecht hätte, nachdem die Anbauabsichten des Nachbarn konkrete Form angenommen haben. Voraussetzung ist allerdings, dass eine Anzeige an den Eigentümer der Nachbarwand erfolgt ist, zusätzlich muss der Bauantrag binnen sechs Monaten bei der Baubehörde eingereicht worden sein.

Die Anzeige ist eine empfangsbedürftige Willenserklärung, die keiner bestimmten Form bedarf. Die schriftliche Form erleichtert den Nachweis (ggf. durch Einschreiben). Die Anzeige hat so konkret zu sein, dass ihr entnommen werden kann, inwieweit die Nachbarwand genutzt werden soll. Ohne jede Differenzierung, d. h., wenn in der Anzeige keine Einschränkungen enthalten sind, muss bzw. kann der Eigentümer der Nachbarwand davon ausgehen, dass die gesamte Wand genutzt werden soll.

Die Regelung über den **Bauantrag** ist in §§ 60 ff. HBO enthalten. Dabei spielt es für die Erfüllung dieser Voraussetzung keine Rolle, ob der Bauantrag vollständig ist, d. h. in jeder Hinsicht der Bauvorlageverordnung entspricht. Die Beteiligung der Nachbarschaft ist in §§ 62 ff. HBO geregelt.

Das Eingangsdatum ist für die Berechnung der Sechs-Monatsfrist entscheidend. Auf die Durchführung des Bauvorhabens kommt es an sich nicht an. Gleichwohl wird der Eigentümer des Nachbargrundstücks sich nicht mehr auf sein Recht berufen können, wenn er auf längere Zeit hinaus sein Bauvorhaben nicht mehr verfolgt oder gar die praktische Durchsetzung ausgeschlossen oder die Baugenehmigung unanfechtbar versagt worden ist. Eine zeitliche Begrenzung ist auch in § 64 Abs. 7 HBO enthalten, wonach die Baugenehmigung und die Teilbaugenehmigung erlöschen, wenn innerhalb von drei Jahren nach Erteilung der Genehmigung mit der Ausführung des Bauvorhabens nicht ernsthaft begonnen oder die Bauausführung ein Jahr unterbrochen worden ist. Es sei denn, die Voraussetzungen des § 64 Abs. 7 Satz 2 HBO sind erfüllt.

Nach **Absatz 3** hat der Eigentümer der Nachbarwand, der die Wand beseitigen will, die Möglichkeit, einer Anzeige des anbauberechtigten Nachbarn (Absatz 2), dass dieser anbauen wolle, zuvorzukommen. Er kann seinerseits eine Anzeige nach Absatz 3 machen, indem er die Absicht, die Nachbarwand ganz oder teilweise zu beseitigen, dem Eigentümer des Nachbargrundstücks anzeigt und spätestens binnen sechs Monaten den erforderlichen Bauantrag bei der Bauaufsichtsbehörde einreicht. Für die Anzeige, die Frist, die Bauaufsichtsbehörde und das Verfahren sowie für die Frage des Verwirkens der Rechtsstellung siehe oben.

In **Absatz 4** ist der Sonderfall geregelt, dass die gegenseitigen Anzeigen (Absatz 2 und 3) beiden Nachbarn gleichzeitig zugehen. In diesem Fall hat die Anzeige des Anbauberechtigten den Vorzug, d. h. der Erbauer ist nicht berechtigt, die Wand zu beseitigen. Diese Lösung erklärt sich daraus, daß der Tatbestand „Wand" unter dem Nutzungsgesichtspunkt geschaffen worden ist. Der Vertrauensschutz soll gegenüber der freien Ausübung des Eigentumsrechts den Vorzug haben.

Es erscheint deshalb sinnvoll, dem Nachbarn möglichst frühzeitig seine Absicht mitzuteilen, um auszuschließen, dass dieser zuvorkommt. Die Anzeige wird jeweils hinfällig, wenn ihr nicht binnen sechs Monaten die Einreichung des Bau- bzw. Abrissantrags bei der Bauaufsichtsbehörde folgt.

Hat der Erbauer der Nachbarwand diese zulässigerweise (Absatz 1) beseitigt, muss er dem anbauberechtigten Nachbarn für die abgelaufene Zeit des Bestehens der Nachbarwand eine angemessene Vergütung dafür gewähren, dass er die Nachbarwand über die Grenze hinaus teilweise auf dem Grundstück des Nachbarn stehen hatte, ohne dass dem Nachbarn als Ausgleich das Anbaurecht (Anbaumöglichkeit) verblieben wäre (**Absatz 5** Satz 1). Die Höhe der Vergütung wird sich nach der wirtschaftlichen Beeinträchtigung des Nachbargrundstücks richten.

Beseitigt der Erbauer der Nachbarwand diese (ganz oder teilweise), obwohl er gemäß Absatz 2 hierzu kein Recht hatte, so muss er dem anbauberechtigten Eigentümer des Nachbargrundstücks Ersatz für den durch die völlige oder teilweise Beseitigung der Anbaumöglichkeit zugefügten Schaden leisten. Der Schaden errechnet sich aus der Differenz zwischen der sog. Anbauvergütung nach § 3 Abs. 2 HNachbG und dem Betrag, der für die Errichtung einer eigenen Grenzwand für das 2. Bauwerk aufzuwenden ist (wäre). Dabei muss berücksichtigt werden, dass der Nachbar für seine Grenzwand mehr Boden in Anspruch nehmen muss als dies bei einem Anbau an die Nachbarwand der Fall gewesen wäre. Dieser Schaden tritt erst ein, wenn das Gebäude im Rohbau errichtet ist. Die Fälligkeit des Anspruchs mit der Rohbauabnahme bedeutet der Zeitpunkt, zu dem der Ausbau begonnen werden kann.

§ 6 HNachbG
Erhöhen der Nachbarwand

Jeder Grundstückseigentümer ist berechtigt, die Nachbarwand in voller Dicke auf seine Kosten zu erhöhen. Für den erhöhten Teil der Nachbarwand gelten die §§ 3, 4 Abs. 2 sowie § 5 Abs. 1 bis 4 und Abs. 5 Satz 2 entsprechend.

Erläuterungen

Jeder Eigentümer ist berechtigt, die Nachbarwand in voller Dicke, d. h. Stärke, auf seine Kosten zu erhöhen; eine Einwilligung des Nachbarn zur Erhöhung ist daher nicht erforderlich. Dieses Recht schließt ein, dass jeder der beiden Eigentümer die Nachbarwand auch in geringerer Dicke erhöhen kann. Häufig erhöht ein Eigentümer auf seiner Seite – also hälftig – die Nachbarwand aus besonderen Gründen.

Die aufgezählten Vorschriften gelten entsprechend. Somit ist der Nachbar auch zum Anbau an die Erhöhung berechtigt (§ 3 Abs. 1 HNachbG). Die sich hieraus ergebende Vergütung berechnet sich nach § 3 Abs. 2 HNachbG. Die Unterhaltskosten ergeben sich aus § 3 Abs. 3 HNachbG.

Insgesamt richten sich die Rechtsverhältnisse an der erhöhten Mauer nach denen der bisherigen (übrigen) Nachbarwand. Es handelt sich um ein einheitliches Bauwerk.

Wird die Wand erst erhöht, nachdem bereits an sie angebaut worden ist, ergibt sich folgendes:

Das Miteigentumsrecht, wie es an der Nachbarwand besteht, erstreckt sich auch auf die Erhöhung und führt lediglich insofern zu einer Veränderung der Miteigentumsanteile, als der erhöhte Wandteil seinem Erbauer zuzurechnen ist.

§ 7 HNachbG
Verstärken der Nachbarwand

Jeder Grundstückseigentümer darf die Nachbarwand auf seinem Grundstück verstärken.

Erläuterungen

Jeder der beiden Grundstückseigentümer darf die Nachbarwand auf seinem Grundstück verstärken. Eine Verstärkung liegt nur dann vor, wenn Wand und Verstärkung fest miteinander verbunden werden. Die Verstärkung erfolgt in der Regel, um einen größeren Wärme- oder Schallschutz zu bewirken.

Im Fall des Anbaus nach der Verstärkung der Nachbarwand tritt eine Wertverschiebung des Miteigentumsanteils ein.

Bis zum Anbau an die verstärkte Nachbarwand steht diese einschließlich der Verstärkung im Alleineigentum des Erbauers der Nachbarwand, selbst wenn die Verstärkung von dem anderen (benachbarten) Grundstückseigentümer im Hinblick auf seine späteren Anbaupläne vorgenommen worden ist. In diesem Falle erfolgt kein Wertausgleich. Nimmt der Nachbar später von seinen Anbauplänen Abstand, kann er die Verstärkung beseitigen. Wird dabei die Wand selbst beschädigt, was in der Regel der Fall sein dürfte, ist er zum Schadenersatz verpflichtet.

Dem Verstärken der Mauer dürfen öffentlich-rechtliche Vorschriften nicht entgegenstehen. Eine Baugenehmigung hierfür ist erforderlich.

DIE GRENZWAND

Allgemeine Übersicht

1. Die Grenzwand ist kein Überbau i. S. des vorstehenden Abschnitts. Sie steht vielmehr im Gegensatz zur Nachbarwand, die auf der Grenze zwischen zwei Grundstücken errichtet worden ist (§§ 1 bis 7 HNachbG), unmittelbar **an** der Grenze zum Nachbargrundstück, jedoch ausschließlich auf dem Grundstück des Erbauers. Der Nachbar hat an der Grenzmauer kein Miteigentum und grundsätzlich auch kein Recht zur Mitbenutzung. Das Nachbarrecht enthält in den nachstehenden Vorschriften jedoch bestimmte Mitbenutzungsrechte.

Dem Eigentümer ist es nach dem HNachbG nicht verwehrt, eine Wand unmittelbar an der Grenze zum Nachbarn zu errichten. Eine ausdrückliche Vorschrift über ein Recht zur Errichtung einer Grenzwand besteht im HNachbG im Gegensatz zu Nachbarrechtsgesetzen anderer Länder nicht. **Das Recht der Errichtung** ergibt sich im hessischen Rechtsbereich aus § 903 BGB. Wände, die – wie dies in der Praxis nicht selten geschieht – unmittelbar an der Grenze errichtet werden, dabei gleichwohl wenige Zentimeter von der Grenze zurückbleiben, können ebenfalls als Grenzwände (in entsprechender Anwendung) behandelt werden. Eine gesetzliche Regelung für diese Fälle (Fast-Grenzwand) gibt es nicht.

Das Hess. Nachbarschaftsgesetz enthält auch keine Vorschrift dafür, dass der Erbauer einer Grenzwand die Verpflichtung hat, dem Nachbarn den Bau vorher mitzuteilen oder ihm sogar, wie in Nachbarrechtsgesetzen anderer Länder geregelt ist, die Bauart, Bemessung und Gründung der beabsichtigten Wand anzuzeigen.

2. § 903 BGB bestimmt, dass der Eigentümer mit seiner Sache nach Belieben verfahren kann, soweit nicht das Gesetz oder Rechte Dritter entgegenstehen. **Das Bauplanungs- und Bauordnungsrecht** sowie mit ihnen im Zusammenhang stehende gesetzliche Regelungen enthalten Vorschriften, die für das Verhältnis zwischen Grundstücksnachbarn von Bedeutung sind bzw. sein können. Die nachfolgenden Ausführungen stellen nur eine summarische Zusammenfassung des Verhältnisses zwischen Zivilrecht (Nachbarrecht) und öffentlichem Recht dar.

2.1 Zivilrechtliche (nachbarrechtliche) Regelungen sind grundsätzlich nicht Gegenstand des bauaufsichts-behördlichen Verfahrens.

Nach § 64 Abs. 1 HBO ist die Baugenehmigung zu erteilen, wenn das Vorhaben den öffentlich-rechtlichen Vorschriften entspricht, insbesondere mit den baurechtlichen Vorschriften des BauGB und der HBO vereinbar ist. Daraus ergibt sich zwangsläufig, dass private Rechte Dritter unberührt bleiben, was § 64 Abs. 5 HBO noch einmal ausdrücklich klarstellt. Dieser Regelung liegt der Gedanke zugrunde, dass es nicht Sache der Bauaufsichtsbehörde ist, über strittige private Rechte zu befinden und eine der Behörde obliegende öffentlich-rechtliche Entscheidung von der Beurteilung zivilrechtlicher Fragen abhängig zu machen (BVerwGE 20, 124 f.).

Nur ausnahmsweise hat das Bundesverwaltungsgericht die Ablehnung aus zivilrechtlichen Gründen zugelassen, wenn ein rechtskräftiges zivilrechtliches Urt. gegen den Bauantragsteller vorliegt, in welchem festgestellt wird, dass dieser sein Bauvorhaben nicht verwirklichen darf (BVerwG, a. a. O.). In Fortführung dieser Rechtsprechung hat das Bundesverwaltungsgericht (BVerwGE 42, 115 ff.) ausgeführt, dass der Anspruch auf Baugenehmigung nicht erst in Art. 14 Abs. 1 GG seine Grundlage finde, sondern aus Art. 2 Abs. 1 GG herzuleiten sei. Diese Anknüpfung führe dazu, dass auch in Fällen (noch) fehlender privatrechtlicher Berechtigung ein Anspruch auf Erteilung einer Baugenehmigung bestehe und ein Antrag nur abgelehnt werden dürfe, wenn sich dies aus besonderen Umständen rechtfertige. Ein solcher Umstand sei gegeben, wenn es dem Bauantragsteller an einem schutzwürdigen Antrags- und Sachentscheidungsinteresse fehle. Dieser Fall könne bei fehlender privatrechtlicher Berechtigung gegeben sein: an einer Baugenehmigung, die sich mit

Rücksicht auf die privatrechtlichen Verhältnisse nicht verwirklichen lasse, habe der Antragsteller kein schutzwürdiges Interesse. Die zuständige Genehmigungsbehörde sei deshalb zwar nicht verpflichtet, wohl aber berechtigt, die Genehmigung allein aus diesem Grunde zu verweigern (BVerwGE 42, 115, 117).

2.2 Umgekehrt können privatrechtliche Ansprüche nicht verwirklicht werden, dies gilt insbesondere im Rahmen des Nachbarrechts, wenn öffentlich-rechtliche Bestimmungen entgegenstehen.

Zu den öffentlich-rechtlichen Vorschriften, denen das Bauvorhaben entsprechen muß, gehören die städtebaulichen Vorschriften der §§ 29 ff. BauGB, auch Naturschutzregelungen, die Vorschriften der Baunutzungs-Verordnung und der Hess. Bauordnung.

3. Bei den im bauaufsichtlichen Verfahren zu beachtenden nachbarschützenden Belangen geht es in der Zielsetzung zwar auch um den Nachbarschutz, aber in der Rechtsgestaltung um etwas wesentlich anderes als im Privatrecht; es geht um das in der Rechtsprechung entwickelte sog. **subjektiv-öffentliche Nachbarrecht**, also um die öffentlich-rechtliche Stellung des Nachbarn. Es handelt sich hier nicht um die Rechtsbeziehungen vom Nachbarn zum Nachbarn (Bauherrn) – wie im Zivilrecht bzw. Nachbarrecht –, sondern um diejenigen vom Nachbarn zur Bauaufsichtsbehörde.

So richtet sich auch die Klage des Nachbarn wegen Verletzung in einem subjektiv-öffentlichen Recht durch einen Bau auf dem angrenzenden Grundstück nicht gegen den Bauherrn, sondern gegen die Gebietskörperschaft (Kreis, Stadt), der die Bauaufsichtsbehörde angehört. Für eine solche Klage ist auch nicht das Zivilgericht (Amtsgericht, Landgericht), sondern das Verwaltungsgericht zuständig.

Nach § 62 HBO sollen die Bauaufsichtsbehörden die Nachbarn hören, bevor von Vorschriften, die ihrem Schutz dienen, Befreiungen erteilt werden. Nachbarn, die die Bauvorlagen unterschrieben haben, brauchen nicht gehört zu werden. Die Nachbarn können innerhalb von einem Monat nach Zugang der Benachrichtigung schriftlich oder mündlich Einwendungen oder Anregungen bei der Bauaufsichtsbehörde vorbringen; sie sind hierauf in der Benachrichtigung hinzuweisen. Hat die Behörde jedoch den Nachbarn nicht angehört, stellt dies keinen rechtlichen Mangel der erteilten Baugenehmigung dar. Der Nachbar hat kein Recht auf Anhörung.

Ein subjektiv-öffentliches Recht im Bauordnungsrecht können dem Nachbarn nur diejenigen zwingenden Rechtsvorschriften gewähren, die ausschließlich oder wenigstens teilweise dem Schutz des Nachbarn zu dienen bestimmt sind. Keineswegs kann insoweit jede Norm des materiell-öffentlichen Baurechts als potentiell nachbarschützend angesehen werden. Für eine Verletzung subjektiv-öffentlichen Rechts im Baurecht müssen folgende Voraussetzungen vorliegen:

- ausdrückliche oder stillschweigende Gewährung einer Abweichung (Ausnahme oder Befreiung) durch die Bauaufsichtsbehörde von einer **nachbarschützenden** Vorschrift,
- Rechtswidrigkeit dieser Abweichung und
- tatsächliche erhebliche Beeinträchtigung des Nachbarn.

(Vgl. BVerwG, Urt. vom 28.4.1967, BVerwGE 27, 29.)

Zu den nachbarschützenden Vorschriften zählen die Festsetzungen für die Art der baulichen Nutzung, die den Charakter des Baugebiets entscheidend bestimmen, zumindest in den Baugebieten, die vorwiegend zum Wohnen bestimmt sind (§§ 2 bis 5 BauNVO); auch die Festsetzung von Geschoßzahlen oder von Geschoßflächenzahlen kann nachbarschützenden Charakter haben.

Hinzu kommen Vorschriften aus dem Bauordnungsrecht, wie z. B. § 6 HBO, wonach Gebäude bestimmte Mindestabstandsflächen (Bauwiche) von den Grundstücksgrenzen einhalten müssen oder § 7 HBO, wonach Gebäude und Gebäudeteile von anderen vorhandenen oder auf Nachbargrundstücken zulässigen Gebäuden oder Gebäudeteilen einen Mindestabstand einhalten müssen. Für das gesamte Bau- und Planungsrecht gilt überdies heute der ungeschriebene Satz des baurechtlichen Gebots der Rücksichtnahme, der allen gesetzlichen Regelungen vorausgeht. Er wurde erstmals vom Bundesverwaltungsgericht in seiner Entscheidung vom 25.2.1977 (BVerwGE 52, 122 ff.) ausgesprochen. Man könnte diesen ungeschriebenen Rechtssatz etwa mit der Formulierung umschreiben:

Wenn nicht das Gebot der Rücksichtnahme entgegensteht, darf unter den Voraussetzungen der übrigen gesetzlichen Bestimmungen frei gebaut werden. Der Satz des Rücksichtsnahmegebots gilt zum einen im unbeplanten Innenbereich, wo er sich aus dem bisherigen Verständnis des „Einfügens" ergibt (BVerwG vom 26.5.1978, BVerwGE 55, 369 ff.). Er gilt zum anderen im Außenbereich, weil er dort zu den „öffentlichen Regelungen" gehört (BVerwG vom 25.2.1977, a. a. O.), und er gilt im Planbereich, weil § 15 Abs. 1 BauNVO nichts anderes als eine Konkretisierung des Gebots der Rücksichtnahme ist (BVerwG vom 5.8.1983, NJW 1984 S. 138 ff.). Er „überstrahlt" das gesamte Bauordnungsrecht, weil er als Bestandteil des bundesrechtlichen Bauplanungsrechts dem landesrechtlichen Bauordnungsrecht vorgehen soll (VG Köln vom 9.12.1983 – 2 L 1770/83 –, n. v.). Siehe Näheres zu dem baurechtlichen Gebot der Rücksichtnahme bei *Redeker/Schlichter*, Das baurechtliche Gebot der Rücksichtnahme, DVBl 1984 S. 870 875 und oben Einführung.

§ 8 HNachbG
Anbau an eine Grenzwand

(1) Grenzwand ist die an der Grenze zum Nachbargrundstück auf dem Grundstück des Erbauers errichtete Wand.

(2) Der Eigentümer des Nachbargrundstücks darf eine Grenzwand durch Anbau nutzen, wenn der Eigentümer der Grenzwand einwilligt. Anbau ist die Mitbenutzung der Grenzwand als Abschlußwand oder zur Unterstützung oder Aussteifung des neuen Bauwerks.

(3) Der anbauende Eigentümer des Nachbargrundstücks hat eine Vergütung in Höhe des halben Wertes der Grenzwand, soweit sie durch den Anbau genutzt ist, zu zahlen und ferner eine angemessene Vergütung dafür zu leisten, daß er den für die Errichtung einer eigenen Abschlußwand erforderlichen Baugrund einspart. Für die Berechnung des Wertes der Grenzwand und für die Fälligkeit der Vergütung ist der Zeitpunkt der Rohbauabnahme des Anbaus maßgebend. Auf Verlangen ist Sicherheit in Höhe der voraussichtlich zu gewährenden Vergütung zu leisten; in solchem Fall darf der Anbau erst nach Leistung der Sicherheit begonnen oder fortgesetzt werden.

(4) Nach dem Anbau sind die Unterhaltungskosten für den gemeinsam genutzten Teil der Grenzwand von den beiden Grundstückseigentümern zu gleichen Teilen zu tragen.

Erläuterungen

Die Grenzwand steht unmittelbar an der Grenze zum Nachbargrundstück – ausschließlich auf dem Grundstück des Erbauers. Er ist auch Alleineigentümer der Grenzwand **(Absatz 1)**.

Absatz 2 regelt die **Benutzung** der Grenzwand durch den Nachbarn. Der Anbau an die Grenzwand ist nur zulässig, wenn der Eigentümer der Grenzwand einwilligt. Anbau ist die Mitbenutzung der Grenzwand als Abschlusswand, zur Unterstützung oder Aussteifung des neuen Bauwerks. Dieser Begriffsinhalt für Anbau entspricht dem bei der Nachbarwand nach § 3 Abs. 1 HNachbG. Insoweit gelten die dortigen Erläuterungen hier entsprechend. Dem Bauvorhaben dürfen öffentlich-rechtliche Vorschriften nicht entgegenstehen, insbesondere muss die Grenzwand auch für die durch den Anbau entstehende, erhöhte Belastung ausreichen.

Der anbauende Eigentümer des Nachbargrundstücks hat – unbeschadet einer anderen Vereinbarung – eine **Vergütung** zu zahlen **(Absatz 3)**.

Zunächst ist eine Vergütung in Höhe des halben Wertes der Grenzwand, soweit sie durch den Anbau benutzt wird, zu zahlen und außerdem eine angemessene Vergütung dafür zu entrichten, dass der für die Errichtung einer eigenen Abschlusswand erforderliche Baugrund eingespart wird. Für die Feststellung des Wertes der Grenzwand und für die Fälligkeit des Vergütungsanspruchs ist der Zeitpunkt der Rohbauabnahme, d. h. der Zeitpunkt maßgebend, in dem nach § 65 HBO mit den Ausbauarbeiten begonnen werden darf. Auf Verlangen ist Sicherheit in Höhe der voraussichtlich zu gewährenden Vergütung zu leisten.

Nach **Absatz 4** sind die Unterhaltungskosten für den gemeinsam genutzten Teil der Grenzwand von den beiden Grundstückseigentümern zu gleichen Teilen zu tragen.

Das Eigentum an der Grenzwand bleibt auch nach dem Anbau bei dem Erbauer. Diese Meinung vertritt der Bundesgerichtshof (BGHZ 41, 177 = NJW 1964 S. 1221). Die vom Landesgesetzgeber geregelte Ausgleichsleistung des Nachbarn in Absatz 3 spricht allerdings dafür, dass sich durch den Anbau des Nachbarn das Alleineigentum an der Grenzwand in Miteigentum der beiden benachbarten Grundstückseigentümer verwandelt.

Wer im Rahmen der Errichtung eines Neubaus auf seinem Grundstück eine Grenzwand – im Sinne einer allein auf dem Grundstück des Erbauers unmittelbar an der Grenze zum Nachbargrundstück stehenden Wand – abreißen möchte, davon aber ausnahmsweise wegen der Auswirkungen des Grundsatzes von Treu und Glauben absehen muss, weil der Rechtsvorgänger des Nachbarn vor langen Jahren unter nicht mehr aufklärbaren Umständen ein Haus an die Grenzwand angebaut hat und deren Niederreißen zu unzumutbaren Beeinträchtigungen für den Nachbarn führen müsste, kann Schadloshaltung in Geld verlangen. Ein solcher Anspruch geht der Höhe nach nicht über eine nach § 912 BGB zu bemessende Überbaurente hinaus, soweit der auszugleichende Schaden nur im Verlust der Bodennutzung besteht (BGH, Urt. vom 29.4.1977 – V ZR 71/75 – BB 2/78 –).

§ 9 HNachbG
Errichten einer zweiten Grenzwand

Steht auf einem Grundstück ein Bauwerk an der Grenze und wird auf dem Nachbargrundstück an dieser Grenze ein Bauwerk errichtet, aber nicht an die Grenzwand angebaut, so ist dessen Erbauer verpflichtet, die Fuge zwischen den Grenzwänden auf seine Kosten bündig mit der Außenfläche des Bauwerks zu verdecken.

Erläuterungen

Der Nachbar ist nur berechtigt, nicht verpflichtet, an die Grenzwand anzubauen. Er kann auch eine eigene Grenzwand bzw. Abschlusswand für seine Gebäude errichten. Wird das zweite Bauwerk an das erste angrenzend, aber völlig selbständig (standsicher) errichtet, besteht das gleiche bauliche Anliegen wie in § 4 Abs. 1 HNachbG, dass nämlich die Fuge zwischen den Grenzwänden auf Kosten dessen, der den 2. Bau errichtet, bündig mit der Außenfläche des Bauwerks verbunden wird.

Die Kosten hat der daneben Bauende (Letztbauende) allein zu tragen.

§ 10 HNachbG
Besondere Gründung

(1) Auf Verlangen des Eigentümers des Nachbargrundstücks ist der Erbauer eines an der gemeinsamen Grenze zu errichtenden Bauwerks verpflichtet, eine solche Gründung vorzunehmen, daß bei der späteren Durchführung des Bauvorhabens des Eigentümers des Nachbargrundstücks zusätzliche Baumaßnahmen vermieden werden. Der Eigentümer

des Nachbargrundstücks kann das Verlangen nur bis zum Eingang des Bauantrags bei der Bauaufsichtsbehörde dem Bauherrn gegenüber stellen.

(2) Die durch das Verlangen nach Abs. 1 entstehenden Mehrkosten sind zu erstatten. In Höhe der voraussichtlich erwachsenden Mehrkosten ist auf Verlangen des Bauherrn binnen zwei Wochen Vorschuß zu leisten. Der Anspruch auf die besondere Gründung erlischt, wenn der Vorschuß nicht fristgerecht geleistet wird.

(3) Soweit der Bauherr die besondere Gründung auch zum Vorteil seines Bauwerks ausnutzt, beschränkt sich die Erstattungspflicht des Eigentümers des Nachbargrundstücks auf den angemessenen Kostenanteil. Bereits gezahlte Kosten können zurückgefordert werden.

Erläuterungen

Die Regelung des § 10 Abs. 1 HNachbG geht von folgender Lage aus:

Der Eigentümer eines Grundstücks beabsichtigt an der Grenze seines Grundstücks zum Nachbargrundstück ein Gebäude zu errichten (Grenzwand). Der Eigentümer des Nachbargrundstücks will an dieses Gebäude heranbauen bzw. neben der Grenzwand ein Gebäude (eine Wand) errichten oder erweitern. Der Ersterbauer ist auf Verlangen des Nachbarn verpflichtet, eine solche Gründung vorzunehmen, dass bei der späteren Durchführung des Bauvorhabens des Eigentümers des Nachbargrundstücks zusätzliche Baumaßnahmen vermieden werden. Im Regelfall wird nämlich der „daneben bauende" Nachbar alle Maßnahmen treffen müssen, die nach § 909 BGB bzw. §§ 9 ff. HBO erforderlich sind.

§ 10a
Wärmedämmung

(1) Der Eigentümer und die Nutzungsberechtigten eines Grundstücks haben Bauteile, die auf ihr Grundstück übergreifen, zu dulden, wenn

1. **es sich bei den übergreifenden Bauteilen um eine Wärmedämmung handelt, die über die Bauteilanforderungen der Energieeinsparungsverordnung vom 24.7.21007 (BGBl. I S. 1519), geändert durch Verordnung vom 29. April 2009 (BGBl I S. 954), in der jeweils geltenden Fassung für bestehende Gebäude nicht hinausgeht,**
2. **eine vergleichbare Wärmedämmung auf andere Weise mit vertretbaren Aufwand nicht vorgenommen werden kann und**
3. **die übergreifenden Bauteile**
   a) **an einer vorhandenen einseitigen Grenzwand auf dem Nachbargrundstück angebracht werden kann,**
   b) **die Benutzung des betroffenen Grundstücks nicht oder nur geringfügig beeinträchtigten und**
   c) **öffentlich-rechtlichen Vorschriften nicht widersprechen.**

Die Duldungspflicht nach Satz 1 erstreckt sich auf die mit einer Wärmedämmung zusammenhängenden notwendigen Änderungen von Bauteilen.

(2) Für die Verpflichtung zum Schadensersatz und zur Anzeige gelten die §§ 23 und 24 entsprechend mit der Maßgabe, dass die Frist zur Anzeige einen Monat beträgt und die Anzeige Art und Umfang der Baumaßnahme umfassen muss.

(3) Dem Eigentümer des betroffenen Grundstücks ist ein angemessener Ausgleich in Geld zu leisten. Sofern nichts anderes vereinbart wird, gelten § 912 Abs. 2 und die §§ 913 und 914 des Bürgerlichen Gesetzbuchs entsprechend.

Erläuterungen

Die Möglichkeit, bestehende Bauten zum Zwecke der Energieeinsparung nachträglich zu dämmen, dass sie funktionell dem allgemein üblichen Standard genügen, entspricht heutigen Erfordernissen und Anschauungen (BGH, Urt. vom 11.4.2008 – V ZR 158/07 –). Mit den Regelungen des § 10a und 10b HNachbG wird erstmals eine Duldungspflicht des Grundstückseigentümers oder Nutzungsberechtigten von übergreifenden Bauteilen des Nachbargrundstücks, die der Wärmedämmung dienen, eingeführt. Dies bedeutet zwar einen Eingriff in das Eigentumsrecht des in Anspruch genommenen Nachbarn. Die Duldungspflicht ist aber in Ablehnung an das Urt. des BVerfG (– 1 BvR 650/03 –). Mit dem ein Überbau zum Zwecke der Wärmedämmung grundsätzlich für zulässig erklärt worden ist, an enge Voraussetzungen geknüpft. Es muss gewährleistet sein, dass das Grundstück des betroffenen Nachbarn nicht über Gebühr in Anspruch genommen wird. Einerseits darf der Bauherr nur eine solche Wärmedämmung anbringen, die dem energetischen Standard für die Änderung oder Erweiterung von Bestandsbauten entspricht. Weitergehende und aufwendigere Dämmassnahmen, die über den Mindeststandard der Energieeinsparverordnung in der jeweils geltenden Fassung hinausgehen und möglicherweise eine stärkere Beeinträchtigung des Nachbargrundstücks zur Folge hätten, hat der betroffene Nachbar, dessen in Art. 14 GG geschütztes Eigentumsrecht berührt ist, nicht zu dulden. Andererseits soll der Nachbar den Bauherrn nur dann auf eine andere Art der Wärmedämmung verweisen können, wenn diese mit der vorgesehen Ausführung vergleichbar ist und mit vertretbarem Aufwand vorgenommen werden kann. Dabei ist zu berücksichtigen, dass insbesondere die Anbringung einer Innendämmung je nach Gebäude und gerade bei Vorliegen von Wasser-, Abwasser- und sonstigen Versorgungsleitungen im Bereich der Außenwand nur mit einem ganz erheblichen Aufwand oder gar nicht möglich und auch bauphysikalisch wegen kaum zu beseitigender Wärmebrücken nicht in jedem Fall sinnvoll ist. Auch ist es in der Regel nicht sachgerecht, den Bauherrn auf den Einsatz von extrem dünnen Hochleistungs-Dämmstoffen zu verweisen. Diese sind zum einen sehr teuer und damit nicht wirtschaftlich, zum anderen, wie beispielsweise im Fall der Verwendung von Vakuum-Isolationspaneelen, auch gegen Beschädigungen sehr empfindlich.

Weiterhin darf die Nutzung des betroffenen Grundstücks nicht oder nur geringfügig beeinträchtigt werden. Eine nur geringfügige Beeinträchtigung wird in der Regel dann nicht mehr vorliegen, wenn der Nachbar seinerseits nach den öffentlich-rechtlichen Vorschriften bis zur gemeinsamen Grenze bauen darf. Eine Duldungspflicht kommt daher grundsätzlich nur bei der einseitigen Grenzwand in Betracht. Ob etwa bei versetzten Gebäuden (z. B. bei versetzt gebauten Reihenhäusern) oder bei unterschiedlichen Gebäudehöhen eine andere Betrachtung geboten ist, muss der konkreten Abwägung der beiderseitigen Interessen und geschützten Rechtsgüter im Einzelfall vorbehalten bleiben. Ferner dürfen die übergreifenden Bauteile öffentlich-rechtlichen Vorschriften nicht widersprechen. Dies gilt nicht nur für das übergreifende Bauteil selbst, sondern auch für seine Befestigung bzw. Anbringung.

Schließlich ist der Begriff der Wärmedämmung nicht im engeren technischen Sinn zu verstehen. Sofern der Nachbar im konkreten Fall der Dämmung zu dulden hat, erstreckt sich die Verpflichtung auch auf die mit der Dämmung in Verbindung stehenden Verkleidungen, Putze, Putzträger oder Unterkonstruktionen. Die Vorschrift des § 10a Abs. 1 Satz 2 HNachbG stellt klar, dass auch alle mit der Wärmedämmung notwendig zusammenhängenden baulichen Änderungen vom Nachbarn zu dulden sind, soweit die übrigen Voraussetzungen des § 10a Abs. 1 Satz 1 HNachbG gegeben sind. Dieser Fall ist etwa dann gegeben, wenn es sich bei der Grenzwand um eine Giebelwand handelt, bei der in Regel das Dach bündig mit der Wand abschließt. In diesem Fall erfordert eine Wärmedämmung zumeist auch eine entsprechende Erweiterung des Daches mindestens jedoch in der Dämmstoffstärke. Gleiches kann auch gelten für in der Grenzwand befindliche Fenster, deren Fensterbänke um die Dämmstoffstärke verlängert werden müssen, oder ein an der Grenzwand befestigtes Fallrohr.

Durch die Verweisung in § 10a Abs. 2 HNachbG auf die Anzeigepflicht nach § 24 HNachbG wird klargestellt, dass die Baumaßnahme dem betroffenen Nachbarn vor Beginn angezeigt werden muss, gegebenenfalls dem unmittelbaren Besitzer des Grundstücks, wenn der Eigentümer oder Nutzungsberechtigte nicht erreichbar ist. Dies ist dem Bauherrn zuzumuten und dient auf der anderen Seite dem Informationsbedürfnis des Nachbarn, dessen Eigentum in Anspruch genommen wird. Die Frist wird abweichend von § 24 HNachbG mit einem Monat bemessen, da angesichts des Eingriffs in das Eigentumsrecht des Nachbarn ein längerer Prüfungszeitraum geboten ist. Damit der Nachbar sich ein ausreichendes Bild von der geplanten Bauausführung machen kann, hat die Anzeige auch Art und Umfang deer Baumaßnahme zu enthalten. Nach § 10a Abs. 3 HNachbG ist der Bauherr, der fremdes Eigentum in Anspruch nimmt, dem beeinträchtigten Nachbarn zum finanziellen Ausgleich verpflichtet. Durch die Verweisung auf die § 912 Abs. 2 und §§ 913 und 914 des Bürgerlichen Gesetzbuchs wird eine Übereinstimmung mit dem entsprechenden bundesgesetzlichen Vorschriften hergestellt.

Übersteigt die geplante Wärmedämmung, die an der Grenzwand zu dem Nachbargrundstück angebracht werden soll und deren Duldung beansprucht wird, die Bauteilanforderungen der Energieeinsparungsverordnung, ist der Duldungsanspruch nach § 10a unbegründet (OLG Frankfurt, Urt. vom 26.9.2012 – 19 U 110/12 –). Der Nachbar muss Dämmungsmaßnahmen an einer grenzständigen Hauswand des Nachbarn nicht dulden bzw. ihm Zutritt zu seinem Grundstück zur Durchführung von Wärmedämmungsmaßnahmen gewähren, wenn die Maßnahmen über die Bauteilanforderungen der Energiesparverordung hinausgehen und eine Dämmung der Innenwände ohne weiteren Aufwand möglich ist (LG Gießen, Urt. vom 7.3.2012 – 2 O 471/10 –).

Der Eigentümer eines Grundstücks hat nur einen Überbau durch Bauteile zu dulden, die wegen des Anbringens einer Wärmedämmung an der Grenzwand des Nachbarn auf sein Grundstück hinüberragen; demgegenüber muss er Veränderungen an seinem Gebäude, die infolge der Anbringung der Wärmedämmung notwendig werden, nicht dulden (BGH, Urt. vom 14.6.2019 – V ZR 144/18 –).

§ 10b
Über die Grenze gebaute Wand

Die Vorschriften für die Grenzwand gelten entsprechend für eine über die Grenze hinausreichende Wand, die keine Nachbarwand im Sinne von § 1 Abs. 1 ist und zu deren Duldung der Eigentümer und die Nutzungsberechtigten des Nachbargrundstücks verpflichtet sind.

Erläuterungen

§ 10b HNachbG stellt nochmals klar, dass die Bestimmungen auch für die über die Grenze hinausreichende Wand, die nicht Nachbarwand ist, zu deren Duldung der Eigentümer aber verpflichtet ist. Die Interessenabwägung ist in diesem Fall in gleicher Weise vorzunehmen.

§ 909 BGB
Vertiefung

Ein Grundstück darf nicht in der Weise vertieft werden, daß der Boden des Nachbargrundstücks die erforderliche Stütze verliert, es sei denn, daß für eine genügende anderweitige Befestigung gesorgt ist.

§ 12 HBO

Standsicherheit

(1) Jede Anlage muss, auch unter Berücksichtigung der Baugrund- und Grundwasserverhältnisse, im Ganzen, in ihren einzelnen Teilen und für sich allein standsicher sein. Die Standsicherheit anderer Anlagen und die Tragfähigkeit des Baugrundes des Nachbargrundstücks dürfen nicht gefährdet werden.

(2) Die Verwendung gemeinsamer Bauteile für mehrere Anlagen ist zulässig, wenn öffentlich-rechtlich und technisch gesichert ist, dass die gemeinsamen Bauteile beim Abbruch einer der Anlagen stehen bleiben können.

In der Regel wird daher der „daneben Bauende" eine Reihe von kostspieligen **Abstützungs- und Sicherungsmaßnahmen** auf seinem Grundstück treffen müssen, um nicht das unmittelbar an die Grenze gebaute Projekt des Ersterbauers zu gefährden. Die so erforderlichen Maßnahmen können sehr aufwendig sein, wenn das spätere Bauwerk eine wesentlich tiefere und stärkere Gründung erfordert. Diese Kosten können niedriger gehalten werden, wenn bereits bei dem ersten Bau an der Grenze mit der Gründung auf das spätere Bauwerk Rücksicht genommen wird. Diesem wirtschaftlichen Bedürfnis entspricht Abs. 1, indem er dem Erstbauenden die Pflicht auferlegt, auf Verlangen seines Nachbarn von vornherein eine solche Gründung vorzunehmen, dass bei der späteren Durchführung des Nachbarn zusätzliche und besonders aufwendige Maßnahmen erspart bleiben. Zu diesen zusätzlichen Maßnahmen zählen z. B. Sicherungsverbau, Einrammen einer Spundwand, Unterfangen der bereits bestehenden Wand, rückwärtige Verankerung der neuen Wand. Ohne die Regelung des Absatzes 1 bestünde eine Verpflichtung des Ersterbauers nicht.

Der Eigentümer des Nachbargrundstücks kann die besondere Gründung nur bis zum Eingang des Bauantrags bei der Bauaufsichtsbehörde stellen und nur gegenüber dem Bauherrn des Erstbaues. Die **zeitliche Begrenzung** ist deshalb gerechtfertigt, weil die Umstellung auf eine besondere Gründung die Änderung der Baupläne zur Folge haben würde. Die vom Gesetz verlangte Rücksichtnahme soll also mit der Einreichung der Bauunterlagen ihr Ende finden. Der Zeitpunkt „Eingang des Bauantrags bei der Bauaufsichtsbehörde" tritt ein, wenn der Bauantrag der Gemeindeverwaltung einer kreisangehörigen Gemeinde zugeleitet worden ist. Er ist damit „dem verlängerten Arm" der Bauaufsichtsbehörde zugegangen. Bei kreisfreien Städten kommt es auf den Eingang bei der Bauaufsichtsbehörde (Bauamt, Baudezernat) an.

Eine Verpflichtung des Ersterbauers zu einer Mitteilung an den Eigentümer des Nachbargrundstücks besteht nicht.

Die durch das Verlangen nach Absatz 1 entstehenden **Mehrkosten** sind nach **Absatz 2** zu erstatten. Zu den Mehrkosten gehören neben den reinen Baumehrkosten auch die zusätzlichen Kosten des Architekten und der Statiker. Der Ersterbauer kann einen Vorschuss auf diese Mehrkosten verlangen. Der Vorschuss ist binnen zwei Wochen zu zahlen. Die Frist läuft von der Aufforderung zur Zahlung eines Vorschusses an. Der Anspruch auf die besondere Gründung erlischt, wenn die Frist nicht eingehalten wird.

Nutzt der Ersterbauer die besondere Gründung auch zum **Vorteil** seines Bauwerkes aus (z. B. Errichtung eines größeren Bauwerkes), so hat der Nachbar nur einen angemessenen Kostenanteil zu tragen **(Absatz 3)**. Gezahlte Kosten können in diesem Falle zurückverlangt werden.

FENSTER- UND LICHTRECHT

Allgemeine Übersicht

Das Fensterrecht regelt, ob und inwieweit der Grundstückseigentümer Fenster mit Sicht nach dem Nachbargrundstück errichten darf. Das HNachbG sieht lichtdurchlässige, aber undurchsichtige, nicht zu öffnende und feuerresistente Wandbauteile zwar als Fenster an, unterwirft sie aber nicht dem Fensterrecht (§ 12 Nr. 2 HNachbG). Das Lichtrecht, im Hess. NRG nicht geregelt, obwohl in der Überschrift enthalten, schützt die einmal angelegten Fenster gegen nachbarliche Eingriffe, insbesondere gegen die Verbauung. Beide Rechte stehen in einem wechselseitigen Verhältnis, sind aber grundsätzlich unabhängig voneinander.

Die HBO enthält als öffentliches Recht wichtige Vorschriften über Abstände und Abstandsflächen (§§ 6 und 7 HBO) und regelt damit auch indirekt Lichtverhältnisse. Lichtrecht enthalten im übrigen die §§ 47 und 48 HBO. Nach § 81 Abs. 1 HBO können Ortssatzungen Regelungen für die Grundstücksfreiflächen und Abstandsflächen festlegen. Aus § 907 BGB können keine Rechte unter diesen Gesichtspunkten abgeleitet werden.

Die Vorschriften der HBO haben folgenden Wortlaut:

§ 6 HBO
Abstandsflächen und Abstände

(1) Vor den oberirdischen Außenwänden von Gebäuden sind Flächen von oberirdischen Gebäuden freizuhalten (Abstandsflächen). Abstandsflächen sind nicht erforderlich vor Außenwänden, die an Nachbargrenzen errichtet werden, wenn nach planungsrechtlichen Vorschriften

1. *das Gebäude an die Grenze gebaut werden muss oder*
2. *das Gebäude an die Grenze gebaut werden darf und öffentlich-rechtlich gesichert ist, dass vom Nachbargrundstück angebaut wird.*

Darf nach planungsrechtlichen Vorschriften nicht an die Nachbargrenze gebaut werden, ist aber auf dem Nachbargrundstück ein Gebäude an der Grenze vorhanden, kann gestattet oder verlangt werden, dass angebaut wird. Muss nach planungsrechtlichen Vorschriften an die Nachbargrenze gebaut werden, ist aber auf dem Nachbargrundstück ein Gebäude mit Abstand zu dieser Grenze vorhanden, kann gestattet oder verlangt werden, dass eine Abstandsfläche eingehalten wird. Nachbargrenzen sind Grundstücksgrenzen zu benachbarten Grundstücken, die mit Gebäuden bebaut sind oder für eine Bebauung mit Gebäuden in Betracht kommen. Der Anbau an andere Gebäude muss, soweit dies städtebaulich vertretbar ist, nicht deckungsgleich sein. Soweit Gebäude nicht durch Außenwände abgeschlossen sind, tritt an deren Stelle eine gedachte, auf die Vorderkanten der umgebenden Bauteile bezogene Abschlussfläche.

(2) Die Abstandsflächen müssen auf dem Grundstück selbst liegen. Sie dürfen

1. *auch auf öffentlichen Verkehrsflächen, öffentlichen Grünflachen und öffentlichen Wasserflächen liegen, jedoch nur bis zu deren Mitte,*
2. *sich ganz oder teilweise auf andere Grundstücke erstrecken, wenn öffentlich-rechtlich gesichert ist, dass sie nicht überbaut und auf die diesen Grundstücken erforderlichen Abständen und Abstände nicht angerechnet werden.*

(3) Die Abstandsflächen dürfen sich nicht überdecken. Dies gilt nicht für

1. *Außenwände, die in einem Winkel von mehr als 75° zueinander stehen,*
2. *Außenwände zu einem fremder Sicht entzogenen Gartenhof bei Wohngebäuden mit nicht mehr als zwei Wohnungen und*

3. *Gebäude, andere bauliche Anlagen,, die in der Abstandsfläche zulässig sind oder zugelassen werden können.*

(4) Die Tiefe der Abstandsfläche bemisst sich nach der Wandhöhe; sie wird rechtwinklig zur Wand gemessen. Als Wandhöhe gilt das Maß von der Geländeoberfläche bis zur Schnittlinie der Wand mit der Dachhaut oder bis zum oberen Abschluss der Wand; bei gestaffelten Wänden gilt dies für den jeweiligen Wandabschnitt. Bei geneigter Geländeoberfläche oder bei geneigtem oberen Wandabschluss kann die mittlere Wandhöhe (Wandfläche geteilt durch größte Wandbreite) zugrunde gelegt werden; für die Mittelung sind Wandabschnitte bis zu einer Länge von 16 m zu bilden. Als Wand gelten

1. *Dachaufbauten in Verlängerung der Außenwand und mit Rücksprung bis zu 0,50 m hinter die Außenwand,*
2. *Dachaufbauten, wenn deren Gesamtbreite je Dachfläche zusammen mehr als die Hälfte der Breite der darunter liegenden Außenwand beträgt, und*
3. *Dächer und Dachteile mit einer Dachneigung von mehr als 70°.*

Zur Wandhöhe werden zu einem Drittel hinzugerechnet:

1. *Dächer und Dachteile mit einer Dachneigung von mehr als 45° bis 70°,*
2. *Dachaufbauten auf Dächern und Dachteilen bis zu 45° Dachneigung, wenn deren Gesamtbreite je Dachfläche zusammen mehr als ein Fünftel, jedoch nicht mehr als die Hälfte der Breite der darunter liegenden Außenwand beträgt.*

Das sich ergebende Maß ist H.

(5) Die Tiefe der Abstandsfläche beträgt

1. *allgemein 0,4 H,*
2. *in Gewerbe- und Industriegebieten, ausgenommen an den Grenzen zu Gebieten anderer Nutzung 0,2 H.*

Den Gewerbe- und Industriegebieten stehen nach ihrer Nutzung vergleichbare Sondergebiete sowie im Zusammenhang bebaute Ortsteile, die diesen Gebieten nach Art ihrer tatsächlichen baulichen oder sonstigen Nutzung entsprechen, gleich. Das jeweilige Maß ist auf volle 0,10 m abzurunden. In allen Fällen muss die Tiefe der Abstandsflächen mindestens 3 m betragen.

(6) Untergeordnete Bauteile, die nicht mehr als 1,50 m vor die Außenwand vortreten und von Nachbargrenzen mindestens 2 m entfernt bleiben, bleiben bei der Bemessung der Abstandsflächen außer Betracht. Dies gilt insbesondere

1. *Gesimse und Dachvorsprünge,*
2. *Hauseingangstreppen, deren Überdachungen und*
3. *Erker und Balkone, die insgesamt nicht mehr als ein Drittel der Breite der jeweiligen Außenwand in Anspruch nehmen; die Länge von übereinander angeordneten Balkonen wird im Bereich der Überschneidungen nicht zusammengezählt.*

Bei der Bemessung der Abstandsflächen bleiben außer Betracht bei Gebäuden an der Grundstücksgrenze die Seiten von Vorbauten und Dachaufbauten, auch wenn sie nicht an der Grundstücksgrenze errichtet werden. An bei Inkrafttreten dieses Gesetzes bestehenden Gebäuden dürfen in die Abstandflächen hinreinragen:

1. *nachträglich angebaute Aufzüge, die nicht mehr als 1,70 m vor die Außenwand vortreten und von Nachbargrenzen mindestens 2 m entfernt bleiben und die Höhe der Außenwand nicht überschreiten,*
2. *Außenwand- und Dachdämmungen, die dem Wärmeschutz und der Energieeinsparung dienen, bis zu 0,25 m Dicke; § 4 Abs. 2 Satz 3 gilt entsprechend.*

(7) In Gewerbe- und Industriegebieten genügt abweichend von Abs. 5 bei Wänden ohne Öffnungen als Tiefe der Abstandsflächen

1. 1,50 m, wenn die Wände mindestens feuerhemmend sind und einschließlich ihrer Verkleidungen aus nichtbrennbaren Baustoffen bestehen,

2. 3 m, wenn die Wände mindestens feuerhemmend sind oder wenn sie einschließlich ihrer Verkleidungen aus nichtbrennbaren Baustoffen bestehen.

Das gilt nicht für Abstandsflächen gegenüber Nachbargrenzen.

(8) Für bauliche Anlagen und andere Anlagen und Einrichtungen nach § 1 Abs. 1 Satz 2, von denen Wirkungen wie von Gebäuden ausgehen, gelten Abs. 1 bis 7 entsprechend. Keine Wirkungen wie von Gebäuden sind insbesondere anzunehmen, bei

1. Abfalleinrichtungen bis zu 1,5 m Höhe über der Geländeoberfläche,

2. Aufschüttungen bis zu 1 m Höhe über der Geländeoberfläche, einschl. Stützmauern,

3. Außentreppen bis 1 m Höhe übe der Geländeoberfläche,

4. Rampen zur barrierefreien Erreichbarkeit, die nicht mehr als 1 m über der Geländeoberfläche angeordnet und einschließlich ihrer Umwehrung nicht mehr als 2 m hoch sind,

5. Freisitzen und

6. Terrassen, die nicht mehr als 1 m über der Geländeoberfläche angeordnet oder einschließlich ihrer Brüstung nicht mehr als 2 m hoch sind.

(9) In den Abstandsflächen eines Gebäudes und zu diesem ohne eigene Abstandsfläche sind zulässig

1. erdgeschossige Garagen bis 100 m² Nutzfläche,

2. erdgeschossige Gebäude und sonstige Anlagen und Einrichtungen nach Abs. 8,

3. gebäudeunabhängige Solaranlagen bis 3 m Höhe und bis zu 9 m Länge, Solaranlagen an und auf Gebäuden nach Nr. 1.

(10) Ohne Abstandsfläche jeweils unmittelbar an oder mit einem Mindestabstand von 1 m zu den Nachbargrenzen sind je Baugrundstück zulässig:

1. eine Garage einschließlich Abstellraum oder -fläche,

2. eine überdachte Zufahrt zu Tiefgaragen,;

3. ein untergeordnetes Gebäude für Abstellzwecke,

4. ein untergeordnetes Gebäude zur örtlichen Versorgung mit Energie, Kälte oder Wasser,

5. bis zu drei Stellplätze,

6. Einfriedigungen, Sichtschutzzäune und Terrassentrennwände in Gewerbe- und Industriegebieten, außerhalb dieser Baugebiete mit einer Höhe bis zu 2 m über der Geländeoberfläche,

7. Stützmauern zur Sicherung des natürlichen Geländes,

8. ein Holzlagerplatz mit Lagerungen bis 1 m Höhe über der Geländeoberfläche und 6 m Länge je Grundstücksgrenze,

9. Solaranlagen auf Gebäuden oder Gebäudeteilen nach Nr. 1 bis 4 mit einer mittleren Gesamthöhe von 3 m.

10. gebäudeunabhängige Solaranlagen mit einer mittleren Höhe von 3 m über der Geländeoberfläche und bis zu 9 m Länge.

Die Länge der Grenzbebauung darf bei Anlagen nach Satz 1 Nr. 1 bis 5 insgesamt 15 m nicht überschreiten; Dachüberstände sind einzurechnen. Bei den Anlagen nach Satz 1 Nr. 1 bis 4 darf die grenzseitige mittlere Wandhöhe über die Geländeoberfläche nicht höher als 3 m und die Fläche dieser Wände an jeder Nachbargrenze nicht größer als 25 qm sein.

(11) Die Abs. 1 bis 10 gelten nicht, soweit

1. *Festsetzungen eines Bebauungsplanes oder einer anderen bauplanungs- oder bauordnungsrechltichen Satzung die Tiefe der Abstandsflächen verbindlich bestimmen oder*
2. *soweit nach der umgebenen Bebauung im Sinne des § 34 Abs. 1 Satz 1 des Baugesetzbuches abweichende Gebäudezustände zulässig sind.*

(12) Bei rechtmäßig errichteten Gebäuden, die die erforderliche Tiefe der Abstandsfläche gegenüber Nachbargrenzen nicht einhalten, sind zulässig:

1. *Änderungen innerhalb des Gebäudes,*
2. *sonstige Änderungen, wenn der Abstand des Gebäudes zu den Nachbargrenzen mindestens 2,50 m beträgt, ohne Veränderung von Länge und Höhe der diesen Nachbargrenzen zugekehrten Wände und Dachflächen und ohne Einrichtung neuer Öffnungen oder Vergrößerung bestehender Öffnungen in diesen Wänden und Dachflächen,*
3. *Nutzungsänderungen und*
4. *die Neuerrichtung eines gleichartigen Gebäudes an gleicher Stelle.*

Darüber hinausgehende Änderungen und Nutzungsänderungen können unter Würdigung nachbarlicher Belange und der Belange des Brandschutzes zugelassen werden. Satz 1 und 2 gelten nicht für Gebäude nach Absatz 10.

§ 7
Grundstücksteilung

(1) Die Teilung eines Grundstücks, das bebaut oder dessen Bebauung genehmigt ist oder das aufgrund einer Genehmigungsfreistellung bebaut werden darf, bedarf zu ihrer Wirksamkeit der Genehmigung der Bauaufsichtsbehörde. Das gilt nicht, wenn

1. *die Teilung in öffentlich-rechtlichen Verwaltungsverfahren vorgenommen wird oder der Bund, das Land oder eine Gebietskörperschaft, der die Aufgaben der unteren Bauaufsichtsbehörde übertragen sind, an der Teilung beteiligt ist, oder*
2. *eine Vermessungsstelle nach § 15 Abs. 2 Satz 1 des Hessischen Vermessungs- und Geoinformationsgesetzes vom 6. September 2007 (GVBl. I S. 548), zuletzt geändert durch Gesetz vom 3. Mai 2018 (GVBl. S. 82), die bauordnungsrechtliche Unbedenklichkeit der Teilung bescheinigt hat.*

(2) Die Genehmigung darf nur versagt werden, wenn durch die Teilung Verhältnisse geschaffen werden, die den Vorschriften dieses Gesetzes oder den aufgrund dieses Gesetzes erlassenen Vorschriften widersprechen.

(3) Die Genehmigung ist bei der Bauaufsichtsbehörde unter Vorlage einer Ausgabe aus dem Liegenschaftskataster, der die beabsichtigte Teilung und die vorhandene Bebauung erkennen lässt, zu beantragen. In die Ausgabe sind die Abstandsflächen der vorhandenen Bebauung einzutragen. Werden Gebäude von der Teilung erfasst, ist eine Beschreibung, wenn notwendig auch eine zeichnerische Darstellung, beizufügen, die Auskunft über die Abgrenzung innerhalb von Gebäuden gibt. § 70 Abs. 1 und § 74 Abs. 4 bis 6 gelten entsprechend.

Die Ziele dieser Regelungen dienen

- der öffentlichen Sicherheit, insbesondere dem Brandschutz,
- der natürlichen Belüftung und Belichtung,
- dem Nachbarfrieden.

Die Abstandsregeln haben nicht mehr die Besonnung der Grundstücke und Aufenthaltsräume zum Ziel. Insoweit können jedoch §§ 50 f. HBO, die je Wohnung einen besonnten Aufenthaltsraum fordern, auf die Abstände Einfluss nehmen.

Andere Abstände, als in den §§ 6 und 7 HBO vorgeschrieben sind, können die Gemeinden auf Grund des § 91 HBO durch Satzung zur Wahrung der baugeschichtlichen Bedeutung oder der sonstigen erhaltenswerten Eigenart eines Gemeindeteils festlegen. Diese Abstände können nicht nur hinter den gesetzlichen Maßen zurückbleiben, sondern brauchen auch nicht die ausreichende Belichtung der Aufenthaltsräume zu gewährleisten und nicht den Nachbarfrieden zu sichern. Zwischen den unterschiedlichen Belangen hat die Gemeinde beurteilungsfehlerfrei abzuwägen.

Alle Abstände nach den §§ 6 und 7 HBO sind Mindestabstände. Größere Abstände sind somit zulässig und können auch von Gemeinden und sonstigen Trägern der Bauleitplanung (wie Planungsverbände) durch Festsetzungen im Bebauungsplan gefordert werden.

§ 11 HNachbG
Umfang und Inhalt

(1) In oder an der Außenwand eines Gebäudes, die parallel oder in einem Winkel bis zu 60 Grad zur Grenze des Nachbargrundstücks verläuft, dürfen Fenster oder Türen oder zum Betreten bestimmte Bauteile nur mit Einwilligung des Eigentümers des Nachbargrundstücks angebracht werden, wenn die Fenster, die Türen oder die Bauteile von der Grenze einen geringeren Abstand als 2,5 m einhalten sollen.

(2) Die Einwilligung muß erteilt werden, wenn keine oder nur geringfügige Beeinträchtigungen zu erwarten sind.

Erläuterungen

Die Vorschrift regelt Fälle, bei denen durch Anlagen oder Bauwerke, die ausschließlich innerhalb der Grenzen des Grundstücks ihren Standort haben, das Nachbargrundstück – ohne unmittelbare Einwirkung – gewisse Vorteile einbüßt, indem ihm in einem mehr oder minder großen Umfang die **Aussicht** oder das **Licht** verbaut werden oder die Freiräumigkeit eingeschränkt wird.

Wegen solcher sog. negativen Einwirkungen steht dem Nachbarn grundsätzlich kein Abwehrrecht nach BGB zu. Tatbestandsmäßige Grundlagen werden vielmehr erst durch das Hessische Nachbarrechtsgesetz geschaffen. Bei unzulässiger Unterschreitung der in § 11 HNachbG vorgeschriebenen Abstände usw. hat der Eigentümer des Nachbargrundstücks einen Beseitigungsanspruch nach § 1004 BGB. Gegenüber diesem Anspruch kann der Zustimmungsanspruch nach Absatz 2 im Wege der Widerklage geltend gemacht werden.

Das **Fensterrecht** des § 11 HNachbG regelt, welcher Abstand für Fenster, Türen oder zum Betreten bestimmte Bauteile in oder an der Außenwand eines Gebäudes zur Grenze des Nachbargrundstücks gilt, wenn die Außenwand parallel oder in einem Winkel bis zu 60 Grad zur Grenze des Nachbargrundstücks verläuft.

Fenster sollen vor allem den Ausblick gewährleisten sowie Licht und Luft in den Raum hineinlassen. Unter **Türen** sind Öffnungen im Mauerwerk zu verstehen, die das Hindurchgehen von Menschen und Tieren ermöglichen. Sehr große Türen eines Hauses sind Tore. „Zum Betreten bestimmte Bauteile" sind Balkone, Loggien, Terrassen, Veranden, Wintergärten, Ausbrüstungen, überdachte Umgänge, Eingänge, Erker usw. Entscheidend ist, daß alle diese Teile in oder an der Außenwand liegen, die parallel oder im Winkel bis zu 60° zur Grenze des Nachbargrundstücks verläuft. Es handelt sich also um Einrichtungen, die für den Nachbarn gewisse Beeinträchtigungen bringen bzw. geeignet sind, Beeinträchtigungen zu verursachen. Beeinträchtigungen sind z. B. die Einsichtmöglichkeit auf das nachbarliche Grundstück, Geräusche und Gerüche.

Ein **Abstand** von 2,50 m (für die Fenster, Türen oder zum Betreten bestimmte Bauteile) zur Nachbargrenze reicht aus; insoweit ist eine Einwilligung des Eigentümers des Nachbargrundstücks nicht erforderlich. Soll der Abstand geringer als 2,50 m sein – immer gemessen an der engsten Stelle des Fensters usw. zur gemeinsamen Grenze –, ist eine Einwilligung des Eigentümers des Nachbargrundstücks erforderlich.

Die **Einwilligung** des Nachbarn wird nicht durch eine von der Baubehörde gemäß § 63 HBO erteilte Befreiung ersetzt. Die Befreiung entbindet nur von der Beachtung der Vorschriften der HBO. Der Nachbar ist nach Absatz 2 zur Einwilligung verpflichtet, wenn keine oder nur eine geringfügige Beeinträchtigung zu erwarten ist. Dabei können auch Umstände eine Rolle spielen, die im bauaufsichtlichen Verfahren zu beachten sind. Geringfügige Beeinträchtigungen liegen z. B. vor, wenn das Fenster oder der Balkon Einsicht hat in einen Teil des Hofes, der nur als Abstellraum für Wagen oder Maschinen benutzt wird. Befinden sich bereits Fenster in der Wand, soll nun noch ein weiteres Fenster gebrochen werden, wird die Beeinträchtigung in der Regel ebenfalls nur geringfügig sein. Die Einwilligung wirkt nicht gegen den Rechtsnachfolger (§ 878 BGB).

Bauantragsverfahren (Bauaufsicht) und Nachbarrechtsabsprachen bzw. Streitigkeiten können nebeneinander laufen. Dabei kann der Nachbar im verwaltungsrechtlichen Verfahren gegen die etwa erteilte Befreiung klagen. Die Vorschriften der HBO, von denen insoweit abgewichen wird, dienen in der Regel dem Schutz des Nachbarn, so dass der Nachbar in seinen Rechten beeinträchtigt sein kann (Klagebefugnis).

Der Nachbar kann im Falle des Verstoßes gegen § 11 HNachbG nicht auf Beseitigung etwa der Wand, sondern nur auf Beseitigung des Fensters, der Tür oder des Balkons usw. klagen.

§ 12 HNachbG
Ausnahmen

§ 11 Abs. 1 gilt nicht,

1. **soweit nach öffentlich-rechtlichen Vorschriften Fenster, Türen oder zum Betreten bestimmte Bauteile anzubringen sind;**
2. **für lichtdurchlässige, jedoch undurchsichtige und gegen Feuereinwirkung widerstandsfähige Wandbauteile;**
3. **für Außenwände gegenüber Grenzen zu öffentlichen Straßen, zu öffentlichen Grünflächen und zu Gewässern.**

Erläuterungen

Licht und Belüftung von Aufenthaltsräumen und Wohnungen sind in der HBO geregelt. Für die Einrichtung notwendiger Fenster usw. ist nicht die Einwilligung des Eigentümers des Nachbargrundstücks erforderlich **(§ 12 Nr. 1 HNachbG)**. Dabei kommt es darauf an, dass nur an der (vorgesehenen) bestimmten Stelle das Fenster angebracht werden kann und an keiner anderen. Erst wenn es keine andere Alternative gibt, ist das Fenster (die Tür) usw. „nach den öffentlich-rechtlichen Vorschriften … anzubringen", und nur dann überlagern die öffentlich-rechtlichen Vorschriften das zivile Nachbarschaftsrecht. Die Forderung, dass keine andere Alternative besteht, kann so weit gehen, dass der Gesamtbau in dieser Hinsicht (um)gestaltet wird. Dabei muss allerdings auch die Grenze der Zumutbarkeit berücksichtigt werden.

§ 11 Abs. 1 HNachbG gilt ebenfalls nicht nach **§ 12 Nr. 2 HNachbG** für lichtdurchlässige, jedoch undurchsichtige und gegen Feuereinwirkung widerstandsfähige Wandbauteile.

Diese Bauteile müssen fest installiert sein, die Möglichkeit der Öffnung oder des Kippens darf nicht bestehen, da sonst die Durchsicht bzw. Einsicht eröffnet würde.

Durch **Nr. 3** gelten die Regelungen des § 11 Abs. 1 HNachbG nicht, da insoweit ein Schutz nicht erforderlich ist. Gegenüber Grenzen zu öffentlichen Straßen, zu öffentlichen Grünflächen und zu Gewässern bedarf es nicht der Einwilligung des Eigentümers der öffentlichen Sache.

§ 13 HNachbG
Ausschluss des Beseitigungsanspruchs

Der Anspruch auf Beseitigung einer Einrichtung nach § 11 Abs. 1, die einen geringeren als den in § 11 Abs. 1 vorgeschriebenen Abstand einhält, ist ausgeschlossen,

1. **wenn die Einrichtung bei Inkrafttreten dieses Gesetzes vorhanden ist und ihr Abstand dem bisherigen Recht entspricht oder**
2. **wenn der Nachbar nicht binnen einem Jahr nach dem Anbringen der Einrichtung Klage auf Beseitigung erhoben hat; diese Frist beginnt frühestens mit dem Inkrafttreten dieses Gesetzes.**

Erläuterungen

Schließt § 12 HNachbG die Anwendung des § 11 HNachbG in bestimmten Fällen aus, so beschränkt sich § 13 HNachbG auf den Ausschluss des Beseitigungsanspruchs nach § 11 HNachbG i. V. m. § 1004 BGB. Der Ausschluss nach § 13 HNachbG lässt etwaige, aus dem öffentlichen Nachbarrecht (u. a. HBO) abgeleitete Ansprüche unberührt. Insoweit sind die Bauaufsichtsbehörden zuständig, die Ansprüche des Nachbarn zu prüfen und zu bescheiden. Der Anspruch aus dem öffentlich-rechtlichen Nachbarrecht richtet sich danach nicht gegen den Nachbarn, sondern gegen die Bauaufsichtsbehörde.

Nach § 13 **Nr. 1** HNachbG ist der Beseitigungsanspruch nach § 11 HNachbG i. V. m. § 1004 BGB dann ausgeschlossen,

- wenn die Einrichtung bei Inkrafttreten des Hessischen Nachbarrechtsgesetzes, d. h. am 1.11.1962 vorhanden war und ihr Abstand dem früheren Recht entsprach oder
- wenn der Nachbar nicht binnen einem Jahr (so der Gesetzestext; besser: eines Jahres) nach dem Anbringen der Einrichtung Klage auf Beseitigung erhoben hat.

Die **Frist** von einem Jahr beginnt mit der Anbringung der Einrichtung, frühestens beginnt die Frist mit dem Inkrafttreten des Gesetzes. Wann die Anbringung erfolgt ist, kann zweifelhaft sein. Es reicht nach dem Wortlaut des Gesetzes nicht aus, wenn dem Nachbar der Umstand bzw. die Absicht bekannt geworden ist, dass eine solche Einrichtung (Fenster, Tür usw.) errichtet werden soll. Es muss vielmehr schon am Bau die Einrichtung erkennbar sein, damit ist sie vorhanden, und darin ist ein „Anbringen" bereits zu sehen. So wird sich z. B. beim „Hochziehen" der Außenmauer alsbald die Absicht des Bauherrn erkennen lassen, an der einen oder anderen Stelle Öffnungen, Türen, Balkons, Veranden und/oder Terrassen zu errichten. Von diesem Zeitpunkt an läuft die Klagefrist. Wird die Klagefrist versäumt, so ist der Zustand nachbarrechtlich rechtmäßig; die entsprechenden Einrichtungen brauchen nicht mehr entfernt zu werden. Der Zeitablauf allein macht die Klage unbegründet.

Der Ausschluss des Beseitigungsanspruchs gilt immer nur für die einzelne Einrichtung (Fenster, Tür usw.), mit der der Abstand unterschritten worden ist bzw. unterschritten wird. Wird in der Gebäudewand z. B. später ein weiteres Fenster angebracht, so kann dessen Beseitigung unter den gegebenen Voraussetzungen verlangt werden, bzw. für dies gilt die gesamte Regelung der §§ 11 ff. HNachbG erneut, d. h. auch die Frist des § 13 Nr. 2 HNachbG läuft gesondert für dieses spätere Projekt.

EINFRIEDUNGEN

Allgemeine Übersicht

1. Neben den Grenzanlagen, die von der Grenzlinie durchschnitten werden, gibt es Anlagen, die zwar unmittelbar an der Eigentumsgrenze, aber ganz auf dem Grundstück eines Nachbarn (Eigentümers) stehen. Beide Arten von Anlagen dienen der Grenzsicherung wie auch dem Zweck, das Grundstück gegen unberufenen Eintritt von Mensch und Tier zu schützen, es zu umfriedigen. Diese Einrichtungen werden (Grundstücks-)Scheidungen, Umfriedigungen, Umfriedungen oder Einfriedungen genannt (nachfolgend Einfriedungen).

Das Hessische Nachbarrechtsgesetz regelt, wer Einfriedungen zu errichten und zu unterhalten hat und wie diese beschaffen sein müssen. Die Einfriedung von Grundstücken aller Art spielt nicht nur im Ortsbaugebiet, sondern auch in der Feldmark eine Rolle. Es kann sich z. B. um Mauern, Bretterzäune, Stahlzäune, Drahtgitter oder auch lebende Hecken handeln.

2. An sich wäre gemäß der §§ 903 und 905 BGB jeder Grundstückseigentümer berechtigt, Einfriedungen auf seinem Grundstück anzulegen, wie und wo es ihm gefällt und demgemäß auch zu beseitigen. Diese Freiheit als Eigentümer ist z. T. eingeschränkt, so durch öffentlich-rechtliche Vorschriften und durch die Vorschriften des HNachbG.

3. Wegen des **früheren Rechtszustandes** wird auf die amtliche Begründung zum Hess. Nachbarrechtsgesetz (LT-Drs. Abt. I Nr. 1092/IV. Wahlperiode) verwiesen.

4. In einigen **öffentlich-rechtlichen** Vorschriften finden sich ebenfalls Regelungen zu Einfriedungen.

§ 11 Abs. 2 BFStrG besagt, dass Anpflanzungen, Zäune, Stapel, Haufen und andere mit dem Grundstück nicht fest verbundene Einrichtungen nicht angelegt werden dürfen, wenn sie die Verkehrssicherheit beeinträchtigen. Die Regelung ist als Schutzmaßnahme bzw. Schutznorm zugunsten des Verkehrs anzusehen. In § 27 HStG findet sich die entsprechende Regelung, dort ist lediglich neben der Sicherheit auch von der Leichtigkeit des Verkehrs die Rede.

Die HBO hält zunächst mit ihrer Generalklausel in § 9 HBO eine Regelung vor, wonach bauliche Anlagen nach Form, Maßstab, Werkstoff, Farbe und Verhältnis der Baumassen und Bauteile zueinander so zu gestalten sind, dass sie nicht verunstaltet wirken. Weiterhin sind nach dieser Vorschrift bauliche Anlagen mit ihrer Umgebung derart in Einklang zu bringen, dass sie das Straßen-, Orts- und Landschaftsbild nicht verunstalten und deren beabsichtigte Gestaltung nicht beeinträchtigen.

Für baugenehmigungsfreie Bauvorhaben nach § 55 HBO gibt es in der Anlage 2 auch Regelungen für die Einfriedung.

Nach § 81 HBO können die Gemeinden durch Satzung auch die Notwendigkeit von Einfriedungen aus anderen Gründen bestimmen und damit zusätzliche Verpflichtungen zur Einfriedung begründen.

§ 14 HNachbG
Errichtung

(1) Der Eigentümer eines bebauten oder gewerblich genutzten Grundstücks ist auf Verlangen des Eigentümers des Nachbargrundstücks verpflichtet, sein Grundstück einzufrieden, soweit die Grenze zum Nachbargrundstück nicht mit Gebäuden besetzt ist. Sind beide Grundstücke bebaut oder gewerblich genutzt, so sind die Eigentümer der beiden Grundstücke gegenseitig verpflichtet, bei der Errichtung der Einfriedung mitzuwirken. Stellt das Verlangen nach Satz 1 der Eigentümer eines Grundstücks, das weder bebaut

noch gewerblich genutzt ist, aber innerhalb eines im Zusammenhang bebauten Ortsteils gelegen oder in einem Bebauungsplan als Bauland ausgewiesen ist, so ist er berechtigt, bei der Errichtung der Einfriedung mitzuwirken.

(2) Die Einfriedung ist im Falle des Abs. 1 Satz 1 – vorbehaltlich des § 16 Abs. 1 – entlang der Grenze, in den übrigen Fällen auf der Grenze zu errichten.

(3) Als gewerblich genutzt im Sinne des Abs. 1 Satz 1 gilt nicht ein Grundstück, das dem Erwerbsgartenbau dient.

Erläuterungen

Einfriedungen sind Anlagen, die an oder auf der Grundstücksgrenze stehen und den Sinn haben, ein Grundstück ganz oder teilweise nach außen abzuschirmen, um

- das Grundstück gegen unbefugtes Betreten zu sichern,
- Witterungs- und Immissionseinflüsse wie Wind, Lärm, Straßenschmutz von ihnen abzuwehren,
- eine ungestörte Nutzung des Grundstücks zu gewährleisten und/oder
- das Grundstück in seinem gesamten Umfang oder auch nur zum Teil von den öffentlichen Verkehrsflächen und von den Nachbargrundstücken abzugrenzen.

Der tragende Gedanke der Vorschrift ist, dass von bebauten oder gewerblich genutzten Grundstücken für die benachbarten Grundstücke gewisse Gefahren ausgehen oder ausgehen können, die verhindert oder gemindert werden können, indem eingefriedet wird.

Handelt es sich dabei um bauliche Anlagen, gelten für sie insoweit (Errichtung) die Vorschriften der HBO.

Es handelt sich um ein **bebautes Grundstück**, wenn wenigstens der Rohbau erstellt ist.

Gewerblich genutzt wird ein Grundstück, wenn es z. B. für Garagen oder als Lagerplatz Verwendung findet. Dabei kommt es nicht darauf an, ob die gewerbliche Nutzung gewinnbringend ist. Landwirtschaft ist keine gewerbliche Nutzung. Ausdrücklich ist nach Absatz 3 auch der Erwerbsgartenbau keine gewerbliche Nutzung.

Die **Verpflichtung** zur Einfriedung besteht nicht, wenn die gemeinsame Grenze mit Gebäuden besetzt ist. Keine Verpflichtung besteht auch für den Eigentümer eines der Landwirtschaft oder auch dem Erwerbsgartenbau dienenden Grundstücks, er kann von seinem Nachbarn nicht zur Einfriedung gezwungen werden.

Sind beide Grundstücke gewerblich genutzt oder bebaut (Voraussetzungen Absatz 1 Satz 2), so trifft die beiden Eigentümer die Pflicht, bei der Einfriedung wechselseitig mitzuwirken. Was jeder der beiden Eigentümer beiträgt, ist nicht entscheidend. Verhält sich einer der beiden passiv, kann er „auf Mitwirkung" verklagt werden. Verhält sich der Beklagte auch nach dem Ergehen des Urteils bzw. nach Eintritt der Rechtskraft weiterhin passiv, muss er auf Kostenvorschuss verklagt werden. Die Einfriedung ist in diesen Fällen **auf** der Grenze zu errichten. Ein Grundstückseigentümer, der nach § 14 Abs. 1 Satz 2 und Abs. 2 HNachbG einen Anspruch auf Mitwirkung an der Errichtung der ortsüblichen Einfriedigung auf der Grenze hat, kann von dem Grundstücksnachbarn die Beseitigung einer bereits vorhandenen Einfriedigung verlangen, wenn und soweit dies zur Erfüllung seines gesetzlichen Einfriedigungsanspruchs erforderlich ist (vgl. BGH, Urt. vom 21.9.2018 – V ZR 302/17 –).

§ 14 Abs. 1 Satz 3 HNachbG regelt den Fall, dass der Eigentümer eines Grundstücks, das weder bebaut noch gewerblich genutzt ist, aber innerhalb eines im Zusammenhang bebauten Ortsteils gelegen oder in einem Bebauungsplan als Bauland ausgewiesen ist, das Verlangen nach Satz 1 stellt. Verlangt er von einem Eigentümer eines bebauten oder gewerblich genutzten Grundstücks die Einfriedung, so ist der verlangende Nachbar berechtigt (nicht verpflichtet), bei der Einfriedung mitzuwirken. Diese Vorschrift ermöglicht es ihm, durch Erbringung von bestimmten Leistungen die Kosten für die Einfriedung möglichst niedrig zu halten. Das entsprechende Interesse ergibt sich daraus, dass er nach § 17 Abs. 1 HNachbG zu den Kosten der Einfriedung beitragen muss.

Der **Bebauungsplan**, in dem das Grundstück als Bauland ausgewiesen ist, muss kein qualifizierter Bebauungsplan sein.

Hat der Nachbar eine auf § 14 HNachbG gestützte Forderung nicht erhoben, so steht es dem Grundstückseigentümer zwar frei, eine Einfriedung auf seinem Grundstück nach eigenen Vorstellungen zu errichten, er läuft aber Gefahr, dass ihm nachträglich Schwierigkeiten und Kosten entstehen, wenn der Eigentümer des angrenzenden unbebauten und gewerblich nicht genutzten Grundstücks eines Tages die Errichtung einer Einfriedung entlang der Grundstücksgrenze entsprechend der Vorschrift des § 15 HNachbG verlangt. Zwar kann einem solchen Verlangen entgegengehalten werden, es bestehe eine Einfriedung, es ist aber dann eine Wertungs-Entscheidung, ob die Einfriedung derjenigen entspricht, die § 15 HNachbG fordert. Es erscheint daher ratsam, sich der Einwilligung des Nachbarn vor Errichtung des Zaunes usw. zu versichern.

Die Einfriedung ist im Falle des Absatzes 1 Satz 1 – vorbehaltlich des § 16 Abs. 1 HNachbG – entlang der Grenze, in den übrigen Fällen auf der Grenze zu errichten. Im ersten Fall handelt es sich um eine Grenzscheidung, im letzten Fall um eine Grenzeinrichtung i. S. der §§ 921 und 922 BGB (vgl. oben), wobei gemeinsame Verwaltung und Miteigentum bestehen. Nur wenn die Voraussetzungen des § 16 Abs. 1 HNachbG erfüllt sind, muss die Einfriedung i. S. des § 14 HNachbG einen Abstand von 0,50 m von der eigenen Grundstücksgrenze einhalten.

§ 15 HNachbG
Beschaffenheit

Die Einfriedung besteht aus einem ortsüblichen Zaun; läßt sich eine ortsübliche Einfriedung nicht feststellen, so besteht sie aus einem 1,2 m hohen Zaun aus verzinktem Maschendraht. Schreiben öffentlich-rechtliche Vorschriften eine andere Art der Einfriedung vor, so tritt diese an die Stelle der in Satz 1 genannten Einfriedungsart.

Erläuterungen

In dieser Vorschrift wird geregelt, wie die Einfriedung, deren Errichtung nach § 14 HNachbG verlangt werden kann, beschaffen sein muss bzw. auszusehen hat. Wird das Grundstück nach Belieben (nicht ortsüblich) vom Eigentümer eingefriedet und unterliegt das Grundstück an sich der Einfriedigungspflicht nach § 14 HNachbG, läuft der einfriedende Eigentümer Gefahr, dass er die Einfriedung ändern muss, sobald der Eigentümer des Nachbargrundstücks eine entsprechende Forderung nach § 14 HNachbG erhebt. Durch eine nicht ortsübliche Einfriedung wird der Eigentümer dem Verlangen (Rechtsanspruch) des Nachbarn nicht gerecht.

Besteht zwar ein ortsüblicher Zaun, hat der Grundstückseigentümer aber hinter diesem Zaun einen weiteren **nicht** ortsüblichen Zaun errichtet, ist die Rechtslage zweifelhaft. An sich hat der Eigentümer durch den ortsüblichen Zaun der Rechtslage entsprochen. Sieht man aber beide Zäune als Einheit an, handelt es sich nicht um eine ortsübliche Einfriedung. Der letzteren Lösung wird der Vorzug zu geben sein.

Ein **ortsüblicher Zaun** ist eine bestimmte Art eines Zaunes, die überwiegend angetroffen wird. Die Ortsüblichkeit setzt nicht voraus, dass sie in der gesamten Gemeinde besteht, sie muß auch nicht in einem Stadt- oder Ortsteil überwiegend üblich sein; es genügt, wenn sie in einem geschlossenen Siedlungsgebiet überwiegend in ihrer Art angelegt ist. Die Art kann sehr unterschiedlich sein, ortsüblich ist daher auch die Einfriedung mit „lebenden Zäunen", d. h. Hecken.

Was ortsüblich ist, kann auch öffentlich-rechtlich vorgeschrieben sein. Die Gemeinden können in Satzungen bestimmte Festlegungen vornehmen oder die Bauaufsichtsbehörden können durch besondere Anforderungen Einschränkungen auferlegen. Zu den baugenehmigungsfreien Vorhaben gehören auch bestimmte Einfriedigungen.

Für die Art und Beschaffenheit der Einfriedung ergibt sich nachstehende Reihenfolge:

- sie muss den öffentlich-rechtlichen Vorschriften genügen und
- der privatrechtlich vereinbarten Art/Beschaffenheit entsprechen oder, wenn nicht gegeben,
- ortsüblich sein oder, wenn nicht gegeben,
- dem § 15 HNachbG entsprechen.

Lässt sich eine Ortsüblichkeit eines über 1,2 m hohen Zauns nicht feststellen, so bleibt es bei der allein zulässigen, gesetzlich vorgeschriebenen Höhe von 1,2 m. Eine andere Rechtsfolge ergibt sich nicht aus § 6 Abs. 10 Ziff. 6 HBO, wonach ohne Abstandsflächen zum Nachbargrundstück Einfriedigungen mit jener Höhe bis zu 2 Metern über der Geländeoberfläche zulässig sind, da die Vorschrift als Landesrecht keine gegenüber dem HNachbG höherrangige Rechtsvorschrift ist, die § 15 HNachbG vorgehen würde (AG Marburg, Urt. vom 8.8.2014 – 9 C 212/14 –). Ein mobiler Elektro-Weide-Zaun ist keine Einfriedigung im Sinne des Nachbarrechts (AG Brandenburg, Urt. vom 5.8.2015 – 34 C 93/12 –).

Die Beseitigung einer Einfriedigung, deren Beschaffenheit den Vorschriften des Nachbarrechts entspricht, kann selbst dann nicht verlangt werden, wenn die Art der Einfriedigung (hier Leitplankenkonstruktion) ästhetisch unschön und sonst nirgends vertreten ist (BGH, Urt. vom 17.1.2014 – V ZR 292/12 –).

Bestand schon vor Inkrafttreten des HNachbG eine Einfriedung, so gilt § 14 HNachbG, denn nach § 46 HNachbG richtet sich der Umfang von Rechten, die beim Inkrafttreten des Gesetzes bestanden, nach den Vorschriften des HNachbG. Das bedeutet allerdings, dass diese Einfriedung auch dem § 15 HNachbG entsprechen muss.

Unter Umständen kann ein längeres stillschweigendes Verhalten des Nachbarn gegenüber einer vor dem 1.11.1962 (Inkrafttreten des Gesetzes) errichteten Einfriedung als Einverständniserklärung angesehen werden.

§ 16 HNachbG
Abstand von der Grenze

(1) Die Einfriedung muß von der Grenze eines Grundstücks, das außerhalb eines im Zusammenhang bebauten Ortsteils liegt und nicht in einem Bebauungsplan als Bauland ausgewiesen ist, 0,5 m zurückbleiben, auch wenn ein Verlangen nach § 14 Abs. 1 nicht gestellt worden ist. Dies gilt nicht gegenüber Grundstücken, für die nach Lage, Beschaffenheit oder Größe eine Bearbeitung mit Gespann oder Schlepper nicht in Betracht kommt.

(2) Der Anspruch auf Beseitigung einer Einfriedung, die einen geringeren als den nach Abs. 1 vorgeschriebenen Abstand einhält, ist ausgeschlossen,

1. **wenn die Einfriedung bei Inkrafttreten dieses Gesetzes vorhanden ist und ihr Abstand dem bisherigen Recht entspricht oder**
2. **wenn der Nachbar nicht binnen zwei Jahren nach der Errichtung Klage auf Beseitigung erhoben hat; diese Frist beginnt frühestens mit dem Inkrafttreten dieses Gesetzes.**

(3) Wird eine Einfriedung, die einen geringeren als den nach Abs. 1 vorgeschriebenen Abstand einhält, durch eine andere ersetzt, so gilt Abs. 1.

Erläuterungen

Die Vorschrift (Absatz 1) gilt für Grundstücke, die

- außerhalb eines im Zusammenhang bebauten Ortsteils liegen, wobei Ortsteil nicht im kommunal-verfassungsrechtlichen Sinne gemeint ist, sondern i. S. des Begriffes „Teil eines Ortes",
- nicht in einem Bebauungsplan als Bauland ausgewiesen sind (auch nichtqualifizierte Bebauungspläne) und
- nach Lage, Beschaffenheit oder Größe für eine Bearbeitung mit Gespann oder Schlepper in Betracht kommen.

Unter diesen Voraussetzungen hat die Einfriedung einen **Abstand** von 0,5 m von der gemeinsamen Grenze einzuhalten. Die Anwendbarkeit des Absatzes 1 entfällt, wenn eine dieser Voraussetzungen nicht mehr vorliegt.

Sinn der Regelung ist, dass bestimmte landwirtschaftlich genutzte Grundstücke ohne Behinderung durch die auf dem Nachbargrundstück errichtete Einfriedung bearbeitet werden können. Der Abstandsbereich von 0,5 m ist kein Territorium, das betreten werden könnte. Abgesehen von der geringen Größe, soll dieser Raum nicht etwa dem Wenden dienen, sondern die Gefahr von Kollisionen beseitigen. Eine Wendebefugnis könnte aber privatrechtlich gewährt werden.

Unter **Lage**, Beschaffenheit und Größe ist insbesondere zu verstehen, wenn es sich um ein Grundstück handelt, das eine starke Hanglage hat, die es nicht erlaubt, dass Gespann oder Schlepper eingesetzt werden. Unter **Gespann** ist der Zug insbesondere mit Esel, Maultier, Kuh, Ochse oder/und Pferd gemeint. **Schlepper** umfasst nicht kleine Maschinen und auch nicht Seilgeräte mit Standmotoren (Winde).

Auch aus Gründen der **Beschaffenheit** des Grundstücks kann eine Bestellung/Bearbeitung mit Gespann oder Schlepper ausgeschlossen sein, z. B. wenn das Grundstück morastig und sumpfig ist. Handelt es sich z. B. um eine Wiese, die an sich nicht bearbeitet wird und für eine Gespann- und Schlepperbearbeitung erst (mit) nach ihrer Nutzungsumwandlung (Umwandlung der Wiese in Ackerland) geeignet ist, so spielt dies keine Rolle. Die Wiese weist eine Beschaffenheit auf, die eine Bearbeitung durch Schlepper oder Gespann an sich möglich macht.

Auch wegen seiner **Größe** kann eine entsprechende Bearbeitung ausgeschlossen sein, das Grundstück ist z. B. so klein, dass sich eine Bearbeitung mit Schlepper oder Gespann verbietet.

Es ist also nicht erforderlich, dass das Grundstück tatsächlich mit Schlepper oder Gespann bearbeitet wird, sondern es muss nur abstrakt die Möglichkeit hierzu bestehen. Der Nachbar ist dafür beweispflichtig, dass für das Grundstück nach dessen Lage, Beschaffenheit oder Größe eine Bearbeitung mit Gespann oder Schlepper nicht in Betracht kommt.

Grundsätzlich hat der Eigentümer des begünstigten Grundstücks den Anspruch, dass die im geringeren Abstand als 0,5 m errichtete Einfriedung beseitigt wird. Er hat aber keinen Anspruch darauf, dass die Einfriedung auf einen Abstand von 0,5 m von der Grenze gebracht wird. Der Grundstückseigentümer hat somit die Möglichkeit, die Einfriedung zurückzusetzen oder überhaupt zu beseitigen.

Nach **Absatz 2** entfällt der Anspruch auf Beseitigung der Einfriedung, die einen geringeren als den nach Abs. 1 vorgeschriebenen Abstand einhält,

- wenn die Einfriedung bei Inkrafttreten des Hessischen Nachbarrechtsgesetzes (1.11.1962) vorhanden war und ihr Abstand dem früheren (partikularen) Recht entsprach
  oder

- wenn der Nachbar nicht binnen zwei Jahren nach der Errichtung Klage auf Beseitigung erhoben hat; die Frist beginnt frühestens mit dem Inkrafttreten des Hessischen Nachbarrechtsgesetzes, d. h. am 1.11.1962.

Die Beseitigungsklage musste also bis zum 31.10.1964 erhoben worden sein. Die Klageerhebung erfolgt durch Zustellung der Klageschrift.

Einfriedungen, die nach Inkrafttreten des Gesetzes entgegen Absatz 1 Satz 1 errichtet werden, dürfen bestehen bleiben, wenn der Eigentümer des begünstigten Grundstücks nicht binnen 2 Jahren nach Errichtung der Einfriedung Klage auf Beseitigung erhoben hat (Absatz 2 Nr. 2). Dies stellt eine Art gesetzlicher Verwirkung dar. Der bloße Hinweis auf den Zeitablauf reicht aus.

Die Ausnahmen nach Absatz 2 entfallen, wenn die Einfriedung durch eine andere ersetzt wird **(Absatz 3)**. Kann die Beseitigung einer Einfriedung mit einem geringeren Abstand als 0,5 m nach der Regelung des Absatz 2 nicht verlangt werden, ist sie aber schadhaft geworden, so können einzelne Teile ergänzt oder erneuert werden, z. B. einzelne Stangen eines Staketenzaunes ersetzt werden. Wird aber die Einfriedung vollständig erneuert, so darf sie an der bisherigen Stelle nicht mehr errichtet werden.

§ 17 HNachbG
Kosten der Errichtung

(1) In den Fällen des § 14 Abs. 1 Satz 2 und 3 tragen die beteiligten Grundstückseigentümer die Kosten der Errichtung der Einfriedung zu gleichen Teilen.

(2) Wird das an ein eingefriedetes Grundstück angrenzende Grundstück bebaut oder gewerblich genutzt, so ist der Eigentümer des angrenzenden Grundstücks, sofern eine Verpflichtung zur Übernahme anteiliger Errichtungskosten für ihn noch nicht entstanden ist, zur Zahlung einer Vergütung in Höhe der Hälfte der Kosten der Errichtung der Einfriedung unter angemessener Berücksichtigung der bisherigen Abnutzung verpflichtet; das gleiche gilt, wenn das angrenzende Grundstück in den im Zusammenhang bebauten Ortsteil einbezogen oder in einem Bebauungsplan als Bauland ausgewiesen wird, sofern der Eigentümer dieses Grundstücks oder sein Rechtsvorgänger die Errichtung der Einfriedung verlangt hatte.

(3) Der Berechnung sind die Errichtungskosten einer Einfriedung im Sinne des § 15, höchstens die tatsächlichen Aufwendungen, einschließlich der Eigenleistungen, zugrunde zu legen. Ist nur für eines der beiden Grundstücke eine Einfriedungsart nach § 15 Satz 2 vorgeschrieben, so sind der Berechnung die Errichtungskosten einer Einfriedung nach § 15 Satz 1, höchstens die tatsächlichen Aufwendungen, einschließlich der Eigenleistungen, zugrunde zu legen.

Erläuterungen

§ 17 HNachbG regelt nicht die Kostentragung für den Fall, dass der Grundstückseigentümer nach § 14 Abs. 1 Satz 1 HNachbG einseitig verpflichtet ist, eine Einfriedung zu errichten. In diesem Falle ist es selbstverständlich, dass er auch die Kosten der Einfriedung zu tragen hat.

Sind dagegen nach § 14 Abs. 1 Satz 2 und 3 beide Grundstückseigentümer zur Errichtung der Einfriedung verpflichtet, so fallen die Kosten der Errichtung der Einfriedung regelmäßig beiden Grundstückseigentümern zu gleichen Teilen zur Last **(Absatz 1)**.

Nach **Absatz 2** gilt folgendes:

Wird das an ein eingefriedetes Grundstück angrenzende Grundstück später bebaut oder gewerblich genutzt, so ist der benachbarte Grundstückseigentümer verpflichtet, eine Vergütung in Höhe der Hälfte der Kosten der Errichtung der Einfriedung zu zahlen, wobei angemessen zu berücksichtigen ist, dass die Einfriedung möglicherweise bereits abgenutzt ist. Die Abnutzung ist wertmäßig von der hälftigen Vergütung in Abzug zu bringen. Diese Regelung gilt nur, sofern eine Verpflichtung zur Übernahme anteiliger Errichtungskosten noch nicht entstanden war (ist).

Das gleiche gilt, wenn das angrenzende Grundstück in den im Zusammenhang bebauten Ortsteil einbezogen oder in einem Bebauungsplan als Bauland ausgewiesen wird, sofern der Eigentümer dieses Grundstücks oder sein Rechtsvorgänger die Errichtung der Einfriedung verlangt hatte. War dieses Verlangen unterblieben, so hatte der Erbauer der Einfriedung diese ohne Beteiligung seines Nachbarn ganz auf eigene Rechnung für sich errichtet, so dass dem Nachbarn auch später keine Kosten der Errichtung auferlegt werden können.

Bei der Berechnung der Vergütung sind die Kosten der Errichtung einer Einfriedung i. S. des § 15, höchstens die tatsächlichen Aufwendungen einschließlich der Eigenleistungen zugrunde zu legen **(Absatz 3)**. Eigenleistungen können jedoch nicht in der Höhe von Fremdleistungen eingesetzt bzw. bewertet werden.

Soweit nur für eines der beiden Grundstücke eine Einfriedungsart nach § 15 Satz 2 HNachbG vorgeschrieben ist, sind der Berechnung die Errichtungskosten einer Einfriedung nach § 15 Satz 1 HNachbG, aber höchstens die tatsächlichen Aufwendungen – einschließlich der Eigenleistungen – zugrunde zu legen. Für die Eigenleistungen gilt das im vorstehenden Absatz Gesagte.

§ 18 HNachbG
Kosten der Unterhaltung

(1) Die Kosten der Unterhaltung tragen die beteiligten Grundstückseigentümer je zur Hälfte, wenn für sie oder ihre Rechtsvorgänger die Verpflichtung zur Tragung von Errichtungskosten begründet worden ist.

(2) § 17 Abs. 3 gilt entsprechend.

Erläuterungen

Hat der Nachbar die Kosten der Errichtung allein zu tragen (vgl. Erl. 1 zu § 17 HNachbG), so fallen ihm auch die Kosten der Unterhaltung und Erneuerung der Einfriedung allein zur Last.

Die Vorschrift des § 18 **Abs. 1** HNachbG regelt ausdrücklich nur den Fall, dass beide Grundstückseigentümer gemeinsam zur Unterhaltung der Einfriedung verpflichtet und daher an den Kosten der Unterhaltung der Einfriedung je zur Hälfte beteiligt sind. Dies ist dann der Fall, wenn für sie oder ihre Rechtsvorgänger die Verpflichtung zur Tragung von Herstellungskosten begründet worden ist:

- Beide Grundstückseigentümer waren zur Errichtung nach § 14 Abs. 1 Satz 2 HNachbG verpflichtet. Gemäß § 17 Abs. 1 tragen sie die Kosten der Errichtung zu gleichen Teilen. Die Berechnungsgrundlage ist nach § 17 Abs. 3 zu ermitteln. Im gleichen Verhältnis haben sie nun zu den Unterhaltungskosten beizutragen (§ 18 Abs. 2 i. V. m. § 17 Abs. 3 HNachbG).
- Einer der benachbarten Grundstückseigentümer hat i. S. des § 14 Abs. 1 Satz 3 HNachbG die Einfriedung verlangt. Dieser ist verpflichtet, zu den Errichtungskosten anteilig beizutragen (§ 17 Abs. 1). Gemäß der §§ 18 Abs. 2 und 17 Abs. 3 HNachbG muss er die Unterhaltung mittragen.
- Nach Errichtung der Einfriedung wird das benachbarte Grundstück bebaut oder gewerblich genutzt. Gemäß § 17 Abs. 2 Satz 1 HNachbG ergibt sich die Verpflichtung, die Kosten der Errichtung der Einfriedung anteilig zu erstatten. Von diesem Zeitpunkt an besteht auch die Verpflichtung, sich an den Unterhaltungskosten zu beteiligen (§§ 18, 17 Abs. 2 Halbsatz 1, Abs. 3 HNachbG).

- Hat ein Grundstückseigentümer eine Einfriedung auf dem Nachbargrundstück gefordert und wird sein Grundstück in den im Zusammenhang bebauten Ortsteil einbezogen oder im Bebauungsplan als Bauland ausgewiesen, ergibt sich die Verpflichtung zur anteiligen Tragung der Errichtungskosten aus § 17 Abs. 2 HNachbG unter Berücksichtigung von § 17 Abs. 3 HNachbG. Die anteiligen Unterhaltungskosten ergeben sich demgemäß aus den §§ 18 und 17 HNachbG.

§ 19 HNachbG
Ausnahmen

Die §§ 14 bis 18 gelten nicht für Einfriedungen zwischen Grundstücken und den an sie angrenzenden öffentlichen Straßen, öffentlichen Grünflächen und Gewässern.

Erläuterungen

Die Vorschriften der §§ 14 bis 18 HNachbG gelten nicht zwischen dem Eigentümer eines Privatgrundstücks und dem Eigentümer einer öffentlichen Straße, eines öffentlichen Weges oder Platzes (§ 2 Abs. 1 HStrG), einer öffentlichen Grünfläche oder eines öffentlichen oder privaten Gewässers. Eigentümer dieser Grundstücke sind danach nicht berechtigt, von dem Eigentümer des angrenzenden Grundstücks die Errichtung einer Einfriedung zu verlangen. Umgekehrt kann ein solches Verlangen auch nicht gegenüber dem Eigentümer einer öffentlichen Straße (s. o.), einer öffentlichen Grünfläche usw. gestellt werden.

Die Einfriedungen zwischen Privatgrundstücken und öffentlichen Straßen, Grünflächen und Gewässern bestimmen sich nach öffentlich-rechtlichen Vorschriften.

So sind nach der HBO Grundstücke, die mit Gebäuden bebaut sind oder nach öffentlichem Recht mit Gebäuden bebaut werden können, entlang der öffentlichen Verkehrsfläche einzufrieden oder abzugrenzen, wenn die öffentliche Sicherheit oder Ordnung oder die Gestaltung dies erfordert. Aus denselben Gründen sind auch Aufschüttungen, Abgrabungen, Lager-, Abstell- und Ausstellungsplätze sowie Camping- und Zeltplätze einzufrieden oder abzugrenzen (vgl. weiter Allgemeine Übersicht Nr. 4). Regelungen hierzu können auch örtliche Bausatzungen, insbesondere auch Bebauungspläne enthalten. Besondere Regelungen enthalten § 11 Abs. 2 FStrG und § 27 HStrG.

EINWIRKUNGEN VOM NACHBARGRUNDSTÜCK

Allgemeine Übersicht

1. Der Grundstückseigentümer hat grundsätzlich eine uneingeschränkte Sachherrschaft über sein Grundstück (vgl. hierzu u. a. die Erl. zu Art. 14 GG). Diese Sachherrschaft ergibt sich aus § 903 BGB (vgl. Erl. hierzu). Das Leben in der Gemeinschaft erfordert es jedoch, dass der Grundstückseigentümer sich auf seinem Grundstück so verhält und sein Grundstück so benutzt, dass der Eigentümer des Nachbargrundstücks nicht belästigt oder beeinträchtigt oder die Nutzung des Nachbargrundstücks nicht eingeschränkt wird. Das Grundstück muss so „eingerichtet" sein und benutzt werden, dass es nicht zu erheblichen Einwirkungen für das Nachbargrundstück kommt.

Andererseits muss jeder Grundstückseigentümer gewisse Einwirkungen auf sein Grundstück hinnehmen, ohne hiergegen vorgehen zu können. Ein Grundstück ist keine aus der Landschaft herausgelöste Sache, sondern ist Stück einer landschaftlichen bzw. städtebaulichen Einheit.

2.

2. Es gibt verschiedene Arten und Möglichkeiten der Einwirkung von einem Grundstück zum anderen:

- Einwirkungen vom Nachbargrundstück in Form von unwägbaren Stoffen (Immissionen §§ 906, 907 BGB);
- drohende Einwirkung bei Einsturzgefahr (Gebäude) und durch Bodenvertiefungen (§§ 908, 909 BGB);
- Einwirkungen durch Maßnahmen, die den Grundwasserspiegel des Nachbargrundstücks verändern (§ 20 HNachbG);
- Einwirkungen durch Maßnahmen bei Abfluss und Zufluss von wild abfließendem Wasser (§§ 21 bis 25 HNachbG);
- Einwirkungen durch Niederschlagswasser (Dachtraufe) (§§ 26 und 27 HNachbG).

Die Erörterung dieser Einwirkungen von Grundstück zu Grundstück erfordert es, dass im Rahmen der Erläuterungen des privatrechtlichen Nachbarrechts auch auf Vorschriften des Strafrechts, Baurechts, Bundes-Immissionsschutzgesetzes, Wasserrechts u. a. hingewiesen wird.

Nach den §§ 325 und 325a StGB gilt Folgendes:

§ 325 StGB
Luftverunreinigung

(1) [1] Wer beim Betrieb einer Anlage, insbesondere einer Betriebsstätte oder Maschine, unter Verletzung verwaltungsrechtlicher Pflichten Veränderungen der Luft verursacht, die geeignet sind, außerhalb des zur Anlage gehörenden Bereichs die Gesundheit eines anderen, Tiere, Pflanzen oder andere Sachen von bedeutendem Wert zu schädigen, wird mit Freiheitsstrafe bis zu fünf Jahren oder mit Geldstrafe bestraft. [2] Der Versuch ist strafbar.

(2) Wer beim Betrieb einer Anlage, insbesondere einer Betriebsstätte oder Maschine, unter Verletzung verwaltungsrechtlicher Pflichten Schadstoffe in bedeutendem Umfang in die Luft außerhalb des Betriebsgeländes freisetzt, wird mit Freiheitsstrafe bis zu fünf Jahren oder mit Geldstrafe bestraft.

(3) Wer unter Verletzung verwaltungsrechtlicher Pflichten Schadstoffe in bedeutendem Umfang in die Luft freisetzt, wird mit Freiheitsstrafe bis zu drei Jahren oder mit Geldstrafe bestraft, wenn die Tat nicht nach Absatz 2 mit Strafe bedroht ist.

(4) Handelt der Täter in den Fällen der Absätze 1 und 2 fahrlässig, so ist die Strafe Freiheitsstrafe bis zu drei Jahren oder Geldstrafe.

(5) Handelt der Täter in den fällen des Absatzes 3 leichtfertig, so ist die Strafe Freiheitsstrafe bis zu einem Jahr oder Geldstrafe.

(6) Schadstoffe im Sinne des Absatzes 2 und 3 sind Stoffe, die geeignet sind,

1. *die Gesundheit eines anderen, Tiere, Pflanzen oder andere Sachen von bedeutendem Wert zu schädigen oder*
2. *nachhaltig ein Gewässer, die Luft oder den Boden zu verunreinigen oder sonst nachteilig zu verändern.*

(7) Absatz 1, auch in Verbindung mit Absatz 4, gilt nicht für Kraftfahrzeuge, Schienen- Luft- und Wasserfahrzeuge.

§ 325a StGB
Verursachen von Lärm, Erschütterungen und nichtionisierenden Strahlen

(1) Wer beim Betrieb einer Anlage, insbesondere einer Betriebsstätte oder Maschine, unter Verletzung verwaltungsrechtlicher Pflichten Lärm verursacht, der geeignet ist, außerhalb des zur Anlage gehörenden Bereichs die Gesundheit eines anderen zu schädigen, wird mit Freiheitsstrafe bis zu drei Jahren oder mit Geldstrafe bestraft.

(2) Wer beim Betrieb einer Anlage, insbesondere einer Betriebsstätte oder Maschine, unter Verletzung verwaltungsrechtlicher Pflichten, die dem Schutz vor Lärm, Erschütterungen oder nichtionisierenden Strahlen dienen, die Gesundheit eines anderen, ihm nicht gehörende Tiere oder fremde Sachen von bedeutendem Wert gefährdet, wird mit Freiheitsstrafe bis zu fünf Jahren oder mit Geldstrafe bestraft.

(3) Handelt der Täter fahrlässig, so ist die Strafe

1. in den Fällen des Absatzes 1 Freiheitsstrafe bis zu zwei Jahren oder Geldstrafe,

2. in den Fällen des Absatzes 2 Freiheitsstrafe bis zu drei Jahren oder Geldstrafe.

(4) Die Absätze 1 bis 3 gelten nicht für Kraftfahrzeuge, Schienen-, Luft- oder Wasserfahrzeuge.

§ 906 BGB
Zuführung unwägbarer Stoffe (Immissionen)

(1) Der Eigentümer eines Grundstücks kann die Zuführung von Gasen, Dämpfen, Gerüchen, Rauch, Ruß, Geräusch, Erschütterungen und ähnliche von einem anderen Grundstück ausgehende Einwirkungen insoweit nicht verbieten, als die Einwirkung die Benutzung seines Grundstücks nicht oder nur unwesentlich beeinträchtigt. Eine unwesentliche Beeinträchtigung liegt in der Regel vor, wenn die in Gesetzen oder Rechtsverordnungen festgelegten Grenz- oder Richtwerte von den nach diesen Vorschriften ermittelten und bewerteten Einwirkungen nicht überschritten werden. Gleiches gilt für Werte in allgemeinen Verwaltungsvorschriften, die nach § 48 des Bundes-Immissionsschutzgesetzes erlassen worden sind und den Stand der Technik wiedergeben.

(2) Das gleiche gilt insoweit, als eine wesentliche Beeinträchtigung durch eine ortsübliche Benutzung des anderen Grundstücks herbeigeführt wird und nicht durch Maßnahmen verhindert werden kann, die Benutzern dieser Art wirtschaftlich zumutbar sind. Hat der Eigentümer hiernach eine Einwirkung zu dulden, so kann er von dem Benutzer des anderen Grundstücks einen angemessenen Ausgleich in Geld verlangen, wenn die Einwirkung eine ortsübliche Benutzung seines Grundstücks oder dessen Ertrag über das zumutbare Maß hinaus beeinträchtigt.

(3) Die Zuführung durch eine besondere Leitung ist unzulässig.

Erläuterungen

Übersicht

1. Allgemein

§ 906 BGB ist keine starre Norm, seine Interpretation hat dem Fortschritt des Verkehrs und der Technik sowie der vorherrschenden Denkweise der Gesellschaft Rechnung zu tragen. Nach § 903 BGB i. V. m. dem Unterlassungsanspruch nach § 1004 BGB könnte jeder

Eigentümer Einwirkungen vom Nachbarn (nicht nur angrenzender sondern im näheren Bereich liegender Grundstücke) auf sein Grundstück ausschließen. Das würde aber den tatsächlichen Lebenserfordernissen nicht entsprechen und die Nutzung von Grundstücken zunehmend einschränken. Im Interesse des menschlichen Zusammenlebens hat deshalb der Eigentümer nach § 906 Abs. 1 BGB die Einwirkungen zu dulden, die die Benutzung seines Grundstücks nicht oder nur unwesentlich beeinträchtigen. Der allgemeine Unterlassungsanspruch nach § 1004 BGB wird damit ausgeschlossen. Erst ab einer gewissen Grenze (Wesentlichkeit, vgl. Erl. 3) kann der Eigentümer die Einwirkung auf sein Grundstück rechtswirksam nach § 1004 BGB ausschließen. Selbst eine wesentliche Beeinträchtigung ist nach § 906 Abs. 2 Satz 1 BGB zu dulden, wenn sie durch eine ortsübliche Nutzung (vgl. Erl. 5) herbeigeführt wird und nicht durch geeignete, wirtschaftlich zumutbare Maßnahmen verhindert werden kann. Nur wenn der Eigentümer durch diese zu duldenden wesentlichen Einwirkungen in der ortsüblichen Benutzung seines Grundstücks oder dessen Ertrag unzumutbar beeinträchtigt wird, kann er von dem Eigentümer (Benutzer) des anderen Grundstücks, von dem die Beeinträchtigung ausgeht (Emissionsgrundstück) einen angemessenen Ausgleich in Geld verlangen (§ 906 Abs. 2 Satz 2 BGB; Erl. 8).

Neben dem allein genannten Eigentümer (Miteigentümer) findet § 906 BGB auch auf den Grunddienstbarkeits- (§ 1027 BGB) und den Nießbrauchsberechtigten (§ 1065 BGB), den Berechtigten einer persönlichen Dienstbarkeit (§§ 1090 Abs. 2, 1027 BGB), den Erbbauberechtigten (§ 11 Abs. 1 ErbbauVO) sowie den Wohnungseigentümer und Dauerwohnberechtigten (§ 34 Abs. 2 WEG) Anwendung. Daneben wird § 906 BGB in ständiger Rechtsprechung auf den Besitzer, insbesondere auf den Mieter sowie Pächter angewandt (BGH, NJW 1995 S. 132). § 906 BGB ist auch zwischen mehreren Mietern untereinander anwendbar (*Staudinger/Seiler* Kom. zum BGB 1996, § 906 RdNr. 96 ff.).

2. Öffentlich-rechtliche und privatrechtliche Vorschriften

Im nachbarrechtlichen Immissionsschutz gibt es sowohl öffentlich-rechtliche als auch privatrechtliche Vorschriften, die bei der rechtlichen Beurteilung von Immissionen und deren Duldung unterschiedliche Bewertungen entstehen ließen. Dies wurde besonders deutlich in der Rechtsprechung des BVerwG und des BGH. Seit 1988 setzen die beiden Gerichte in ständiger Rechtsprechung jedoch die Begriffe Wesentlichkeit und Erheblichkeit gleich und bewerten die Überschreitung öffentlicher Richtwerte als Indiz für die Wesentlichkeit bzw. Erheblichkeit einer Beeinträchtigung (BVerwGE 81, 197; BGHZ 121, 248 und NJW 1995 S. 132), BGH NJW 2003 S. 3699.

3. Wesentlichkeit und Grenzwerte

Durch die Ergänzung des § 906 Abs. 1 Satz 2 BGB wird die unter Erl. 2 dargestellte harmonisierte Rechtsprechung bestätigt (Nichtüberschreiten von Grenzwerten = unwesentliche Beeinträchtigung; Überschreiten von Grenzwerten = wesentliche Beeinträchtigung). Hiervon abweichende Wertungen sind nachzuweisen. Öffentlich-rechtliche Vorschriften können im zu prüfenden Einzelfall Schutzgesetze i. S. von § 823 Abs. 2 BGB sein, d. h. die Überschreitung festgelegter Immissionsgrenzwerte kann einen Anspruch auf Schadensersatz begründen, wenn dem für die Immission Verantwortlichen ein Verschulden nachzuweisen ist. Dann entfällt ein Ausgleichsanspruch gemäß § 906 Abs. 2 Satz 2 BGB (vgl. Erl. 8). Maßstab ist das Empfinden einer verständigen Person mit Umweltbewusstsein (BGH 2004 S. 1037), Verständnis der kommunalen Bedeutung einer Veranstaltung (BGH NJW 2003 S. 3699) und der berechtigten Belange Behinderter (OLG Köln NJW 1998 S. 763).

Zwar ist es weiterhin möglich Verfahren bei immissionsrechtlichen Störungen sowohl als öffentlich-rechtliche und/oder als zivilrechtliche Streitigkeit zu führen. Bei der Bewertung ob eine nachbarrechtliche Einwirkung wesentlich ist oder nicht orientiert sich die zivilrechtliche Rechtsprechung nunmehr auch an Grenzwerten die auf der Grundlage öffentlichen Rechts entstanden sind.

Zur Wesentlichkeit mit weiteren allgemeinen Hinweisen: BGH, NJW 1993 S. 925; LG München, NJW-RR 1989 S. 1178; BGHZ 111, 63 und hierzu *Wagner*, NJW 1991 S. 3247 und *Classen*, JZ 1993 S. 1042; das Empfinden eines verständigen Durchschnittsmenschen (*Vieweg/Röthel*, NJW 1999 S. 969) stellt auch auf die Umstände ab, z. B. typischer Kinderlärm bei Jugendzeltplatz (BGH, NJW 1993 S. 1657); für Lärm durch Froschquaken kann die erforderliche wertende Abgrenzung das geänderte Umweltbewußtsein und den auf Frösche bezogenen Artenschutz im Naturschutzrecht nicht unberücksichtigt lassen. Auch Froschlärm kann jedoch über eine Lärmpegelmessung nach den Richtwerten der VDI-Richtlinie 2058 Blatt 1 beurteilt werden und entsprechend nicht zumutbar sein (BGH, Urt. vom 20.11.1992, NJW 1993 S. 925). Es kommt nicht auf das subjektive Empfinden des Gestörten an. Es wird bei **Geräuschen** z. B. darauf ankommen, dass das eine Gebäude schallisolierte Fenster besitzt (unwesentliche Beeinträchtigung für das Wohnen), das andere Gebäude Einfachfenster aufweist (wesentliche Beeinträchtigung des Wohnens). Für ein Wohngrundstück ist entscheidend, ob es in seiner Wohnqualität verliert (Grundstückswert wird gemindert).

Geruchsbelästigung ist im Allgemeinen nur dann unwesentlich, wenn durchschnittliche Menschen sie kaum noch empfinden (BGH, NJW 1982 S. 440). In der letztgenannten Entscheidung hat der BGH bei am Nachbargrundstück haltenden schweren LKW mit zeitweise laufenden Motoren eine Geräusch- und Geruchsbelästigung als wesentlich i. S. des § 906 Abs. 1 BGB angesehen, und zwar auch dann, wenn dies nicht dauernd geschieht. Normale Wohngeräusche (Gehen, Putzen, Baden, Duschen, Herumdrehen im Bett, Telefonieren u. ä.) stellen grundsätzlich keine wesentliche Beeinträchtigung dar, jedoch Trittschallisolierung bei Laminatfußboden in oberer Wohnung (LG Hamburg – 316 S 10/02 –). Zu sonstigen Problemen der tieferliegenden Wohnung: LG Frankfurt/M., Urt. vom 12.3.1992, NJW-RR 1993 S. 281.

Geräusche werden als Schallpegel in dB (A) = Dezibel nach der VDI-Richtlinie 2058 und der TA-Lärm gemessen und beurteilt. Entscheidend ist die Lästigkeit, für die die Lautstärke nur eine Komponente ist. Die Eigenarten und näheren Umstände der verschiedenen Lärmeinwirkungen, z. B. hohe Frequenzen (BGH, LM Nr. 32), wie sie häufig bei Pop-, aber auch bei sog. post-moderner Musik hörbar wird, und die näheren Umstände (Nachtzeit oder besonderer Impulscharakter, BGH, NJW 1983 S. 751) spielen eine wesentliche Rolle. Der Gesetzgeber hat nunmehr den Kinderlärm weitestgehend privilegiert. Nach § 22 Abs. 1a BImSchG sind Geräuscheinwirkungen, die von Kindertageseinrichtungen, Kinderspielplätzen und ähnlichen Einrichtungen wie beispielweise Ballspielplätzen durch Kinder hervorgerufen werden, im Regelfall nicht mehr als schädliche Umwelteinwirkung anzusehen. Bei der Beurteilung der Geräuscheinwirkungen dürfen immissionsgrenz- und Richtwerte nicht herangezogen werden. Die Rechtsprechung hat bislang den Kinderlärm grundsätzlich als überwiegend „Duldungspflichtig" angesehen. Nunmehr hat der Gesetzgeber nochmals ausdrücklich per Gesetz diese „Duldungspflicht" normiert und damit weitgehend für künftige Fälle erfolgreiche Klagen gegen „Kinderlärm" massiv erschwert.

4. Einwirkungen

Grenzüberschreitungen von größeren **festkörperlichen Gegenständen** (z. B. größere Tiere) fallen nicht unter § 906 BGB. Die Einwirkungen (unwägbare Stoffe) sind durch Sinneswahrnehmung feststellbar und müssen von Grundstück zu Grundstück wirken. Die auf dem betroffenen Grundstück befindlichen Sachen und/oder Personen müssen beeinträchtigt werden (nicht der Fall z. B. bei Wohlgerüchen oder beim Anblick nackter Menschen). Nach HL sind **seelische Einwirkungen nicht ausreichend** (*Soergel/Siebert*, Komm. zum BGB § 906 RdNr. 19; Nachbarrechtliche Toleranz gegenüber geistig behinderten Menschen, *Lachnitz*, NJW 1998 S. 881). **Negative Einwirkungen** wie Entzug von Licht oder Luft, z. B. durch Anpflanzen von Bäumen und Büschen oder die Störung von Rundfunk- und Fernsehempfang, fallen nicht unter § 906 BGB (*Klindt*, Rechtsprechungsübersicht zu negativen Immissionen, ZMR 1993 S. 204. Auch sog. **immaterielle Einwirkungen**, die das **ästhetische oder sittliche Empfinden** des Nachbarn verletzen oder den Verkehrswert des

Nachbargrundstücks mindern, gelten nicht als Einwirkungen i. S. des § 906 BGB. Einwirkungen können auch durch **Naturereignisse** (RGZE 127, 34) und natürliche Entwicklung (Wuchern von Unkraut) verursacht werden. Im sog. „Wollläusefall" (BGH, NJW 1995 S. 2633) war eine vom Beklagten gepflanzte Lärche von Wollläusen befallen, die auf die Kiefer des Klägers (Nachbarn) übergriffen. Nach dem Urteil des BGH ist der Beklagte verpflichtet, die Wollläuse zu beseitigen. Der BGH bejahte auch eine Haftung des Eigentümers eines Grundstücks, wenn Wurzeln eines auf seinem Grundstück stehenden Baumes in die Abwasserleitung des Nachbarn eindringt (BGH, NJW 1986 S. 2640). Zur Einwirkung durch Samenflug- und Gülledüngung vgl. Besprechung von BGH-Entscheidungen bei *E. Herrmann*, Natureinflüsse und Nachbarrecht (NJW 1997 S. 153); *Horst*, Ausgewählte Fragen zum nachbarlichen Grundstücksgebrauch (Entziehung von Licht u. Luft, Blendungen, Verwildernlassen, Lagerung von Schrott, Baumaterial, Gerümpel, Vertiefung u. Aufschüttung), MDR 1998 S. 685. Anlegung eines öffentlichen Weges, wodurch ein Grundstück einsehbar wird (BVerwG, NVwZ 2000 S. 435; NdsOVG, Beschl. vom 29.1.2009 – 1 MN 229/08 –).

Weitere Einzelfälle möglicher Einwirkungen:

Gase, Dämpfe, Gerüche: Kläranlagen (BGHZ 1991, 20); Misthaufen, Komposthaufen (LG München I, NJW-RR 1988 S. 205); Müllbehälter (LG Koblenz, MDR 1980 S. 78); Abdeckereien, RGZE 155, 318); Naturdung (AG Neuss, NJW-RR 1991 S. 18); Teer (BGH, LM Nr. 29, 407), Gartenparty, Grillqualm (OLG Düsseldorf, NJW 1995 S. 3134), der Geruch von frischgebackenem Brot ist selbst in verdichteten Wohnverhältnissen herkömmlich (OLG Karlsruhe, NJW-RR 2001 S. 1236).

Rauch, Ruß, Wärme und Staub: Ölheizung (OLG Düsseldorf, MDR 1977 S. 931); Zementwerk (BGHZ 62, 186); Straßenbau (BGH, LM 27, 40). Wenn Wärme von Keller zu Keller geleitet wird, kann dies eine erhebliche Beeinträchtigung bedeuten (Nahrungsmittel), Balkonrauchen, AG Bonn – 6 C 510/98; BGH, Urt. vom 16.1.2005 – V ZR 110/14 –.

Geräusche können sehr vielfältiger Art sein (z. B. Knallen, Quietschen, Klirren, Rauschen). Normale Wohngeräusche vgl. Erl. 3.

Radiomusik von der Nachbarterrasse einer Reihenhausanlage ist bereits dann eine unzulässige Immission, wenn sie ihrer Art nach deutlich wahrnehmbar ist (OLG München, MDR 1991 S. 1064). Störende Geräusche kommen häufig von Volksfesten (BGHZ 111, 63); Waldfestplatz (VGH Mannheim, NVwZ 1986 S. 62); Gaststätten, Kirchenglocken (BVerwG, NJW 1984 S. 98 und NVwZ 1997 S. 390); Zeitläuten von Kirchenglocken dient nicht der Religionsausübung. Im Allgemeinen hat sich jede Person oder Personenmehrheit auf ihrem Grundstück so zu verhalten, dass Nachbarn bzw. Personen auf benachbarten Grundstücken nicht mehr als nach den Umständen unvermeidbar durch Lärm beeinträchtigt werden. Unter Lärm im weiteren Sinne sind Schallwellen zu verstehen. Dabei ist zunächst von der allgemeinen Akustiklehre auszugehen. Bei den Schallwellen werden Töne, Klänge und Geräusche (Lärm im engeren Sinne) unterschieden. Ein Ton beruht auf einer einzigen harmonischen Schwingung und kann nach seiner Höhe, Lautstärke und seinem Charakter qualifiziert werden. Die Tonhöhe hängt nahezu ausschließlich von der Frequenz (Periode) der Schwingung, die Lautstärkeempfindung in erster Linie von der Schwingungsweite (Amplitude) und der Toncharakter von der Art der Tonerzeugung (Tonquelle, Instrument, menschliche Stimme) ab. Klang beruht auf Schwingungen, wenn sich eine Anzahl harmonischer Schwingungen überlagern; mehrere Töne, die gleichzeitig unser Ohr treffen, empfinden wir als Klang. Geräusche bestehen schließlich aus einer Vielzahl von Schallschwingungen, die unregelmäßig erfolgen und sich beliebig überlagern. Schall bzw. Schallereignisse in Form von Tönen, Klängen und Geräuschen beeinträchtigen normalerweise nicht oder nur unwesentlich die Nutzung eines benachbarten Grundstücks. Das übliche (tägliche) Zusammenleben von Menschen ist in unserer Zeit mit Schall, gleich welcher Art und Weise, verbunden. Dabei spielt die Ortsüblichkeit eine wesentliche Rolle.

Geräusche können in der Regel am ehesten die Benutzung eines benachbarten Grundstücks beeinträchtigen (z. B. Baulärm, maschinelle Arbeiten aller Art, Bevölkerungsansammlungen bei Sport, Volksfesten und Belustigungen). Veranstaltungen sind aber auch dann als unwesentlich beeinträchtigend zu werten, wenn sie üblichen Lebensnotwendigkeiten entsprechen. Geringer ist die Beeinträchtigung der Nachbarn durch Töne bzw. Klänge (Musik). Hausmusik ist im Allgemeinen als unwesentliche Beeinträchtigung hinzunehmen. Das ergibt sich vor allem aus der Sicht der freien Entfaltung der Persönlichkeit in unserer Gesellschaft. Auch hier sind jedoch Grenzen zu beachten. Musik kann dann beeinträchtigen, wenn sie über ein normales Zeitmaß hinaus, zum Beispiel mehr als zwei Stunden am Tag, ausgeübt wird. Dabei kommt es nicht nur auf die Zeitspanne an, sondern auch auf die Art der Musik (atonale, elektronische Musik, bestimmte Instrumente, zum Beispiel Schlagzeug).

Licht: Für den nach § 1004 BGB folgenden Unterlassungsanspruch genügt es, dass der bei Dunkelheit dauerhafte Betrieb einer Außenleuchte (Glühbirne mit 40 Watt/matt) im Schlafzimmer des Nachbarn ein erhebliches Gefühl der Lästigkeit hervorruft. Vom Nachbarn kann nicht verlangt werden, die Lichteinwirkungen durch Rollladenbetrieb o. Ä. auf ein zumutbares Maß abzusenken (LG Wiesbaden, NJW 2002 S. 615).

Erschütterungen: Bauarbeiten (BGHZ 85, 375).

Ähnliche Einwirkungen:

Dazu zählen nicht ideelle und immaterielle Einwirkungen (z. B. Einschränkung von Luft und Sonne). Bei Laub- und Blätterfall auf das Nachbargrundstück durch Wind, ist der Nachbar gemäß § 907 Abs. 2 nicht verantwortlich (a. A. OLG Karlsruhe, NJW 1983 S. 2886, ähnlich LG Wiesbaden, NJW 1979 S. 2617); Rückstände von Unkrautvernichtungsmitteln im Abfluss von Niederschlagswasser löst Ausgleichsanspruch aus (BGHZ 90, 255; vgl. Erl. 8); störender Holzstapel von 2 m Höhe u. 3 m Länge, OLG Koblenz, MDR 1999 S. 737.

Tiere (meistens als ähnliche Einrichtungen):

Hundezucht (Verbot bei mehr als zwei Hunden), OVG Lüneburg, NVwZ-RR 1993 S. 398; über Hunde OLG Düsseldorf, NJW-RR 1995 S. 542; Lärmbeeinträchtigung durch Hundegebell, VGH Mannheim, NVwZ-RR 1996 S. 578; Geruch bis 100 Tauben, LG Itzehoe, NJW 1995 S. 2642; Wolläuse, BGH, NJW 1995 S. 2633; nach dem Urt. des OLG Köln (NJW 1985 S. 2338) wird das Betreten eines Grundstücks durch Katzen von § 906 Abs. 1 BGB nicht gedeckt. Das Betreten eines Grundstücks durch Katzen stelle keine Zuführung unwägbarer Stoffe i. S. des § 906 Abs. 1 BGB dar (auch nicht als ähnliche Einwirkung i. S. des § 906 Abs. 1 BGB). Weiteres zur Katzenhaltung: OLG Köln, MDR 1989 S. 355; *Borrmann/Greck*, ZMR 1993 S. 51. Im Ergebnis neigen Lehre und Rechtsprechung überwiegend zur Zulässigkeit bis zu zwei Katzen (kritisch hierzu *M. Just*, Bayerische Verwaltungsblätter 1988 S. 706). Die Rechtsprechung und die Literatur haben eine Anwendung des § 906 Abs. 1 BGB auf Fliegen (RGZE 160, 382), Bienen (BGH, NJW 1955 S. 797; OLG Bamberg, NJW-RR 1992 S. 406), Tauben (OLG Düsseldorf, MDR 1968 S. 841; LG München, NJW-RR 1992 S. 462) und auch für Ratten und Mäuse bejaht. In allen Fällen war dabei die Überlegung maßgebend, dass es sich um ein Eindringen von Körpern unerheblichen Umfangs handelte, deren völlige Fernhaltung tatsächlich nicht durchführbar ist. Dieser Gedanke – so die Rechtsprechung – rechtfertige in derartigen Fällen die Anwendung des § 906 BGB, wonach unwesentliche oder ortsübliche Einwirkungen hinzunehmen sind. Das Eindringen anderer Tiere, wie Hühner, Kaninchen, Hunde, Gänse, Enten und sonstiges Geflügel, wird durch § 906 Abs. 1 BGB nicht gedeckt. Hier bestehe grundsätzlich ein Verbietungsrecht des Grundstückseigentümers, selbst wenn die Einwirkung unwesentlich oder ortsüblich sei. In solchen Fällen kann dem gestörten Grundstückseigentümer aus dem Gesichtspunkt des nachbarrechtlichen Gemeinschaftsverhältnisses ein Recht auf Unterlassung o. ä. zustehen. Bei dem von der Rechtsprechung entwickelten Begriff des nachbarrechtlichen Gemeinschaftsverhältnisses handelt es sich um eine Anwendung des Grundsatzes von

Treu und Glauben auf den besonderen Tatbestand des nachbarlichen Zusammenlebens (vgl. BGHZ 28, 110). Aus diesem entspringt für die Beteiligten eine Pflicht zur gegenseitigen Rücksichtnahme, die unter gewissen Umständen die Ausübung eines an sich bestehenden Rechts als unzulässig erscheinen lässt (vgl. hierzu und zu damit zusammenhängenden Problemen BGHZ 38 S. 61; *Westermann*, JZ 1963 S. 407), Zirkusveranstaltung, VGH München, NJW 1997 S. 1181.

Die „Einwirkung von einem anderen Grundstück" bedeutet, dass u. U. die Einwirkungen auch von einem nicht unmittelbar an das betroffene Grundstück grenzenden Grundstück herrühren können. Das nachbarliche Verhältnis ist gerade bei Zuführung unwägbarer Stoffe weiter zu sehen als die unmittelbar angrenzende Nachbarschaft.

Eine vielfältige und z. T. komplizierte Rechtslage ergibt sich z. B. bei **Sportanlagen**. Sportimmissionen sind in zunehmendem Maße zum Gegenstand gerichtlicher Nachbarstreitigkeiten geworden. Die überwiegende Zahl der ergangenen Entscheidungen untersagte oder beschränkte den Sportbetrieb. Besondere Publizität erlangte in den Medien das sog. Tennisplatz-Urt. des BGH NJW 1983 S. 751. Der BGH bestätigte ein Urt. des OLG Frankfurt, das die von einem Tennisplatz ausgehende Geräuscheinwirkung u. a. mit der Begründung als unzulässig bewertete, die Geräusche des Tennisspiels seien für die Nachbarschaft lästiger als die Geräusche benachbarter Gewerbebetriebe. Das rechtswissenschaftliche Schrifttum hat sich mittlerweile mit einer Reihe von Gutachten und Beiträgen der Problematik angenommen (vgl. *Vieweg*, Sportanlagen und Nachbarrecht mit weiteren Nachweisen). Mit dem Nachbarschutz gegen Lärm vom Sportplatz in „reinen Wohngebieten" (BVerwG, NVwZ 1991 S. 884; BVerwG, JZ 1989 S. 951) und gegen Schießlärm (BVerwG, NVwZ 1991 S. 886) setzt sich das BVerwG auseinander. Die Entscheidungen der Gerichte betreffen – von ihrer Konfliktsituation her – zumeist Tennisanlagen und Fußballfelder, Stadien, daneben Kleinspielfelder, Bolz- (VGH München, NVwZ 1987 S. 986) und Schießplätze (vgl. OLG Celle, DWW 1987 S. 258; VG Wiesbaden, DWW 1989 S. 120; OLG Koblenz, DWW 1992 S. 314; zu Tischtennis OLG Köln, NJW-RR 1991 S. 1425). Inhaltlich geht es fast ausschließlich um die von den Sportanlagen ausgehenden Geräusche, bisweilen zusätzlich um Beeinträchtigungen durch Flutlicht, dessen Einsatz wiederum – wegen des verlängerten Spielbetriebs – die Dauer der Geräuscheinwirkungen beeinflusst. Die gerichtlichen Rechtsschutzmöglichkeiten sind – nicht zuletzt wegen der sogenannten Doppelgleisigkeit des gerichtlichen Nachbarschutzes – bei Sportanlagen-Wohnumwelt-Konflikten vielfältig. Sie reichen von der zivilgerichtlichen Nachbarklage auf Beseitigung und Unterlassung der Störungen (Sportgeräusche) bis zur verwaltungsgerichtlichen Normenkontrolle (siehe auch BayVGH, ZMR 1993 S. 298).

Beweislast: Betroffener für Emission und Beeinträchtigung sowie Kausalität. Einwirkender für Unwesentlichkeit (BGH, NJW 2004 S. 1037). Der Lärm von Kinderspielplätzen, Kindertageseinrichtungen und sonstigen Einrichtungen gilt nach der Novellierung des § 22 BImSchG (Neufassung des § 22 Abs. 1a BImSchG) im Regelfall nicht mehr als schädliche Einwirkung.

5. Ortsüblichkeit

Die **ortsübliche Benutzung** muss vorliegen innerhalb eines näheren Bereichs bzw. „derselben Gegend" (RGZ 154, 161, so auch *Soergel*, Komm. z. BGB Bd. 4 zu § 906 RdNr. 40) bei einer Mehrheit von Grundstücken mit nach Art und Umfang annähernd gleich beeinträchtigender Wirkung auf andere Grundstücke. Es kommt dabei nicht auf die passive Wirkung, sondern auf die annähernde Gleichheit der aktiven Beeinträchtigung an (BGH, NJW 1983 S. 751). Im Ausnahmefall kann auch ein Großbetrieb, d. h. die Benutzung (mit Auswirkung) nur **eines** Grundstücks bereichsprägend sein, nämlich die ortsübliche Benutzung prägen (z. B. Mülldeponie, Flugplatz, Fabrik). Lange kirchliche Tradition bei Stundenschlag der Turmuhr, BVerwG, Urt. vom 30.4.1992, NJW 1992 S. 2779; OVG Saarlouis, Urt. vom 16.5.1991, NJW 1992 S. 1061; Glockenläuten, OVG Lüneburg, Urt. vom 26.1.1991, NVwZ 1991 S. 801.

Trotz gleicher Emissionen kann eine unterschiedliche Beurteilung notwendig sein, z. B. wenn zwar bestimmte Geräusche tagsüber ortsüblich sind, nicht aber abends oder nachts. Die Geräusche müssen gleichartig, nicht aber auf die gleiche Art erzeugt sein (Sport- und Musikgeräusche); es kommt auf die annähernd gleichen Auswirkungen an. Es kann auch in einer Industriestadt reine Wohn- und Villengegenden geben. Grundsätzlich wird das Gebiet einer Gemeinde als Vergleichsgebiet in Betracht kommen. Als Vergleichsgebiet können aber auch in vielen Fällen Orts- und Stadtteile sowie „Gegenden" zugrunde gelegt werden. Einzelne Ortsteile können zur Beurteilung des „Ortsüblichen" herausgegriffen werden. In der Regel ist auch auf den Unterschied zwischen bebauten und nicht bebauten Ortsteilen abzustellen. Ortsüblich kann auch ein Gartenfest sein, LG Frankfurt/M., Urt. vom 6.3.1989, WM 1989 S. 575; nicht jedoch in der Regel Kegelbahn, OLG Hamm, Urt. vom 6.10.1988, MdR 1989 S. 913; ortsüblich ist auch Düngung in ländlichen Gebieten, AG Neuss, Urt. vom 13.10.1989, DWW 1990 S. 310. Es spricht auch vieles dafür, dass in bestimmten Gegenden das Kuhglockengeläute ortsüblich ist. Erteilung einer Genehmigung ist Indiz für Ortsüblichkeit. Die Nutzung nur eines Grundstücks kann den Gebietscharakter prägen, BGHZ 30 S. 273; Flughaften BGH, NJW 1977 S. 1917; Mülldeponie BGH, NJW 1980 S. 770.

Der maßgebende Zeitpunkt ist die letzte mündliche Tatsachenverhandlung (BGH, NJW 2001 S. 3119). Ist eine gewisse Benutzung im Bebauungsplan vorgesehen, so kann dies noch keinen Einfluß auf die ortsübliche Nutzung ausüben.

6. Summierte Immissionen

Gesetzlich nicht geregelt sind die Fälle der sog. summierten Immissionen. Mehrere Immissionen, die von mehreren Störern ausgehen, sind nur zusammen „wesentlich" oder gehen nur zusammen über das zumutbare Maß hinaus. Insoweit besteht ein Unterlassungsanspruch gegen jeden Störer, keiner kann einwenden, es müsse erst ein anderer belangt werden (*Soergel*, a. a. O., § 906 BGB, RdNr. 53). Von mehreren Immissionen reicht jede für sich aus, einen nach § 906 BGB nicht mehr zu duldenden Schaden herbeizuführen. Hier besteht eine gesamtschuldnerische Haftung der mehreren Störer.

Mehrere Störer, z. B. Betriebe, emittieren über das nach § 906 BGB zu duldende Maß hinaus; es lässt sich aber nicht feststellen, von welchem eine bestimmte Schädigung herrührt. Hier folgt die gesamtschuldnerische Haftung aller in Betracht kommenden Betriebe aus § 830 Abs. 1 Satz 2 BGB. (Vgl. LG Köln, Urt. vom 13.12.1990, NJW-RR 1990 S. 865.)

7. Planungsrecht, Bauaufsicht, Nachbarbeteiligung

Schon in der Planung sind Belange der Allgemeinheit mit Individualbelangen abzuwägen. Bauliche Anlagen und Einrichtungen müssen so beschaffen sein, dass durch Wasser, Feuchtigkeit, pflanzliche und tierische Schädlinge oder durch chemische, physikalische oder biologische Einflüsse Gefahren oder unzumutbare Nachteile oder unzumutbare Belästigungen nicht entstehen (§ 12 HBO).

8. Der Ausgleichsanspruch

Hat der Eigentümer nach § 906 Abs. 2 Satz 1 BGB die Beeinträchtigung zu dulden, so kann er von dem Benutzer des anderen Grundstücks einen angemessenen Ausgleich in Geld verlangen. Der **Ausgleichsanspruch** tritt an die Stelle des ausgeschlossenen Abwehranspruchs und ist verschuldensunabhängig. Die Rechtsprechung gleicht nach Enteignungsgrundsätzen die Vermögenseinbuße aus. Es wird nur insoweit ausgeglichen, als die Beeinträchtigung über die Duldungsgrenze (ortsübliche Benutzung seines Grundstücks oder Ertragsbeeinträchtigung über das zumutbare Maß) hinausgeht. Ausgleichsberechtigter ist der Eigentümer, Ausgleichspflichtiger ist der Benutzer des anderen Grundstücks, von dem die Beeinträchtigung ausgeht. Weiter zum nachbarrechtlichen Ausgleichsanspruch: OLG Düsseldorf, NJW-RR 1993 S. 664; Verjährung des Anspruchs in 30 Jahren nach § 185 BGB (BGH, NJW 1995 S. 714; BGH, NJW 2004 S. 3701; BGH, NJW 2005 S. 660). Bei der Bemessung des Geldausgleichs bei vom Grundstücksnachbarn hinzunehmenden Parkplatzlärm ist in innerstädtischen Wohnlagen zu berücksichtigen, dass Verkehrsgeräusche einer heutigen Stadtwohnung wesensimmanent sind, mit der Folge, dass die Höhe des Geldausgleichs auch von der Ortsüblichkeit der Störung abhängt (LG Kempten, NJW 1995 S. 970).

Liegen die Voraussetzungen des § 906 BGB nicht vor, d. h. braucht der Grundstückseigentümer die Immission nicht zu dulden, kann nach § 1004 BGB auf Unterlassung der Störung geklagt werden und ggf. für die Vergangenheit ein Schadensersatzanspruch nach § 823 BGB erhoben werden. Der Ausgleichsanspruch ist gegenüber dem Schadensersatzanspruch subsidiär (BGH NJW 1993 S. 925 m. w. N.) Nach der Rechtsprechung des BGH kann der Ausgleichsanspruch nach § 906 Abs. 2 BGB auch analog Anwendung finden, wenn die von einem Grundstück auf das benachbarte Grundstück ausgehende Einwirkung zwar rechtswidrig ist und deshalb nicht geduldet zu werden braucht, der betroffene Eigentümer aber aus besonderen Gründen verhindert ist, die Einwirkungen gemäß § 1004 BGB zu unterbinden (BHGZ 96, 255, 262).

Das öffentliche Recht enthält insbesondere im Baurecht und Wasserrecht Regelungen, die Immissionen im Interesse des Nachbarschutzes ausschließen sollen. Hierzu zählen im Baurecht die §§ 3 Abs. 1, 55 bis 59, 68 und 69 HBO.

Der öffentlich-rechtliche Nachbarschutz ist auch im Wasserrecht von Rechtsnormen abzuleiten, die der Behörde den Schutz bestimmter nachbarlicher Belange auferlegen (BVerwGE Bd. 41 S. 58). Nach § 14 WHG ist bei wasserrechtlichen Gestattungen auf die individuellen Interessen Dritter Rücksicht zu nehmen. Auch eine einfache wasserrechtliche Erlaubnis kann von einem Dritten als ihm gegenüber ermessensfehlerhaft angefochten werden, wenn die Wasserbehörde bei ihrer Ermessensentscheidung nicht die gebotene Rücksicht auf dessen Interessen genommen hat. Ob dies zutrifft, beurteilt sich nach den vom Bundesverwaltungsgericht (BVerwGE 52, 122) entwickelten Grundsätzen (vgl. hierzu auch BVerwG, Urt. vom 15.7.1987, DVBl 1987 S. 1265, und Besprechung hierzu von *Kunig*, DVBl 1988 S. 237). Führt hoheitliche Tätigkeit zu einer wesentlichen Beeinträchtigung und kann sie nicht untersagt werden, so besteht nur ein im Verwaltungsrechtsweg verfolgbarer Abwehranspruch auf Schutzmaßnahmen, wenn diese ohne unzumutbare Aufwendungen und ohne wesentliche Änderungen der Tätigkeit möglich sind (OVG Koblenz, NJW 1986 S. 953). Ist dies auch nicht möglich, hat Duldungspflichtiger einen nach Zivilrecht verfolgbaren Entschädigungsanspruch wegen Eigentumseingriff.

Zu den Fragen, die mit dem Bundesimmissionsschutzgesetz, dem Atomgesetz und dem Luftverkehrsgesetz zusammenhängen, vgl. Erl. zu § 907 BGB.

§ 907 BGB
Gefahrdrohende Anlagen

(1) Der Eigentümer eines Grundstücks kann verlangen, daß auf den Nachbargrundstücken nicht Anlagen hergestellt oder gehalten werden, von denen mit Sicherheit vorauszusehen ist, daß ihr Bestand oder ihre Benutzung eine unzulässige Einwirkung auf sein Grundstück zur Folge hat. Genügt eine Anlage den landesgesetzlichen Vorschriften, die einen bestimmten Abstand von der Grenze oder sonstige Schutzmaßregeln vorschreiben, so kann die Beseitigung der Anlage erst verlangt werden, wenn die unzulässige Einwirkung tatsächlich hervortritt.

(2) Bäume und Sträucher gehören nicht zu den Anlagen im Sinne dieser Vorschrift.

Erläuterungen

Die Vorschrift des § 907 BGB stellt für den Eigentümer einen vorbeugenden Abwehranspruch zur Verfügung als Ausfluss des Eigentumsrechts. Während § 1004 BGB voraussetzt, dass eine Beeinträchtigung des Eigentums schon stattfindet, verlegt § 907 BGB den Anspruch auf einen früheren Zeitpunkt. Der Anspruch richtet sich auch nicht gegen die

Einwirkung, sondern unmittelbar gegen die Anlage, deren Bestand oder Nutzung eine unzulässige Einwirkung auf das Grundstück erwarten lässt.

Anlagen sind Werke oder Einrichtungen von einer gewissen Selbständigkeit und Dauer, die künstlich geschaffen worden sind (z. B. Bauwerke, ein Wasserbecken, Graben, Erdaufschüttung, Taubenschlag). Nicht hierzu zählt eine natürliche Geländebeschaffenheit (z. B. Felshang, Bodenerhöhung, BGH, NJW 1980 S. 2580).

Benachbart sind auch hier – wie bei § 906 BGB – alle Grundstücke im möglichen, nächstliegenden Einwirkungsbereich der Anlage.

Straßenanlieger haben keinen Anspruch aus § 907 BGB (möglicherweise aus anderen Rechtsgründen) gegen die Gemeinde wegen vorübergehender und unwesentlicher gemeinnütziger Eingriffe des Straßeneigentümers, z. B. bei Hebung oder Senkung der Ortsstraße, weil solche Anlagen nicht unmittelbar auf das Anliegergrundstück übergreifen (RGZE Bd. 51 S. 251). Anders wird die Rechtslage zu beurteilen sein, wenn Gräben zum Ausbau einer Straße ausgehoben werden, was sich auf das anschließende Grundstück auswirken kann.

Der Begriff der **Einwirkung** i. S. des § 907 BGB ist derselbe wie in § 906 BGB (vgl. dort Erl.). Es muss also die **Gefahr** bestehen, dass auf das Nachbargrundstück eingewirkt wird. Die Gefahr muss in der drohenden Beschaffenheit der Anlage liegen, nicht in deren fehlerhafter Benutzung.

Die unzulässige Einwirkung muss mit Sicherheit vorauszusehen sein. Es genügt die sehr hohe Wahrscheinlichkeit auf Grund der Lebenserfahrung.

Absatz 1 Satz 1 ist auch dann anwendbar, d. h. der Nachbar kann auch dann Beseitigung der Anlage verlangen, wenn die Anlage zwar errichtet, aber noch nicht in Betrieb genommen worden ist (noch keine Beeinträchtigung erfolgt). Die Anlage darf dann nicht „gehalten" werden, wie das Gesetz sagt.

Ist die Anlage errichtet und genügt sie den landesgesetzlichen Vorschriften, die einen bestimmten Abstand von der Grenze oder sonstige Schutzmaßnahmen vorschreiben, so tritt ein Beseitigungsanspruch nach Absatz 1 Satz 2 erst dann ein, wenn die unzulässige Einwirkung tatsächlich eintritt. Unter Landesrecht fallen sowohl öffentlich-rechtliche (z. B. HBO) wie zivilrechtliche Vorschriften (z. B. HNachbG). Dabei ist es nicht erforderlich, daß diese Vorschriften unmittelbar den Schutz des Nachbarn bezwecken.

Der Anspruch entfällt bei Bäumen und Sträuchern (Absatz 2).

Der Anspruch aus § 907 BGB unterliegt nicht der Verjährung (§ 924 BGB).

Von großer Bedeutung ist der Zusammenhang zwischen dem privaten Nachbarrecht (§§ 906 und 907 BGB) und dem öffentlich-rechtlichen Nachbarrecht, weil sich weitere Einschränkungen der zivilen Rechte ergeben können.

§ 14 BImSchG

Auf Grund privatrechtlicher, nicht auf besonderen Titeln beruhender Ansprüche zur Abwehr benachteiligender Einwirkungen von einem Grundstück auf ein benachbartes Grundstück kann nicht die Einstellung des Betriebs, einer Anlage verlangt werden, deren Genehmigung unanfechtbar ist; es können nur Vorkehrungen verlangt werden, die die benachteiligenden Wirkungen ausschließen. Soweit solche Vorkehrungen nach dem Stand der Technik nicht durchführbar oder wirtschaftlich nicht vertretbar sind, kann lediglich Schadenersatz verlangt werden

§ 14 BImSchG findet im AtomG und LuftVG entsprechende Anwendung. Er geht davon aus, daß Dritte ihre Rechte grundsätzlich im Genehmigungsverfahren geltend machen können, daher soll die Genehmigung nicht mit zivilprozessualen Mitteln unterlaufen werden können. Der Schutz des § 14 BImSchG gilt nur für Anlagen, die im förmlichen Verfahren (§ 10 BImSchG) genehmigt worden sind. § 14 BImSchG schließt lediglich die Möglichkeit aus, die Einstellung des Betriebs zu verlangen. Zu Open-air-Konzerten, OVG Lüneburg, NJW 1995 S. 900.

Nach dem Wortlaut der Bestimmung bezieht sich der Bestandsschutz nur auf Anlagen, die bereits betrieben werden. Mit Rücksicht darauf, dass ein erheblicher Teil der Aufwendungen des Betriebs bereits mit der Errichtung der Anlage verbunden ist, sollte der Bestandsschutz in ausdehnender Auslegung auch auf Anlagen erstreckt werden, die bereits errichtet sind, wenn sie auch noch nicht betrieben werden (vgl. *H. Engelhardt*, Kom. zum BundesimmissionsschutzG, § 14 RdNr. 4).

§ 14 BImSchG schränkt diejenigen privatrechtlichen Ansprüche ein, kraft deren nach Nachbarrecht (§§ 1004, 907 BGB) eine Betriebseinstellung verlangt werden kann. Die Vorschrift des § 14 BImSchG setzt voraus, daß ein Anspruch auf Grund des bürgerlichen Rechts nicht schon durch § 906 BGB ausgeschlossen ist.

Unter der Voraussetzung des Satzes 2 wird der Anspruch nach Satz 1 ersetzt durch einen Anspruch auf Schadenersatz in Geld. Er setzt kein Verschulden voraus.

§ 908 BGB
Gefahr eines Einsturzes

Droht einem Grundstücke die Gefahr, daß es durch den Einsturz eines Gebäudes oder eines anderen Werkes, das mit einem Nachbargrundstücke verbunden ist, oder durch die Ablösung von Teilen des Gebäudes oder des Werkes beschädigt wird, so kann der Eigentümer von demjenigen, welcher nach dem § 836 Abs. 1 oder den §§ 837, 838 für den eintretenden Schaden verantwortlich sein würde, verlangen, daß er die zur Abwendung der Gefahr erforderliche Vorkehrung trifft.

Erläuterungen

§ 908 BGB gewährt einen vorbeugenden Abwehranspruch. Die Vorschriften der §§ 836 ff. BGB gewähren demjenigen, der durch den Einsturz eines Gebäudes o. ä. Schaden erleidet, einen Ersatzanspruch.

Voraussetzung ist eine dem Grundstück **drohende Gefahr**, die von dem baufälligen Zustand eines Gebäudes oder Werkes ausgeht. Verschulden ist nicht erforderlich. Es genügt, dass das Bauwerk so zum Nachbargrundstück steht, dass es dort durch Einsturz Schaden herbeiführen kann.

Gebäude ist ein Bauwerk, das räumlich umfriedet ist und in dem Personen und Sachen (auch Tiere) vor äußeren Einflüssen Schutz finden. Die Vorschrift findet auch auf Ruinengrundstücke Anwendung.

Andere Werke sind z. B. Mauern, Tore, Rohrleitungen und Dämme.

Die Gefahr muss im möglichen Einsturz oder in der möglichen Ablösung von Teilen bestehen.

Der Anspruch geht darauf, dass die erforderlichen Maßnahmen getroffen werden, um die Gefahr abzuwenden. Vgl. zum Thema drohender Gebäudeeinsturz *Stollenwerk*, VersR 1998 S. 559.

§ 909 BGB
Vertiefung

Ein Grundstück darf nicht in der Weise vertieft werden, daß der Boden des Nachbargrundstücks die erforderliche Stütze verliert, es sei denn, daß für eine genügende anderweitige Befestigung gesorgt ist.

Erläuterungen

Die Vorschrift stellt eine weitere Einschränkung des an sich unbeschränkten Rechts des Eigentümers über sein Grundstück dar. Er darf keine **Vertiefung** (Niveauveränderung, Ausgrabung, Abgrabung) vornehmen, wenn dadurch der Boden des Nachbargrundstücks die erforderliche Stütze verliert. Es genügt, wenn die **Gefahr** des Nachrutschens des Bodens auf dem Nachbargrundstück besteht.

Die Vertiefung darf vorgenommen werden, wenn eine genügende **anderweitige Befestigung** vorhanden ist oder geschaffen wird. Hierzu zählt z. B. eine ausreichende Böschung oder eine genügende Absteifung durch eine Stützmauer. Eine sog. Futtermauer, die keine Stützfunktion hat, wird insoweit nicht ausreichen. Kommen für die Setzungen des Gebäudes und die dadurch verursachten Schäden mehrere Ursachen in Betracht (Inhomogenität des Bodens, Baugrubenaushub und Absinken des Grundwassers wegen Dürre), gilt der Grundsatz, dass der Geschädigte dafür beweislastet ist, welches von mehreren Ereignissen den Schaden verursacht hat (OLG München, Urt. vom 26.6.2012 – 13 U 4950/11 –). Der Abbruch eines oberirdischen Bauwerks (Mauer), der dazu führt, dass das angrenzende Grundstück seinen Halt verliert, kann einer Vertiefung des Grundstücks nicht gleichgesetzt werden (BGH, Urt. vom 29.6.2012 – V ZR 97/11 –).

Der beeinträchtigte Nachbar kann gegen den Störer auf Unterlassung der Vertiefung bzw. Beseitigung der Störung klagen und u. U. auch Schadensersatzansprüche aus unerlaubter Handlung (§ 823 Abs. 2 BGB) geltend machen. Der Anspruch auf Unterlassung oder Beseitigung der Vertiefung unterliegt nicht der Verjährung (§ 924 BGB). Der Anspruch aus § 823 BGB verjährt in drei Jahren nach Kenntnis des Schadens und des Ersatzpflichtigen, spätestens in 30 Jahren nach Vornahme der Handlung.

§ 20 HNachbG
Veränderung des Grundwasserspiegels

Der Eigentümer und die Nutzungsberechtigten eines Grundstücks dürfen auf dessen Untergrund mit physikalischen oder chemischen Mitteln nicht in einer Weise einwirken, daß der Grundwasserspiegel steigt oder sinkt und dadurch auf einem Nachbargrundstück erhebliche Beeinträchtigungen hervorgerufen werden.

Erläuterungen

Die Vorschriften der §§ 903 ff. BGB beziehen sich nicht auf den Fall, daß durch Einwirkung auf den Untergrund eines Grundstücks, z. B. durch Pressen des Bodens als Folge einer Aufschüttung, die Errichtung eines Hochbaues oder andere bauliche Maßnahmen, das Grundwasser zum Steigen oder Fallen gebracht wird und dadurch erhebliche Beeinträchtigungen hervorgerufen werden. Diese Lücke schließt § 20 HNachbG.

Auch diese Vorschrift beschränkt die Freiheit des Grundstückseigentümers, wobei nicht unberücksichtigt bleiben kann, dass diese Benutzungsart weit über das übliche Maß hinausgeht.

Beseitigung oder Unterlassung der Störung kann jeder verlangen, dessen Rechtsstellung betroffen ist und der Schaden erlitten hat. Das Steigen oder Absinken des Grundwasserspiegels allein genügt nicht; es muss darüber hinaus ein Schaden (erhebliche Beeinträchtigung) entstanden sein, z. B. Eindringen von Wasser in ein Gebäude oder das Versiegen eines Brunnens.

Die Vorschrift des § 3 Abs. 2 WHG wird durch § 20 HNachbG nicht berührt. Sie regelt als Benutzung das Aufstauen, Absenken und Umleiten von Grundwasser durch hierzu bestimmte bzw. geeignete Anlagen.

§ 21 HNachbG

Abfluss und Zufluss (Wild abfließendes Wasser)

(1) Wild abfließendes Wasser ist oberirdisch außerhalb eines Bettes abfließendes Quell- oder Niederschlagswasser.

(2) Der Eigentümer und die Nutzungsberechtigten eines Grundstücks dürfen nicht

1. **den Abfluss wild abfließenden Wassers auf Nachbargrundstücke verstärken,**
2. **den Zufluss wild abfließenden Wassers von Nachbargrundstücken auf ihr Grundstück hindern,**

wenn dadurch die Nachbargrundstücke erheblich beeinträchtigt werden.

(3) Der Eigentümer und die Nutzungsberechtigten eines Grundstücks dürfen den Abfluß von Niederschlagswasser von ihrem Grundstück auf Nachbargrundstücke mindern oder unterbinden.

Erläuterungen

Der Begriff **„wild abfließendes Wasser"** ist weder im Wasserhaushaltsgesetz noch im Hess. Wassergesetz definiert; eine Definition findet sich jedoch in § 21 HNachbG. Danach ist wild abfließendes Wasser das oberirdisch außerhalb eines Bettes abfließende Quell- und Niederschlagswasser, wild abfließendes Wasser ist daher nicht Wasser, das

- durch ein künstliches Bett oder durch Leitungen läuft,
- vom Menschen in irgendeiner Weise behandelt worden ist,
- als Niederschlagswasser nicht unmittelbar auf den Boden niederschlägt, sondern das über einen „Umweg", z. B. zunächst auf das Dach eines Bauwerks auftrifft und von da zum Boden abläuft oder abtropft.

Absatz 2 enthält eine Verbotsnorm. Sie verbietet dem Eigentümer und dem Nutzungsberechtigten eines Grundstücks

- den Abfluss wild abfließenden Wassers auf das Nachbargrundstück zu verstärken; es soll bei dem natürlichen Abfluss bleiben. Allerdings kann das abfließende Wasser vermindert oder unterbunden werden (Absatz 3);
- den Zufluss wild abfließenden Wassers von dem (höher liegenden) Grundstück auf ihr Grundstück zu verhindern. Ein Abwehrrecht steht ihnen nur zu, wenn das zufließende Wasser kein „wild abfließendes Wasser" i. S. des Absatzes 1 ist.

Die Herstellung des früheren Zustandes (Feuchtigkeitsschaden) kann auch nach § 1004

BGB grundsätzlich nicht verlangt werden. Für die Darlegung einer schuldhaften Eigentumsverletzung gemäß § 823 ff. BGB bedarf es eines hinreichend substantiierten Tatsachenvortrags (vgl. OLG Frankfurt, Beschl. vom 12.1.2018 – 3 U 171/15 –).

Absatz 3 regelt die Verfügungsgewalt des Grundstückseigentümers und des Nutzungsberechtigten eines Grundstücks, das Niederschlagswasser von ihrem Grundstück auf das Nachbargrundstück zu vermindern oder zu unterbinden. Es kann also das Niederschlagswasser gesammelt werden.

Nutzungsberechtigte sind der Nießbraucher (§§ 1030 ff. BGB) sowie Mieter und Pächter (§§ 535 ff., 581 ff. BGB).

Die Vorschrift des § 21 HNachbG gilt auch für Grundstücke der öffentlichen Hand ohne Rücksicht darauf, ob das Grundstück, von dem das Wasser abläuft, für hoheitliche oder fiskalische Zwecke genutzt wird.

Wie bei Einwirkungen überhaupt, gilt auch hier nicht nur das angrenzende Grundstück als Nachbargrundstück, einzubeziehen sind auch die Grundstücke im weiteren Umkreis, die von den Immissionen bzw. Einwirkungen betroffen werden.

Die in Absatz 2 angesprochenen Verbote sind Schutzgesetze i. S. von § 823 Abs. 2 BGB. Bei Verletzung durch die öffentliche Hand kommt es darauf an, ob der Schaden in Ausübung öffentlicher Gewalt (§ 839 BGB i. V. m. Art. 34 GG) oder durch privatwirtschaftliche Nutzung eines Grundstücks (Privatrecht) entstanden ist. Bei unzulässiger Beeinträchtigung kann der in seinen Rechten gestörte Nachbar Klage auf Unterlassung (§ 1004 BGB) erheben.

Unter den öffentlich-rechtlichen Vorschriften mit Schutzcharakter für den Nachbarn ist insbesondere § 27 HWG zu erwähnen.

§ 22 HNachbG
Wiederherstellung des früheren Zustandes

(1) Haben Naturereignisse den Abfluss wild abfließenden Wassers von einem Grundstück auf ein Nachbargrundstück verstärkt oder den Zufluss wild abfließenden Wassers von einem Nachbargrundstück auf ein Grundstück gemindert oder unterbunden und wird dadurch das Nachbargrundstück erheblich beeinträchtigt, so müssen der Eigentümer und die Nutzungsberechtigten des Grundstücks die Wiederherstellung des früheren Zustandes durch den Eigentümer und die Nutzungsberechtigten des beeinträchtigten Nachbargrundstücks dulden.

(2) Die Wiederherstellung muss binnen drei Jahren vom Ende des Jahres ab, in dem die Veränderung eingetreten ist, durchgeführt werden. Während der Dauer eines Rechtsstreits über die Verpflichtung zur Duldung der Wiederherstellung ist der Lauf der Frist für die Prozessbeteiligten gehemmt.

Erläuterungen

§ 22 Abs. 1 HNachbG regelt den Fall, dass Naturereignisse auf einem Nachbargrundstück einen Zustand herbeigeführt haben, dessen Hervorrufung nach § 21 Abs. 2 HNachbG den Eigentümern und Nutzungsberechtigten von Grundstücken untersagt ist. Zwar ist der Wortlaut von § 21 Abs. 2 und § 22 Abs. 1 HNachbG nicht völlig identisch (in § 21 Abs. 2 HNachbG: „den Zufluss ... hindert", in § 22 Abs. 1 HNachbG: „den Zufluss ... gemindert oder unterbunden ..."). Der Begriff der „Hinderung" umfasst aber sowohl die „Minderung" als auch das gänzliche „Unterbinden".

Mit dem Begriff **Naturereignis** sind nicht nur außergewöhnliche Geschehnisse in der Natur (z. B. sog. wolkenbruchartige Regenfälle, Erdbeben, Hochwasser, Hagelschauer mit der Folge erheblicher Zerstörungen und Verwüstungen), sondern auch normale Naturabläufe mit besonders intensiver Wirkung (also z. B. lang andauernder Regen mit entsprechenden Auswirkungen) gemeint.

Die Ereignisse i. S. der Erl. zuvor sind nur dann erheblich, wenn sie

- den bisherigen Abfluss wild abfließenden Wassers von dem höher gelegenen Grundstück auf das Nachbargrundstück verstärken oder
- den Zufluss wild fließenden Wassers von einem Nachbargrundstück auf ein Grundstück mindern oder unterbinden

  und

  durch diese Vorgänge das Nachbargrundstück erheblich beeinträchtigt wird.

Der Eigentümer und die Nutzungsberechtigten des geschädigten Grundstücks können den früheren Zustand wiederherstellen. Die hierzu erforderlichen Maßnahmen, Vorkehrungen und Handlungen haben die Nachbareigentümer und Nutzungsberechtigten zu dulden.

Nutzungsberechtigte können sein:

Der Nießbraucher (§§ 1030 ff. BGB) sowie der Mieter oder Pächter (§§ 535 ff., 581 ff. BGB).

Absatz 2 setzt eine Ausschlussfrist für die Wiederherstellungsarbeiten; nach deren Ablauf entfällt die Duldungspflicht der beteiligten Nachbarn. Die Frist läuft vom Ende des Jahres an, in dem die Veränderung (nicht das Ereignis) eingetreten ist. Diese Regelung kann zu Schwierigkeiten führen, wenn z. B. ein wolkenbruchartiger Niederschlag erst nach gewisser Zeit zu Veränderungen führt.

§ 23 HNachbG
Schadensersatz

Schaden, der bei Ausübung des Rechts auf dem betroffenen Grundstück entsteht, ist zu ersetzen. Auf Verlangen ist Sicherheit in Höhe des voraussichtlichen Schadensbetrags zu leisten; in solchem Falle darf des Recht erst nach Leistung der Sicherheit ausgeübt werden.

Erläuterungen

Entsteht bei der Ausübung des Rechts nach § 22 Abs. 1 HNachbG ein Schaden – gleich welcher Art – auf dem anderen oder an dem anderen Grundstück, so ist dieser ohne Rücksicht auf Verschulden zu ersetzen. So auch OLG Frankfurt, Beschl. vom 16.4.2018 – 8 U 108/17 –.

2. Es kann wegen eines evtl. Schadens Sicherheit in Höhe des voraussichtlichen Schadensbetrags verlangt werden. Sicherheit kann nach dieser Formulierung aber nur dann verlangt werden, wenn ein Schaden vorausschaubar ist. Liegen diese Voraussetzungen vor, d. h. ist ein Schaden voraussehbar und wird eine Sicherheit verlangt, darf das Recht der Wiederherstellung (Duldung des Nachbarn) erst ausgeübt werden, wenn die Sicherheit geleistet ist. Eine Einschränkung ergibt sich aus § 25 HNachbG.

§ 24 HNachbG
Anzeigepflicht

(1) Die Absicht, das Recht nach § 22 Abs. 1 auszuüben, ist zwei Wochen vor Beginn der Bauarbeiten dem Eigentümer und, soweit deren Rechtsstellung oder Besitzstand davon berührt wird, auch den Nutzungsberechtigten des betroffenen Grundstücks anzuzeigen.

(2) Ist der Duldungspflichtige, der nicht unmittelbarer Besitzer ist, nicht bekannt oder infolge Aufenthalts im Ausland nicht alsbald erreichbar und hat er auch keinen Vertreter bestellt, so genügt insoweit die Anzeige an den unmittelbaren Besitzer.

Erläuterungen

Die Vorschrift regelt in **Absatz 1**, dass das Recht nach § 22 Abs. 1 HNachbG erst dann ausgeübt werden kann, wenn die Absicht, es auszuüben, zwei Wochen vor Beginn der Bau- oder sonstigen Arbeiten dem Grundstückseigentümer und soweit die Rechtsstellung oder der Besitzstand von Nutzungsberechtigten des Grundstücks berührt wird, auch diesen **angezeigt** worden ist.

Da die Anzeige sowohl für den Anzeigenpflichtigen als auch für den Anzeigeadressaten Rechtswirkungen hat, wird man für die Anzeige Geschäftsfähigkeit voraussetzen müssen.

Die Anzeige des Hammerschlags- und Leiterrecht muss Angaben zu dem voraussichtlichen Umfang der geplanten Arbeiten, zu deren Beginn und Dauer sowie zu Art und Umfang der Benutzung des Nachbargrundstücks enthalten. Die Anzeige ist Voraussetzung für die Ausübung des Rechts, nicht für das Bestehen des Duldungsanspruchs (BGH, Urt. vom 14.12.2012 – V ZR 49/12 –).

Nach **Absatz 2** genügt es, die Anzeige dem unmittelbaren Besitzer zuzuleiten, wenn der Duldungspflichtige, der nicht unmittelbarer Besitzer ist, nicht bekannt oder infolge Aufenthalts im Ausland nicht alsbald erreichbar ist (Auch keinen Vertreter bestellt hat). Aufenthalt im Ausland in diesem Sinne ist auch Urlaub von mehreren Wochen.

§ 25 HNachbG
Wegfall der Verpflichtung zur Sicherheitsleistung und zur Anzeige

Ist die Ausübung des Rechts nach § 22 Abs. 1 zur Anwendung einer gegenwärtigen erheblichen Gefahr erforderlich, so entfällt die Verpflichtung zur Sicherheitsleistung und zur Anzeige.

Erläuterungen

Die Verpflichtung zur Sicherheitsleistung und zur Anzeige entfällt, wenn die Ausübung des Rechts nach § 22 Abs. 1 HNachbG zur Abwendung einer gegenwärtigen erheblichen Gefahr erforderlich ist. Bei gegenwärtiger Gefahr muss der Eintritt des Schadens unmittelbar bevorstehen oder bereits eintreten.

§ 26 HNachbG
Niederschlagswasser (Dachtraufe)

(1) Der Eigentümer und die Nutzungsberechtigten eines Grundstücks müssen ihre baulichen Anlagen so einrichten, daß

1. **Niederschlagswasser nicht auf das Nachbargrundstück tropft oder nach diesem abgeleitet wird,**
2. **Niederschlagswasser, das auf das eigene Grundstück tropft oder abgeleitet ist, nicht auf das Nachbargrundstück übertritt.**

(2) Abs. 1 findet keine Anwendung auf freistehende Mauern entlang öffentlicher Straßen und öffentlicher Grünflächen.

Erläuterungen

Zum Verhältnis des § 26 zu § 21 HNachbG ist folgendes zu sagen:

§ 21 Abs. 1 und 2 HNachbG bezieht sich nur auf wild abfließendes Wasser, d. h. auf Quell- oder Niederschlagswasser, das oberirdisch außerhalb eines Bettes (auch nicht durch eine Leitung) abfließt („wild abfließend").

In § 26 HNachbG geht es um Niederschlagswasser, das „tropft", d. h. zunächst auf eine bauliche Anlage „aufgekommen" ist und von dort niedertropft oder abgeleitet wird, sonst gäbe es keinen Sinn, die bauliche Anlage entsprechend zu gestalten wie es Abs. 1 Satz 1 vorschreibt (§ 26 Abs. 1 HNachbG).

Während der Eigentümer nach § 21 Abs. 3 HNachbG den Abfluss von Niederschlagswasser von seinem Grundstück auf Nachbargrundstücke mindern oder unterbinden kann, hat er bei auf das Bauwerk aufgekommenem Niederschlagswasser und wenn das Niederschlagswasser auf das eigene Grundstück tropft oder darauf abgeleitet wird, das Bauwerk so einzurichten, dass das Niederschlagswasser nicht auf das Nachbargrundstück übertritt.

Der Begriff der **baulichen Anlage** ergibt sich aus § 2 Abs. 1 HBO, wonach bauliche Anlagen mit dem Erdboden verbundene, aus Baustoffen und Bauteilen hergestellte Anlagen sind. In § 2 Abs. 1 Satz 3 HBO finden sich Erweiterungen des Begriffs bauliche Anlage.

Als **Niederschlag** ist das aus der Atmosphäre auf die Erdoberfläche fallende Wasser(teilchen) anzusehen. Der Begriff umfasst Regen, Schnee, Hagel, Graupel, wobei bei den festen Formen des Niederschlags Niederschlagswasser erst mit dem Flüssigwerden entsteht.

Aus der Regelung des § 26 HNachbG ergibt sich, dass es nicht gestattet ist, Niederschlagswasser z. B. vom Dach auf das Grundstück des Nachbarn tropfen zu lassen, was nicht selten der Fall ist. Auch eine Ableitung von Niederschlagswasser vom Dach oder sonstigen baulichen Anlagen auf das Nachbargrundstück ist nicht gestattet.

Unter **Ableiten** ist jede Maßnahme zu verstehen, durch die das Niederschlagswasser zugeführt wird, z. B. durch ein Rohr (Kandel) oder eine Rinne.

Unter **Übertritt** wird ein Fließen des Wassers (oberirdisch) über die Grenze zum Nachbarn zu verstehen sein.

Die Art und Weise, wie der Grundstückseigentümer seinen Verpflichtungen aus Absatz 1 genügt, ist seine Sache. Er kann sich nicht auf technische Schwierigkeiten oder hohen Kostenaufwand berufen.

Absatz 2 enthält eine Ausnahme für öffentliche Straßen, Plätze und öffentliche Grünflächen, soweit es sich um freistehende Mauern (Umfassungsmauern) handelt. Die öffentlich-rechtliche Zweckbestimmung der Straßen und Grünflächen sowie baugestalterische Erwägungen lassen die Regelung vertretbar oder mindestens zweckmäßig erscheinen, dass Niederschlagswasser von Umfassungsmauern auf die Straße oder eine öffentliche Grünfläche tropfen darf.

Nach §§ 11 und 12 HBO dürfen bauliche Anlagen nur errichtet werden, wenn die einwandfreie Beseitigung auch des Niederschlagswassers dauernd gesichert ist. Die Anlagen müssen so beschaffen sein, dass sie Gefahren oder unzumutbare Nachteile und Belästigungen ausschließen. Mit Nachteilen und Belästigungen sind insbesondere solche gemeint, die den Grundstücksnachbarn beeinträchtigen.

Verletzt ein Grundstückseigentümer den § 26 HNachbG schuldhaft und fügt dadurch seinem Nachbarn Schaden zu, ist er nach § 823 Abs. 2 BGB diesem schadensersatzpflichtig. Die Beweislast für die objektive Verletzung des Traufrechts obliegt dabei dem Kläger. Ein Übertritt von Niederschlagswasser setzt keinen oberirdischen Zufluss voraus. Dem Eigentümer eines Grundstücks steht auch dann ein Unterlassungsanspruch zu, wenn infolge baulicher Anlagen auf dem Nachbargrundstück (unterirdisch) vermehrt Sickerwasser auf sein Grundstück gelangt (BGH, Urt. vom 12.6.2015 – V ZR 167/14 –).

§ 27 HNachbG
Anbringen von Sammel- und Abflusseinrichtungen

(1) Der Eigentümer und die Nutzungsberechtigten eines Grundstücks, die aus besonderem Rechtsgrund verpflichtet sind, das von den baulichen Anlagen eines Nachbargrundstücks tropfende oder abgeleitete oder von dem Nachbargrundstück übertretende Niederschlagswasser aufzunehmen, sind berechtigt, auf eigene Kosten besondere Sammel- und Abflusseinrichtungen an der baulichen Anlage des traufberechtigten Nachbarn anzubringen, wenn die damit verbundene Beeinträchtigung nicht erheblich ist. Sie haben diese Einrichtungen zu unterhalten.

(2) Für die Verpflichtungen zum Schadensersatz und zur Anzeige gelten die §§ 23 und 24 entsprechend.

Erläuterungen

Wer aus bestimmtem Rechtsgrund zur Duldung der Traufe des Nachbarn verpflichtet ist, erhält nach **Absatz 1** die Befugnis, auf seine Kosten Sammel- und Abflusseinrichtungen, also Dachrinnen und Abflussrohre, die er dann auch unterhalten muss, an der baulichen Anlage des Nachbarn anzubringen, um so die ihn beeinträchtigende Wirkung der Traufe abzumildern. Allerdings darf mit solchen Maßnahmen für den traufberechtigten Nachbarn keine erhebliche Beeinträchtigung verbunden sein.

Der Rechtsgrund kann auf schuldrechtlicher Vereinbarung beruhen oder sich aus einer Dienstbarkeit ergeben.

Die Vorschrift setzt den Nachbarn in die Lage, durch entsprechende Maßnahmen die Wirkung der Traufe zu mildern. Der Nachbar ist dann nicht **erheblich beeinträchtigt**, wenn die Ausführung in einer Weise erfolgt, dass ernsthafte Bedenken technischer oder baugestalterischer Art hiergegen nicht erhoben werden können.

Die Arbeiten dürfen erst vorgenommen werden, nachdem sie vorher fristgerecht angezeigt worden sind und entsprechend dem Verlangen des traufberechtigten Nachbarn Sicherheit für die zu erwartenden Schäden geleistet worden ist (vgl. §§ 23, 24 HNachbG).

DULDUNGEN

Allgemeine Übersicht

Bei aneinander angrenzenden Grundstücken können in vielfältiger Weise Situationen entstehen, die eine Duldung des einen Grundstückseigentümers erforderlich machen, soll der andere Grundstückseigentümer sein Grundstück sinnvoll benutzen können.

Es sind folgende Fallgruppen zu unterscheiden:

- Es wird ein Betretungsrecht einzuräumen sein, wenn der Eigentümer oder Nutzungsberechtigte des Nachbargrundstücks zwecks Errichtung, Veränderung, Unterhaltung oder Beseitigung einer baulichen Anlage das angrenzende Grundstück betreten muss. Dieses sogenannte Hammerschlags- und Leiterrecht ist eine Duldung und in den §§ 28 und 29 HNachbG geregelt.
- Hat ein Grundstück keine Zufahrt oder keinen Zugang zu einem öffentlichen Weg, kann der Eigentümer dieses Grundstücks von dem Eigentümer des Nachbargrundstücks verlangen, dass ein Notweg/Zugang zu dem öffentlichen Weg geduldet wird. Entsprechende Duldungsregelungen finden sich in den §§ 917 und 918 BGB (Notwegsrecht). Auf die Vorschriften der §§ 4 und 5 HBO (notwendige Angrenzung des zu bebauenden Grundstücks an eine öffentliche Verkehrsfläche) wird verwiesen.
- Hat der „zurückliegende" Grundstückseigentümer Schwierigkeiten, sein Grundstück an die Versorgungs- und Abwasserleitung anzuschließen, enthält nicht das BGB, sondern das Hessische Nachbarrechtsgesetz entsprechende Vorschriften (§§ 30 bis 35 HNachbG).
  Eine Bebauung von Grundstücken mit Aufenthaltsräumen setzt Ver- und Entsorgung voraus. Das kann durch sog. Notleitungen erreicht werden. Bei dem Notleitungsrecht sind folgende Fälle zu unterscheiden:
  a) Der berechtigte Nachbar legt eine Leitung durch das Nachbargrundstück (§ 30 Abs. 1 HNachbG),
  b) der berechtigte Nachbar schließt an die auf dem Nachbargrundstück bereits vorhandene Leitung an (§ 30 Abs. 2 HNachbG),
  c) der duldungspflichtige Nachbar schließt seinerseits an eine vom Berechtigten (Nachbarn) über das „Duldungs-Grundstück" geführte Leitung an, die der Berechtigte hat verlegen lassen (§ 34 Abs. 1 HNachbG).
- Wenn neben ein niedrigeres ein höheres Gebäude gebaut oder ein Gebäude aufgestockt wird, verlieren die Schornsteine und Lüftungsschächte des niederen Gebäudes ihre Zug- und Saugwirkung. Der Eigentümer und Nutzungsberechtigte des Grundstücks, auf dem das höhere Gebäude steht, müssen unter bestimmten Voraussetzungen dulden, dass an ihrem Gebäude der Eigentümer oder Nutzungsberechtigte des angrenzenden niederen Gebäudes die Schornsteine und Lüftungsschächte befestigt. Die Regelung im einzelnen ist in den §§ 36 und 37 Hess. NRG enthalten.

§ 28 HNachbG

Inhalt und Umfang (Hammerschlags- und Leiterrecht)

(1) Der Eigentümer und die Nutzungsberechtigten eines Grundstücks müssen dulden, daß ihr Grundstück von dem Eigentümer und den Nutzungsberechtigten des Nachbargrundstücks zwecks Errichtung, Veränderung, Unterhaltung oder Beseitigung einer baulichen Anlage betreten wird und dass auf oder über ihm Gerüste aufgestellt sowie die zu den Bauarbeiten erforderlichen Gegenstände über das Grundstück gebracht oder dort niedergelegt werden, wenn und soweit

1. **das Vorhaben anders nicht zweckmäßig oder nur mit unverhältnismäßig hohen Kosten durchgeführt werden kann,**
2. **die mit der Duldung verbundenen Nachteile oder Belästigungen nicht außer Verhältnis zu dem von dem Berechtigten erstrebten Vorteil stehen und**
3. **das Vorhaben den baurechtlichen Vorschriften entspricht.**

(2) Das Recht ist mit tunlichster Schonung auszuüben. Wird das betroffene Grundstück landwirtschaftlich oder gewerbsmäßig gärtnerisch genutzt, so darf das Recht nicht zur Unzeit geltend gemacht werden, wenn sich die Arbeiten unschwer auf einen späteren Zeitpunkt verlegen lassen.

(3) Abs. 1 findet auf die Eigentümer öffentlicher Straßen keine Anwendung.

Erläuterungen

Das Betretungsrecht kann ausgeübt werden für die Errichtung (Neubau), Veränderung (Umbau, Erweiterung), Unterhaltung (erhaltende und ausbessernde Maßnahmen) oder für die Beseitigung (Abriss) einer baulichen Anlage.

Der **Umfang** des Betretungsrechts betrifft zunächst das Betreten des Nachbargrundstücks, und zwar dessen unbebaute Teile. Darüber hinaus wird man auch zum Inhalt des Betretungsrechts zählen müssen, dass der Nachbar – ist es technisch nicht anders möglich – bebaute Grundstücksteile betreten kann. Insoweit wird besonders sorgfältig zu prüfen sein, ob die mit der Duldung verbundenen Nachteile oder Belästigungen nicht außer Verhältnis zu dem vom Berechtigten erstrebten Vorteil stehen (Absatz 1 Nr. 2). Ist das Betretungsrecht gleichwohl zu bejahen, kann sich der Duldungspflichtige nicht auf Art. 14 GG (Hausrecht) oder Art. 13 GG (Unverletzlichkeit der Wohnung) berufen. Letzteres Abwehrrecht richtet sich ohnedies nur gegen die öffentliche Gewalt. Das Betretungsrecht umfasst auch das Aufstellen von Gerüsten (Leitern, auch wenn nicht ausdrücklich genannt) und sonstiger Vorrichtungen, die geeignet sind, an den Bau heranzukommen.

Über dieses Betretungsrecht hinaus gewährt § 28 HNachbG keine Rechte, so dass etwa das Ausheben einer Baugrube auf dem Nachbargrundstück nicht gedeckt ist. Das Betretungsrecht wird aber auch Maßnahmen umfassen, die z. B. zur Absicherung von Gerüsten erforderlich sind. Das Betretungsrecht umfasst nicht etwa das Aufstellen von Baumaschinen. Es können lediglich die zu den Bauarbeiten erforderlichen Gegenstände über das Grundstück gebracht oder dort niedergelegt werden (Bretter, Bausteine, Platten usw.). Aus der Formulierung „niederlegen" ist zu schließen, dass es sich um Baumaterialien handeln muss.

Zwar spricht der Gesetzestext nur von dem Grundstückseigentümer und dem Nutzungsberechtigten als den Rechtsinhabern, es ist jedoch selbstverständlich, dass sich die genannten Berechtigten dritter Personen (Baufirmen usw.) bedienen dürfen.

Das Bauvorhaben darf „anders nicht zweckmäßig oder nur mit unverhältnismäßig hohen Kosten" durchführbar sein. Das bedeutet, dass die Baumaßnahmen vom technischen Standpunkt aus in nicht vertretbarer Weise durchgeführt werden müssten, wenn nicht das Betretungsrecht bestünde. Oder die Maßnahmen sind bautechnisch zwar durchaus möglich, würden aber außergewöhnliche Kosten verursachen. Die Kosten müssten in einem Missverhältnis zum Zweck und zum Ergebnis der Arbeiten stehen. Es genügt, wenn eine der beiden Alternativen erfüllt ist. Bei der vorzunehmenden Abwägung sind Arbeiten stets unverhältnismäßig, wenn vorher abzusehen ist, dass durch die Ausübung des Hammerschlags- und Leiterrechts substantielle Beeinträchtigungen des Nachbars nötig werden (LG Detmold, Urt. vom 31.1.2014 – 10 S 133/13 –).

§ 28 HNachbG findet im Falle des Eindringens in den Luftraum über einem Grundstück entsprechende Anwendung (OLG Frankfurt, Beschl. vom 16.4.2018 – 8 U 108/17 –).

Der Eigentümer eines Grundstücks kann in entsprechender Anwendung der Vorschriften des Hammerschlags- und Leiterrechts ein Benutzungsrecht am Nachbargrundstück des Inhalts zustehen, dass der Anleger eines auf seinem Grundstück stehenden Baukrans über dem Luftraum des Nachbargrundstücks schwenken darf. Das Benutzungsrecht entsteht jedoch erst mit Ablauf der zweiwöchigen Frist nach der Anzeige der beabsichtigten Benutzung (OLG Frankfurt, Beschl. vom 11.2.2011 – 4 W 43/10 –).

Die mit der Duldung verbundenen Nachteile oder Belästigungen dürfen nicht außer Verhältnis zu dem von dem Berechtigten erstrebten Vorteil stehen. Die Duldung muss zumutbar im Verhältnis zum Vorteil des Berechtigten sein.

Schließlich muss das Vorhaben den **baurechtlichen Vorschriften** des öffentlichen Rechts entsprechen. Das ergibt sich aus der Formulierung des § 54 HBO (Baugenehmigung), wobei allerdings zu beachten ist, dass § 28 HNachbG auch dann Anwendung findet, wenn eine Baugenehmigung nicht erforderlich ist. Das Zivilgericht wird – falls eine Baugenehmigung erteilt worden ist – hiervon auszugehen haben, es sei denn, die Baugenehmigung erweist sich als nichtig (§ 44 HVwfG). Bei Anfechtung der Baugenehmigung durch den Nachbarn haben Widerspruch und Anfechtungsklage nach § 80 Abs. 1 VwGO aufschiebende Wirkung. Nach Auffassung des HessVGH (DVBl 1967 S. 172) berührt die Anfechtung der Bauerlaubnis die Befugnis des Bauherrn zur Ausführung des Bauvorhabens nicht, der Nachbar muss, wenn er die Schaffung vollendeter Tatsachen verhindern will, im Wege der einstweiligen Anordnung nach § 123 VwGO einen Baustopp erwirken. § 28 HNachbG spricht nur von der öffentlich-rechtlichen Zulässigkeit des Vorhabens. Hat der zur Duldung Verpflichtete seinerseits eine zivilrechtliche Anspruchsposition gegen den Nachbarn, kann er diese dem Duldungsanspruch entgegensetzen.

Nach **Absatz 2** ist das Recht nach Absatz 1 „mit tunlichster Schonung auszuüben". Diese Regelung entspricht dem Bestreben des Gesetzgebers, zwar zivilrechtliche Nachbarrechte wegen gewisser Notwendigkeiten zu gewähren, dabei aber ausgleichend zu wirken. Absatz 2 enthält eine der wenigen Regelungen in unserem Rechtskreis, die ausdrücklich eine besonders schonende Wahrnehmung von Rechten fordert. In herausragendem Maße gilt dies gegenüber landwirtschaftlich oder gewerbsmäßig gärtnerisch genutzten Grundstücken; insoweit darf das Recht des Absatz 1 auch nicht zu Zeiten ausgeübt werden, die die landwirtschaftliche bzw. gewerbsmäßig gärtnerische Nutzung stören, falls sich die Arbeiten unschwer auf einen späteren Zeitpunkt verlegen lassen. Der Berechtigte darf sein Recht nicht im Wege der Selbsthilfe nutzen (LG Detmold, Urt. vom 31.10.2014 – 10 S 133/13 –). Im Falle der Verweigerung des Rechts muss der betroffene Nachbar Duldungsklage erheben.

Nach **Absatz 3** findet Absatz 1 auf die Eigentümer öffentlicher Straßen (und Plätze) keine Anwendung. Insoweit gelten die Vorschriften über Gemeingebrauch und Sondernutzung. In der Regel wird eine Sondernutzung gegeben sein, da die öffentlichen Verkehrsflächen nur dem allgemeinen Verkehr dienen. Absatz 3 kann nicht extensiv ausgelegt werden. So findet er z. B. keine Anwendung auf sonstige öffentlichen Zwecken gewidmete Grundstücke. Insoweit gelten die Regelungen des HNachbG.

Duldungsverpflichtet sind die Grundstückseigentümer, der Erbbauberechtigte sowie die Nutzungsberechtigten des Grundstücks, also der Nießbraucher, Pächter, Mieter oder sonstige Besitzer. Der gleiche Personenkreis ist auch zur Ausübung des Rechts befugt.

§ 29 HNachbG
Schadensersatz und Anzeigepflicht

Für die Verpflichtung zum Schadensersatz und zur Anzeige gelten die §§ 23 bis 25 entsprechend.

Erläuterungen

Der Duldungspflicht des Nachbarn (§ 28 HNachbG) steht die Verpflichtung zum Schadensersatz des aus der Ausübung der Rechte erwachsenden Schadens ohne Rücksicht auf Verschulden gegenüber.

Schadensersatzpflichtig ist, wer das Recht nach § 28 HNachbG ausübt. Berechtigt, Schadensersatz zu verlangen, ist derjenige, der den Schaden erleidet. Ersatzpflichtig ist der Grundstückseigentümer, der sich auf dieses Recht beruft (LG Bonn, Urt. vom 9.6.2006 – 2 O 33/06I –).

Wegen der weiteren Regelung (Anzeigepflicht, Sicherheitsleistung usw.) wird auf die Erl. zu den §§ 23 bis 25 HNachbG verwiesen. Die Verschmutzung der Fassade eines Hauses mit Farbe im Rahmen der Ausübung des Hammerschlags- und Leiterrecht stellt eine Einwirkung auf die Sachsubstanz dar, die einem Ersatzanspruch begründet, jedenfalls soweit die Verschmutzung tatsächlich wahrnehmbar ist. Bei der Geltendmachung von Ersatzansprüchen wegen Beschädigung eines Hauses in Ausübung des Hammerschlags- und Leiterrechts besteht kein Anspruch auf zusätzliche Kostenpauschale (vgl. hierzu LG Limburg, Urt. vom 19.5.2017 – 2 O 188/15 –). § 29 HNachbG ist ein Gefährdungshaftungstatbestand (OLG Frankfurt, Beschl. vom 16.4.2018 – 8 U 108/17 –).

§ 917 BGB
Notweg

(1) Fehlt einem Grundstücke die zur ordnungsmäßigen Benutzung notwendige Verbindung mit einem öffentlichen Wege, so kann der Eigentümer von den Nachbarn verlangen, daß sie bis zur Hebung des Mangels die Benutzung ihrer Grundstücke zur Herstellung der erforderlichen Verbindung dulden. Die Richtung des Notwegs und der Umfang des Benutzungsrechts werden erforderlichen Falles durch Urteil bestimmt.

(2) Die Nachbarn, über deren Grundstücke der Notweg führt, sind durch eine Geldrente zu entschädigen. Die Vorschriften des § 912 Abs. 2 Satz 2 und der §§ 913, 914, 916 finden entsprechende Anwendung.

Erläuterungen

Die Lage eines Grundstücks kann so beschaffen sein, dass ihm der Zugang zu einem öffentlichen Weg fehlt. In diesem Fall kann der Eigentümer des benachteiligten Grundstücks von dem Nachbarn verlangen, dass er die Benutzung seines Grundstücks bis zur Behebung des Mangels duldet. Die Duldungspflicht ist für das Verbindungsgrundstück eine gesetzliche Beschränkung, das Benutzungsrecht für das verbindungslose Grundstück gesetzliche Erweiterung des Eigentumsinhalts. Die Beantwortung der Frage, ob ein Weg öffentlich-rechtlich ist, ergibt sich aus Landesrecht bzw. Bundesrecht.

Die **ordnungsgemäße Benutzung** ergibt sich aus Lage, Größe und Wirtschaftsart des Grundstücks. Außergewöhnliche und persönliche Bedürfnisse des Eigentümers sind nicht maßgebend. Die Änderung der Benutzungsart ist ordnungsgemäß, wenn sie der technischen oder wirtschaftlichen Entwicklung und den örtlichen Verhältnissen Rechnung trägt.

Der Umfang des Notwegrechts richtet sich nach den Bedürfnissen des verbindungslosen Grundstücks. Die Benutzung des Verbindungsgrundstücks muss notwendig sein. Eine Notwendigkeit ergibt sich auch dann, wenn die vorhandene Verbindung unzureichend ist. Nicht notwendig ist eine Zufahrt für Pkws zu einem nicht verbundenen Wohngrundstück, wenn in der Nähe auf der Straße Parkmöglichkeiten bestehen (BGH, LM Nr. 11, Bd. 75 S. 315). Notwendig ist aber z. B. die Zufahrt für ein Gewerbegrundstück zum Zwecke des Auf- oder Abladens. Bei mehreren Verbindungsgrundstücken darf nur das Grundstück in Anspruch genommen werden, das die geringste Beeinträchtigung erfährt.

Das Verlangen muss gegenüber dem Eigentümer des Verbindungsgrundstücks kundgetan werden, es ist eine empfangsbedürftige Willenserklärung.

Notwegeberechtigt ist der Eigentümer. Nutzungsberechtigte haben kein eigenes Notwegerecht, dürfen aber einen Notweg benutzen. Duldungspflichtig sind alle Eigentümer und Erbbauberechtigten des Verbindungsgrundstücks. Das Notwegerecht wirkt auch gegenüber dessen Nutzungsberechtigte. Zur Herstellung und Unterhaltung ist der Duldungspflichtige nicht verpflichtet.

Das Notwegerecht ist als solches nicht im Grundbuch eintragbar. Eine Eintragung ist nur in Form der Grunddienstbarkeit möglich.

Das Notwegerecht entsteht in seiner konkreten gesetzlichen Ausgestaltung mit dem Vorliegen der gesetzlichen Voraussetzungen, zu denen das Duldungsverlangen gehört. Die gesetzliche Klage ist auf Duldung zu richten. Bei einem Wegerecht ist die Beeinträchtigung der Durchfahrt durch ein Tor nur dann geringfügig, wenn es für jedermann möglich ist, das Tor zu öffnen. Sollte dies nicht der Fall sein, müsste das Tor zumindest einen Briefkasten, eine beleuchtete Klingel und Gegensprechanlage sowie einen elektrischer Türöffner neben einer entsprechenden Beleuchtung der Schlösser für eine Öffnung zur Nacht aufweisen. Für Notlagen wäre die Möglichkeit einer Notöffnung vorzuhalten (OLG Karlsruhe, Urt. vom 9.12.2014 – 9a U 8/14 –).

Nach **Abs. 2** sind die Duldungspflichtigen durch eine Geldrente zu entschädigen. Die näheren Regelungen finden sich in § 912 Abs. 2 Satz 2 und den §§ 913, 914 und 916 BGB. Der Anspruch aus § 917 unterliegt nach § 924 BGB nicht der Verjährung.

§ 918 BGB
Ausschluss des Notwegrechts

(1) Die Verpflichtung zur Duldung des Notwegs tritt nicht ein, wenn die bisherige Verbindung des Grundstücks mit dem öffentlichen Wege durch eine willkürliche Handlung des Eigentümers aufgehoben wird.

(2) Wird infolge der Veräußerung eines Teiles des Grundstücks der veräußerte oder der zurückbehaltene Teil von der Verbindung mit dem öffentlichen Wege abgeschnitten, so hat der Eigentümer desjenigen Teiles, über welchen die Verbindung bisher stattgefunden hat, den Notweg zu dulden. Der Veräußerung eines Teiles steht die Veräußerung eines von mehreren demselben Eigentümer gehörenden Grundstücken gleich.

Erläuterungen

Die Vorschrift des **Absatzes 1** regelt, dass eine Verpflichtung i. S. des § 917 BGB nicht eintritt, wenn der Eigentümer die bisherige Verbindung des Grundstücks mit dem öffentlichen Weg selbst aufgehoben hat.

Willkürliche Handlung heißt, eine Aufhebung der Verbindung von sich aus herbeiführen, z. B. durch den Verzicht auf ein Wegerecht, schließlich auch durch die tatsächliche Einwirkung, z. B. die Errichtung einer Mauer, die den Zugang zum öffentlichen Weg versperrt. Auf ein schuldhaftes Handeln kommt es nicht an. Beweispflichtig dafür, ob eine solche willkürliche Handlung vorliegt, ist der Nachbar, der an sich nach § 917 BGB zur Duldung eines Notweges verpflichtet wäre.

Absatz 2 regelt ebenfalls einen Fall, bei dem durch eine Handlung (Verkauf eines Teils des Grundstücks) die an sich vorhandene Verbindung des Grundstücks zu einem öffentlichen Weg beseitigt wird. Es wird ein Grundstück geteilt und durch die Teilung der veräußerte oder zurückbehaltene Teil von der Verbindung mit einem öffentlichen Weg abgeschnitten. In diesem Falle hat der Eigentümer des nicht verbundenen Grundstücks nicht das Recht, den Nachbarn zu bestimmen, über dessen Grundstück der Notweg verlaufen soll; der Notweg besteht vielmehr nur über den Teil des Grundstücks, über den bisher die Verbindung zum öffentlichen Weg verlief. Nur dieser Grundstückseigentümer ist zur Duldung verpflichtet.

Der Anspruch aus § 918 Abs. 2 BGB unterliegt nicht der Verjährung (§ 924 BGB).

§ 30 HNachbG
Leitungen in Privatgrundstücken

Der Eigentümer und die Nutzungsberechtigten eines Grundstücks müssen dulden, daß durch ihr Grundstück der Eigentümer und die Nutzungsberechtigten des Nachbargrundstücks auf ihre Kosten Versorgungs- und Abwasserleitungen hindurchführen, wenn

1. **der Anschluss an das Versorgungs- und Entwässerungsnetz anders nicht zweckmäßig oder nur mit unverhältnismäßig hohen Kosten durchgeführt werden kann und**
2. **die damit verbundene Beeinträchtigung nicht erheblich ist.**

(2) Ist das betroffene Grundstück an das Versorgungs- und Entwässerungsnetz bereits angeschlossen und reichen die vorhandenen Leitungen aus, um die Versorgung oder Entwässerung der beiden Grundstücke durchzuführen, so beschränkt sich die Verpflichtung nach Abs. 1 auf das Dulden des Anschlusses. Im Falle des Anschlusses ist zu den Herstellungskosten des Teils der Leitungen, der nach dem Anschluss mitbenutzt werden soll, ein angemessener Beitrag und auf Verlangen Sicherheit in Höhe des voraussichtlichen Beitrags zu leisten. In solchem Falle darf der Anschluß erst nach Leistung der Sicherheit vorgenommen werden.

(3) Bestehen mehrere Möglichkeiten der Durchführung, so ist die für das betroffene Grundstück schonendste zu wählen.

Erläuterungen

§ 30 Abs. 1 HNachbG **regelt** den Fall, dass der Eigentümer eines Grundstücks unter bestimmten Voraussetzungen verpflichtet ist, das Verlegen von Leitungen über/durch sein Grundstück zu dulden.

Voraussetzungen sind,

- dass der Anschluss an das Versorgungs- und Entwässerungsnetz anders nicht zweckmäßig oder nur mit unverhältnismäßigen Kosten durchgeführt werden kann und
- die damit verbundene Beeinträchtigung nicht erheblich ist.

§ 30 Abs. 1 HNachbG hat trotz der Regelungen im öffentlichen Recht (Telegrafenwegegesetz und Wassergesetz s. o.) seinen Sinn, denn nach diesen hessischen Vorschriften sind die Behörden nur berechtigt, entsprechende Anordnungen (Verwaltungsrecht) zu erlassen, sie sind nicht hierzu verpflichtet. Es erscheint auch bedenklich, wenn die Behörde aus rein privatrechtlichem Interesse (abliegendes Grundstück) einen dementsprechenden Verwaltungsakt zur Duldung erlassen würde. Das könnte sie nur, wenn ein erhebliches öffentliches Interesse ebenfalls zu bejahen wäre.

Für die Frage, ob die Versorgung bzw. Entsorgung anders nicht zweckmäßig oder nur mit unverhältnismäßig hohen Kosten durchführbar ist, kommt es auf die **Lage des anzuschließenden Grundstücks** (Gebäudes) zur Straße, wo das Ver- und Entsorgungsnetz verläuft, an. Dabei kann auch die Bodenbeschaffenheit von Bedeutung sein. Die Frage der Zweckmäßigkeit wird wesentlich davon abhängen, wie der Anschluss des Grundstücks technisch möglich ist bzw. insoweit beurteilt wird. Es ist z. B. technisch nicht sinnvoll (zweckmäßig), Abwässer zunächst hoch zu pumpen und dann wieder abfließen zu lassen, abgesehen davon, dass hierdurch in der Regel mit unverhältnismäßig hohen Kosten zu rechnen ist. Bei den Kosten bzw. bei einer Kostennutzenanalyse zu dieser Frage wären auch z. B. hohe Unterhaltungskosten zu berücksichtigen.

Die **Beeinträchtigung des Eigentümers** oder Nutzungsberechtigten des Verbindungsgrundstücks darf nicht erheblich sein. Erheblich ist die Beeinträchtigung nicht im Falle einer Bodenverlegung; dabei darf allerdings nicht nur der Zustand nach der Verlegung eine Rolle spielen, sondern auch die Verlegung selbst. Ist das Grundstück noch nicht bebaut, ist Sorge zu tragen, dass die Leitung nicht später bei bzw. nach der Bebauung zu einer erheblichen Beeinträchtigung führt. Auf § 33 HNachbG wird verwiesen. Sind mehrere Verlegungsmöglichkeiten gegeben, muss der Beteiligte diejenige wählen, die den Duldungspflichtigen am geringsten beeinträchtigt. Das ergibt sich auch schon daraus, dass andernfalls die Voraussetzungen des Absatzes 1 nicht erfüllt sein können. Auf die Auswahl kommt es auch dann an, wenn alle Möglichkeiten keine erhebliche Beeinträchtigung verursachen würden.

Die **Duldungspflicht** erstreckt sich auf das gesamte unbebaute und bebaute Grundstück. Sie bezieht sich auf alle Arten der Versorgung und die Abwasserentsorgung, also z. B. Gas, Strom, Wasser, Fernheizung, Abwasser. Für jede Leitungsart sind die Voraussetzungen des § 30 Abs. 1 HNachbG gesondert zu prüfen.

Absatz 2 behandelt den Fall, dass das betroffene (Überleitungs-)Grundstück bereits an das Ver- bzw. Entsorgungsnetz angeschlossen ist und die vorhandenen Leitungen ausreichen, die Ver- und Entsorgung beider Grundstücke sicherzustellen. In diesem Fall beschränkt sich die Verpflichtung nach Absatz 1 auf das Dulden des Anschlusses, d. h. das zurückliegende Grundstück kann an die Leitung des dazwischenliegenden Grundstücks angeschlossen werden. Durch die Verweisung auf Absatz 1 müssen auch dessen Voraussetzungen vorliegen, d. h. der Anschluss ist anders nicht zweckmäßig oder mit unverhältnismäßig hohen Kosten verbunden, und die Beeinträchtigung durch Bau und Vorhandensein des Anschlusses darf nicht erheblich sein.

In der Praxis wird in aller Regel danach zunächst die Möglichkeit des Absatzes 2 zu prüfen sein, erst wenn diese nicht verwirklicht werden kann, wäre auf Absatz 1 zurückzugreifen.

Die **Kosten** der Verlegung einer Leitung sind von dem zu tragen, der sie legt bzw. legen lässt (gilt zunächst für Absatz 1). Entsprechendes gilt bei der Herstellung eines Anschlusses für die Kosten der Anschlussleitung (Absatz 2). Hinsichtlich der Herstellungskosten des Teils der Leitungen, der nach dem Anschluss mitbenutzt werden soll, ist ein angemessener Beitrag für die Herstellungskosten zu erbringen (auf Verlangen Sicherheitsleistung). Eine Regelung für die Unterhaltungskosten enthält § 31 HNachbG (vgl. dort).

Eine analoge Anwendung des Absatzes 2 wird man dann befürworten müssen, wenn der Berechtigte nicht auf dem Grundstück des Nachbarn, sondern an dessen (ihm gehörende) private Leitung innerhalb der öffentlichen Straße anschließt. Insoweit wäre allerdings auch die Zustimmung des Straßeneigentümers erforderlich (hierzu LG Kassel vom 11.3.1965 – 1 S 50/64 –).

Leitungen, die im Wege des Leitungsnotrechts im Nachbargrundstück verlegt werden, sind Eigentum des für das Leitungsnotrecht Berechtigten.

§ 31 HNachbG

Unterhaltung von Leitungen

(1) Der Berechtigte hat die nach § 30 Abs. 1 verlegten Leitungen oder die nach § 30 Abs. 2 hergestellten Anschlussleitungen auf seine Kosten zu unterhalten. Zu den Unterhaltungskosten der Teile der Leitungen, die von ihm mitbenutzt werden, hat er einen angemessenen Beitrag zu leisten.

(2) Zur Durchführung von Maßnahmen im Sinne des Abs. 1 Satz 1 darf der Berechtigte das betroffene Grundstück betreten.

Erläuterungen

Es ist an sich selbstverständlich, dass die nach § 30 Abs. 1 und 2 Berechtigten die hergestellten Anschlussleitungen auch unterhalten. Hinsichtlich der Teile der Leitung, die mit dem duldenden Grundstückseigentümer gemeinsam benutzt werden, hat sich der Berechtigte angemessen bei der Unterhaltung zu beteiligen. Das wird regelmäßig eine hälftige Beteiligung sein, es sei denn, dass die Benutzung des einen oder anderen Nachbarn weitaus stärker ist als die des anderen.

Für die entsprechenden Instandhaltungs- und ggf. Instandsetzungsarbeiten hat der Berechtigte auch das Recht, das Grundstück des Nachbarn zu betreten und die erforderlichen Maßnahmen vorzunehmen oder vornehmen zu lassen (Absatz 2).

§ 32 HNachbG
Schadensersatz und Anzeigepflicht

Für die Verpflichtungen zum Schadensersatz und zur Anzeige gelten die §§ 23 bis 25 entsprechend.

Erläuterungen

Bei der Verlegung von Leitungen oder der Herstellung eines Anschlusses, auch bei der Unterhaltung der Leitungen (Instandhaltungs- und Instandsetzungsarbeiten) kann Schaden für den zur Duldung verpflichteten Grundstückseigentümer entstehen. Der Berechtigte ist zum Schadenersatz und zur Anzeige verpflichtet. Hierfür gelten die §§ 23 bis 25 HNachbG entsprechend. Auf die dortigen Erläuterungen wird verwiesen.

Neben der Verpflichtung zum Schadenersatz wird keine Gebühr oder ein sonstiges Entgelt für die Benutzung des Grundstücks geschuldet.

§ 33 HNachbG
Nachträgliche erhebliche Beeinträchtigung

(1) Führen die nach § 30 Abs. 1 verlegten Leitungen oder die nach § 30 Abs. 2 hergestellten Anschlußleitungen nachträglich zu einer erheblichen Beeinträchtigung, so können der Eigentümer und die Nutzungsberechtigten des betroffenen Grundstücks von dem Berechtigten verlangen, dass er seine Leitungen beseitigt und die Beseitigung der Teile der Leitungen, die gemeinschaftlich benutzt werden, duldet. Dieses Recht entfällt, wenn der Berechtigte die Beeinträchtigung so herabmindert, daß sie nicht mehr erheblich ist.

(2) Schaden, der durch die Maßnahmen nach Abs. 1 auf dem betroffenen Grundstück entsteht, ist zu ersetzen.

Erläuterungen

Führen die hindurchgelegten oder die angeschlossenen Leitungen des Berechtigten nachträglich zu einer **erheblichen Beeinträchtigung** bei der Nutzung des Grundstücks, so kann der Duldungspflichtige verlangen, dass der Berechtigte die Leitungen, die dieser verlegt hat, wieder beseitigt und bei angeschlossenen Leitungen die Beseitigung der gemeinschaftlichen Leitung duldet.

Es geht danach sowohl um die Leitungen nach § 30 Abs. 1 HNachbG wie um die hergestellten Anschlussleitungen nach § 30 Abs. 2 HNachbG. Die Vorschrift ist die folgerichtige Regelung für die Fälle, in denen – im Gegensatz zu § 30 HNachbG – eine erhebliche Beeinträchtigung eintritt. Eine solche Situation kann sich infolge von Planungen des betroffenen Grundstückseigentümers ergeben, wenn die Leitungen so verlaufen, dass er sein Grundstück (aus seiner Sicht) nicht im optimalen Sinne, z. B. für sein Bauvorhaben benutzen kann.

Die Beseitigungspflicht kann dadurch ausgeräumt werden, dass der bisherige Berechtigte die erhebliche Beeinträchtigung beseitigt, indem er z. B. einen Teil der Leitung verlegt bzw. verlegen lässt. Für die entsprechenden Maßnahmen müssten die Voraussetzungen des § 30 HNachbG vorliegen.

Der Berechtigte hat die **Kosten**, die durch die Beseitigung der von ihm verlegten Leitungen entstehen, selbst zu tragen. Beeinträchtigt die vom Eigentümer oder Nutzungsberechtigten des betroffenen Grundstücks verlegte Leitung, so kann dieser die Leitung beseitigen, allerdings dann auf eigene Kosten. Hat der Nachbar die Leitung vorher mitbenutzt, trifft ihn hinsichtlich der Beseitigung keine Kostenbeteiligung. Ob dem Eigentümer des nicht mehr angeschlossenen Grundstücks nach Beseitigung der Leitungen bzw. des Anschlusses wieder Anschlussrechte zustehen, beurteilt sich wiederum aus § 30 HNachbG.

Absatz 2 schreibt vor, dass der Berechtigte dem Duldungspflichtigen allen Schaden zu ersetzen hat, der durch das Beseitigen oder Umverlegen der Leitungen entsteht.

§ 34 HNachbG
Anschlussrecht des Duldungspflichtigen

(1) Der Eigentümer und die Nutzungsberechtigten eines Grundstücks, das gemäß § 30 Abs. 1 in Anspruch genommen ist, sind berechtigt, ihrerseits an die verlegten Leitungen anzuschließen, wenn diese ausreichen, um die Versorgung oder Entwässerung der beiden Grundstücke durchzuführen. § 30 Abs. 2 Satz 2 und § 31 Abs. 1 gelten entsprechend.

(2) Soll ein auf dem betroffenen Grundstück errichtetes oder noch zu erstellendes Gebäude an die Leitungen angeschlossen werden, die der Eigentümer oder die Nutzungsberechtigten des Nachbargrundstücks nach § 30 Abs. 1 durch das Grundstück hindurchführen wollen, so können der Eigentümer und die Nutzungsberechtigten des betroffenen Grundstücks verlangen, dass die Leitungen in einer ihrem Vorhaben Rechnung tragenden und technisch vertretbaren Weise verlegt werden. Die durch dieses Verlangen entstehenden Mehrkosten sind zu erstatten. In Höhe der voraussichtlich erwachsenden Mehrkosten ist auf Verlangen binnen zwei Wochen Vorschuss zu leisten; der Anspruch nach Satz 1 erlischt, wenn der Vorschuss nicht fristgerecht geleistet wird.

Erläuterungen

§ 34 HNachbG regelt den Fall, dass der duldungspflichtige Nachbar seinerseits an eine vom Berechtigten (Eigentümer des zurückliegenden, an sich nicht angeschlossenen Grundstücks) über das „Duldungs-Grundstück" geführte Leitung anschließt. Anders ausgedrückt, räumt Absatz 1 dem Eigentümer des Grundstücks, durch das gemäß § 30 Abs. 1 HNachbG Leitungen gelegt worden sind, das Recht ein, selbst an diese Leitungen anzuschließen, sofern diese ausreichen, um die Versorgung oder Entwässerung der beiden Grundstücke sicherzustellen. Geschieht dies, so ist ein angemessener Beitrag zu den Herstellungskosten des Teils der Leitungen zu leisten, der nach dem Anschluss mitbenutzt werden soll (wird). Es kann auch Sicherheitsleistung verlangt werden (vgl. die entsprechende Anwendung der §§ 30 Abs. 2 Satz 2 und 31 Abs. 1 HNachbG). Die eigene Anschlussleitung muss der Eigentümer des „Duldungs-Grundstücks" selbst bezahlen und unterhalten.

Absatz 2 behandelt den Fall, dass die Leitungen noch nicht verlegt sind, von dem Recht nach § 30 Abs. 1 HNachbG noch kein Gebrauch gemacht worden ist, das Vorhaben aber bereits angezeigt oder beabsichtigt ist und der Eigentümer oder Nutzungsberechtigte des betroffenen Grundstücks seinerseits einen Plan bzw. eine bestimmte Absicht hat, dass und wie sie an diese Leitungen ein bereits errichtetes, aber an das Versorgungs- und Entwässerungsnetz noch nicht angeschlossenes oder ein demnächst noch zu erstellendes Gebäude anschließen wollen. Sie können dann verlangen, dass die Verlegung der Leitungen so geschieht, dass ihrem baulichen Vorhaben Rechnung getragen und die Verlegung in technisch vertretbarer Weise durchgeführt wird. In aller Regel werden dabei Mehrkosten entstehen, die zu erstatten sind (ggf. binnen zwei Wochen Vorschuss). Wird der begehrte Vorschuss nicht geleistet, erlischt der Anspruch nach Satz 1.

§ 35 HNachbG
Leitungen in öffentlichen Straßen

Die §§ 30 bis 34 gelten nicht für die Verlegung von Leitungen in öffentlichen Straßen und in öffentlichen Grünflächen.

Erläuterungen

Nach dieser Vorschrift sind öffentliche Straßen (ebenso öffentliche Plätze, Grünflächen) von den Regelungen der §§ 30 bis 34 HNachbG ausgenommen.

Nach dem Fernstraßengesetz richtet sich zwar die Einräumung von Rechten zur Benutzung der Bundesfernstraßen nach dem bürgerlichen Recht, wenn sie den Gemeingebrauch nicht beeinträchtigen, wobei eine Beeinträchtigung von nur kurzer Dauer für Zwecke der öffentlichen Versorgung (Entsorgung) außer Betracht bleibt. Die gleiche Rechtssituation besteht nach § 20 HStrG für die Landes-, Kreis-, Gemeinde- und sonstigen Straßen sowie die öffentlichen Wege und Plätze. Gleichwohl können die §§ 30 bis 34 HNachbG nicht angewendet werden, weil durch diese Vorschriften die Stellung des Straßen- oder Wegeeigentümers bzw. des Trägers der Straßenbaulast in seiner freien Abwägung öffentlicher Interessen und Belange eingeschränkt würde. Der Straßeneigentümer muss z. B. frei bestimmen können, wo eine Längsleitung zu verlegen ist. Insoweit überlagert das öffentliche Recht das private Nachbarschaftsrecht.

§ 36 HNachbG
Höherführen von Schornsteinen und Lüftungsschächten

(1) Der Eigentümer und die Nutzungsberechtigten eines Grundstücks müssen dulden, daß an ihrem Gebäude der Eigentümer und die Nutzungsberechtigten des angrenzenden niederen Gebäudes ihre Schornsteine und Lüftungsschächte befestigt, wenn

1. **die Erhöhung der Schornsteine und Lüftungsschächte zur Erzielung der notwendigen Zug- und Saugwirkung erforderlich ist und**
2. **die Befestigung der höhergeführten Schornsteine und Lüftungsschächte anders nicht zweckmäßig oder nur mit unverhältnismäßig hohen Kosten durchgeführt werden kann.**

(2) Der Eigentümer und die Nutzungsberechtigten des betroffenen Grundstücks müssen ferner dulden, dass die höhergeführten Schornsteine und Lüftungsschächte des Nachbargebäudes von ihrem Grundstück aus unterhalten und gereinigt und die hierzu erforderlichen Einrichtungen angebracht werden, wenn diese Maßnahmen anders nicht zweckmäßig oder nur mit unverhältnismäßig hohen Kosten durchgeführt werden können. Sie können aber den Berechtigten darauf verweisen, eine Steigleiter an ihrem Gebäude anzubringen und zu benutzen, wenn diese Lösung technisch zweckmäßig ist.

Erläuterungen

Wenn neben ein niedrigeres ein höheres Gebäude gebaut oder ein Gebäude aufgestockt wird, verlieren die Schornsteine und Lüftungsschächte des niedrigeren Gebäudes ihre Zug- und Saugwirkung. Der Eigentümer und Nutzungsberechtigte des Grundstücks, auf dem das höhere Gebäude steht, müssen unter bestimmten Voraussetzungen dulden, dass an ihrem Gebäude der Eigentümer oder Nutzungsberechtigte des angrenzenden niedrigeren Gebäudes Schornsteine und Lüftungsschächte befestigt.

Gegen die Errichtung des höheren Gebäudes oder das Aufstocken kann der Eigentümer des niedrigeren Gebäudes nicht mit der Klage nach § 1004 BGB angehen; es handelt sich hierbei lediglich um eine negative Einwirkung, jedoch keine Beeinträchtigung seines Grundstücks.

Öffentlich-rechtliche Regelungen für lüftungstechnische Anlagen (Entlüftungsrohre, Lüftungsschächte und Lüftungskanäle) enthält § 36 HBO, Bestimmungen für Feuerungsanlagen und Schornsteine sind in § 37 HBO enthalten.

4. Voraussetzungen für das Recht des Eigentümers des niedrigeren Gebäudes und die Duldungspflicht des Nachbarn (mit dem höheren Gebäude) sind:

- Die Erhöhung darf nur erfolgen, wenn und soweit sie zur Erzielung der notwendigen Zug- und Saugwirkung notwendig ist und
- die Befestigung der höher geführten Schornsteine und Lüftungsschächte anders nicht zweckmäßig oder nur mit unverhältnismäßig hohen Kosten durchgeführt werden kann.

Maßgebend für die Art und Weise der Höherführung sind die technischen Notwendigkeiten. Insbesondere das Hochführen an der Wand des (höheren) Nachbargebäudes kommt dabei in Betracht.

Nach Absatz 2 erhält der höher führende Eigentümer noch das Recht, dass er die höhergeführten Schornsteine und Lüftungsschächte – falls erforderlich – vom Grundstück des Nachbarn aus unterhalten und reinigen kann (auch die Anbringung von entsprechenden Vorrichtungen). Erforderlich ist dies dann, wenn diese Maßnahmen anders nicht zweckmäßig oder nur mit unverhältnismäßig hohen Kosten durchgeführt werden können. Dabei kann allerdings verlangt werden, dass eine Steigleiter auf dem Dach des niedrigeren Hauses aufgestellt, am höheren Gebäude befestigt und als Zugang zu den Schornsteinen und Lüftungsschächten verwendet wird. Das Aufstellen einer solchen Steigleiter kann der Duldungspflichtige verlangen, soweit dies technisch durchführbar und sinnvoll ist.

§ 37 HNachbG
Schadensersatz und Anzeigepflicht

Für die Verpflichtung zum Schadensersatz und zur Anzeige gelten die §§ 23 bis 25 entsprechend. Die Anzeigepflicht entfällt auch, wenn die nach der Kehrordnung vorgeschriebene Reinigung durchgeführt werden soll.

Erläuterungen

Schaden, der bei Ausübung der Rechte aus § 36 Abs. 1 oder Abs. 2 HNachbG entsteht, muss ohne Rücksicht auf Verschulden ersetzt werden. Ggf. ist Sicherheit zu leisten.

Die §§ 23 bis 25 HNachbG finden entsprechende Anwendung, wobei die Anzeigepflicht auch entfällt, wenn die nach der Kehrordnung vorgeschriebene Reinigung durchgeführt werden soll. Auf die Erl. zu §§ 23 bis 25 HNachbG wird verwiesen.

BÄUME UND STRÄUCHER

Allgemeine Übersicht

Das Eigentumsrecht gestattet es dem Eigentümer grundsätzlich, auf seinem Grundstück Bäume und Sträucher anzupflanzen, wie es seinem Bedarf, seinem ästhetischen Gefühl, kurz seinem freien Willen entspricht. Das gilt insbesondere für die Arten, aber auch für die Dichte und Höhe der Bäume und Sträucher. Selbst wenn hierdurch Licht, Luft und Einsicht dem angrenzenden Grundstück entzogen bzw. genommen werden, besteht grundsätzlich keine Möglichkeit des Nachbarn, dies zu verhindern.

Das BGB regelt lediglich in § 910 BGB die Rechtsverhältnisse beim Überhang von Zweigen und beim Eindringen von Wurzeln in das Nachbargrundstück, in § 911 die Rechtslage beim Überfall, d. h. beim Herabfallen von Früchten eines Baumes oder Strauches auf das Nachbargrundstück und im § 923 BGB Rechtsverhältnisse des sog. Grenzbaums, der auf der gemeinsamen Grenze von zwei Grundstücken steht.

Darüber hinaus hat das Hess. NRG in seinen §§ 38 bis 44 HNachbG Regelungen getroffen für **Grenzabstände** bei Pflanzen. Diese von der Grundstücksgrenze zu messenden Mindestabstände sind aus der Erwägung heraus festgelegt worden, dass die Bäume und Sträucher durch Schattenwerfen, durch die Veränderung der Bodenfeuchtigkeit und auch als Brutstätte für Insekten u. a. Schädlinge nachteilig auf das benachbarte Grundstück einwirken können. Insoweit wird das Eigentumsrecht des Grundstückseigentümers eingeschränkt.

Die Vorschriften einer kommunalen BaumschutzVO dienen ausschließlich öffentlichen Interessen und begründen keine subjektiven Rechte für den Erhalt von Bäumen, obgleich Bäume für den Nachbarn häufig ein wichtiger Schallschutz sind. Zur Wirkung der öffentlich-rechtlichen Baumschutzsatzungen gegen Zivilrecht: *Otto*, NJW 1989 S. 1783; OLG Düsseldorf, Urt. vom 20.4.1988, NJW 1989 S. 1807. Wird ein Baum zivilrechtlich als störend und zu beseitigen durch Urteil festgestellt, bedarf es noch der behördlichen Beseitigungsgenehmigung. Bäume können auch geschützt sein durch Regeln in Bebauungsplänen und durch Bestimmungen des Natur- und Denkmalschutzes.

§ 910 BGB
Überhang

(1) Der Eigentümer eines Grundstücks kann Wurzeln eines Baumes oder eines Strauches, die von einem Nachbargrundstück eingedrungen sind, abschneiden und behalten. Das gleiche gilt von herüberragenden Zweigen, wenn der Eigentümer dem Besitzer des Nachbargrundstücks eine angemessene Frist zur Beseitigung bestimmt hat und die Beseitigung nicht innerhalb der Frist erfolgt.

(2) Dem Eigentümer steht dieses Recht nicht zu, wenn die Wurzeln oder die Zweige die Benutzung des Grundstücks nicht beeinträchtigen.

Erläuterungen

§ 910 Abs. 1 BGB gewährt ein **Beseitigungsrecht** für den Eigentümer des Nachbargrundstücks. Er kann Wurzeln eines Baumes oder Strauches, die von einem Nachbargrundstück in sein Grundstück eingedrungen sind, abschneiden und behalten. Das gleiche gilt für überragende Zweige, hier allerdings unter der Voraussetzung, dass der Eigentümer dem Besitzer des Nachbargrundstücks eine angemessene Frist zur Beseitigung bestimmt hat und die Beseitigung nicht innerhalb der Frist erfolgt ist. § 910 BGB eröffnet dem Grundstückseigentümer gegenüber seinem Nachbarn einen Anspruch auf Rückschnitt vom Nachbargrundstück eindringender Wurzeln, wenn diese eine Grundstücksbeeinträchtigung verursachen. Alternativ erwächst dem Eigentümer ein Selbsthilferecht, falls der Nachbar einer entsprechenden Aufforderung zum Rückschnitt nicht innerhalb einer Frist nachkommt. § 910 BGB löst zwar ein Selbsthilferecht des Nachbarn aus, lässt aber alternativ auch die Klage auf Beseitigung des Überhanges zu (LG Köln, Urt. vom 13.7.2010 – 27 O 239/09 –).

Schneidet der Eigentümer eines Grundstücks in Ausübung seines Selbsthilferechts Wurzeln ab, die von einem auf dem Nachbargrundstück stehenden Baum hinübergewachsen sind, handelt er nicht rechtswidrig. Maßnahmen, die nach Abschneiden der Wurzeln erforderlich sind, um den Baum vor Folgeschäden zu bewahren, obliegen dem Eigentümer des

Baumes. Der Selbsthilfeberechtigte kann verpflichtet sein, den Eigentümer des Baumes von dem Abschneiden der Wurzeln zu unterrichten (OLG Köln, Urt. vom 23.6.1993, DWW 1993 S. 332). § 910 kommt auf Pflanzen aller Art (auch sog. Unkraut) zur Anwendung (*Michael Schmid*, NJW 1988 S. 29). Abschneide-Berechtigter kann von dem, der aus § 1004 BGB beseitigungspflichtig war, nach §§ 812, 818 BGB Ersatz der von diesem ersparten Aufwendungen verlangen (BGH, NJW 2004 S. 603).

Berechtigt sind nur Eigentümer, Miteigentümer und Erbbauberechtigte. Ein Anspruch wegen der Beseitigungskosten kann sich aus den §§ 812 und 823 BGB ergeben (vgl. auch BGHZ 60, 235). Das Beseitigungsrecht kann durch Klage geltend gemacht werden.

Abweichungen des Landesrechts von § 910 BGB für Obstbäume (Art. 122 EGBGB) und für Waldbäume bzw. Waldgrundstücke (Art. 183 EGBGB) bleiben unberührt.

Wurzeln und Zweige müssen die Grundstücksgrenze „überschreiten". Soweit sonstige Pflanzenteile die Grenze „überschreiten" (z. B. bei Kletter- und Schlingpflanzen), schützt nur § 1004 BGB.

Nach **Absatz 2** müssen die Wurzeln und Zweige die Benutzung des Nachbargrundstücks beeinträchtigen, andernfalls dem Nachbarn das Recht auf Beseitigung nicht zusteht. Ein normaler Nadel- und Laubbefall beeinträchtigt in der Regel das Nachbargrundstück bzw. dessen Nutzung nicht (LG Kleve, MDR 1982 S. 230; LG Hannover, Urt. vom 25.3.1988, ZMR 1990 S. 344; LG Dortmund, Urt. vom 10.9.2010 – 3 O 140/10 –). Beeinträchtigen Wurzeln eines Baumes auf dem benachbarten Grundstück die Standfestigkeit einer Mauer, hat der Betroffene einen Ausgleichsanspruch (OLG Düsseldorf, Urt. vom 18.4.1990, MDR 1990 S. 591). Der Entzug von Licht und Luft ist im Rahmen des Überhangs grundsätzlich eine Beeinträchtigung im Sinne von § 910 BGB, wenn hierdurch die Fruchtgewinnung verringert wird. Dies gilt jedoch nicht, wenn trotz Rückschnitt durch die stehen gebliebenen Bäume in nahezu gleicher Weise Licht entzogen würde (OLG Oldenburg, NJw-RR 1991 S. 1367). Eindringende Wurzeln verursachen eine Grundstücksbeeinträchtigung, wenn sie zur Beschädigung des Mauerwerks führen, wenn hierdurch Gehwegplatten oder der Teerbelag einer Straße angehoben wird, die Wurzeln in die Fundamente oder Abflussrohre eindringen oder sie Risse oder Unebenheiten im Hof oder am Garagenboden verursachen. Der BGH hat einen Abwehranspruch auch dann bereits bejaht, falls auf Grund der grenznahen Wurzeln Beschädigungen an der Garagenwand des Nachbarn durch die „Hebelwirkung" entstehen (BGH, Urt. vom 12.12.2003 – V ZR 98/03 –). Ein verstärkter Laubfall kann auch eine Grundstücksbeeinträchtigung sein, wenn dieser bspw. zur ständigen Verstopfung der Dachrinnen führt. Hier gilt jedoch die Besonderheit, dass der verstärkte Laubfall allein auf die Tatsache zurückzuführen ist, dass vermehrtes Astwerk überhängt (vgl. hierzu auch LG Dortmund, Urt. vom 10.9.2010 – 3 O 140/10 –). § 910 BGB enthält sowohl den Anspruch auf Rückschnitt im Wege der Klage als auch das Selbsthilferecht nach vorheriger erfolgloser Aufforderung. Im Falle der Selbsthilfe hat der BGH einen Aufwendungsersatz (BGH, NJW 1986 S. 264) bejaht. Fällt der betroffene Baum unter eine örtliche Baumschutzsatzung, so ist ein Rückschnitt nur nach vorheriger Einwilligung der zuständigen Verwaltungsbehörde zulässig (BGH, NJW 1993 S. 1656). Der störende Grundstückseigentümer ist bei einer dem Anspruch des Nachbarn auf Beseitigung des Überhanges entgegenstehender Baumschutzsatzung verpflichtet, sich um eine Ausnahmegenehmigung zu kümmern (LG Köln, Urt. vom 11.8.2011 – 6 S 285/10 –).

§ 911 BGB
Überfall

Früchte, die von einem Baume oder einem Strauche auf ein Nachbargrundstück hinüberfallen, gelten als Früchte dieses Grundstücks. Diese Vorschrift findet keine Anwendung, wenn das Nachbargrundstück dem öffentlichen Gebrauche dient.

Erläuterungen

Vor der Trennung gehören die Früchte eines Baumes oder Strauches dem Eigentümer, auf dessen Grundstück der Baum oder Strauch steht, auch wenn die Zweige des Baumes oder Strauches auf das andere Grundstück hinüberragen. Der Eigentümer ist berechtigt, auch diese Früchte zu ernten; hierbei darf er aber fremde Grundstücke nicht ohne Erlaubnis betreten.

Fallen die Früchte ohne Zutun des Nachbarn auf das Nachbargrundstück, so wird Eigentümer der herabgefallenen Früchte der Eigentümer des Nachbargrundstücks (auf dessen Grundstück die Früchte gefallen sind). Der Nachbar darf diese Früchte somit behalten. Er darf sie nicht selbst abtrennen (durch Schütteln oder in anderer Weise).

Diese Regelung findet keine Anwendung, d. h. die Früchte bleiben Eigentum des Eigentümers von Baum oder Strauch, wenn das Nachbargrundstück dem öffentlichen Gebrauch dient. Das Grundstück dient dem öffentlichen Gebrauch, wenn es sich um eine öffentliche Straße, einen öffentlichen Weg oder um öffentliche Flächen sonstiger Art handelt (Grünanlagen).

§ 923 BGB
Grenzbaum

(1) Steht auf der Grenze ein Baum, so gebühren die Früchte und, wenn der Baum gefällt wird, auch der Baum den Nachbarn zu gleichen Teilen.

(2) Jeder der Nachbarn kann die Beseitigung des Baumes verlangen. Die Kosten der Beseitigung fallen den Nachbarn zu gleichen Teilen zur Last. Der Nachbar, der die Beseitigung verlangt, hat jedoch die Kosten allein zu tragen, wenn der andere auf sein Recht an dem Baum verzichtet; er erwirbt in diesem Falle mit der Trennung das Alleineigentum. Der Anspruch auf die Beseitigung ist ausgeschlossen, wenn der Baum als Grenzzeichen dient und den Umständen nach nicht durch ein anderes zweckmäßiges Grenzzeichen ersetzt werden kann.

(3) Diese Vorschriften gelten auch für einen auf der Grenze stehenden Strauch.

Erläuterungen

Die Vorschrift regelt einen Teil der Rechtsverhältnisse des sog. Grenzbaums. Er steht auf der gemeinsamen Grenze zwischen zwei Grundstücken. Hierbei kommt es maßgebend darauf an, dass die Grenze den Stamm an der Stelle durchschneidet, wo er aus der Erde tritt. Treten mehrere Stämme aus der Erde (aus einem einheitlichen Wurzelwerk), so kommt es auf den zusammenfassenden Bereich aller Stämme an. Zu den Begriffen Baum und Strauch vgl. Erl. zu § 38 HNachbG.

Über die **Eigentumsverhältnisse** am stehenden Baum enthält § 923 BGB keine Regelung; nach h. M. steht er je zur Hälfte im Miteigentum der Eigentümer der beiden benachbarten Grundstücke. Die Früchte und, wenn der Baum gefällt wird, auch dieser gehören den beiden Grundstückseigentümern nach Absatz 1 je zur Hälfte. Für alle in Absatz 1 aufgezählten Fälle (Früchte und gefällter Baum) und auch für die Rechtsverhältnisse am stehenden Baum ist es gleichgültig, ob die Grenze hälftig oder in einem anderen Verhältnis den Stamm oder den Stammbereich durchtrennt.

Nach **Absatz 2** hat jeder der benachbarten Eigentümer das Recht, vom anderen die **Beseitigung des Baumes** zu verlangen. Die **Kosten** der Beseitigung fallen den Nachbarn zu gleichen Teilen zur Last. Der Nachbar, der die Beseitigung verlangt hat, hat die Kosten jedoch allein zu tragen, wenn der andere auf sein Recht am Baume verzichtet; jener erwirbt dann das Alleineigentum am Baum (im Augenblick der Trennung/Fällung). Diese Regelung der Kostentragung dürfte entsprechend für den Fall gelten, dass die Nachbarn übereinstimmend für die Beseitigung sind und der eine auf sein Recht am Baum verzichtet. Für Beseitigung gilt auch hier das in der Allgemeinen Übersicht zur öffentl. Genehmigung Gesagte.

Der **Anspruch** auf Beseitigung ist **ausgeschlossen**, wenn der Baum als Grenzbaum dient und den Umständen nach nicht durch ein anderes zweckmäßiges Grenzzeichen ersetzt werden kann (z. B. durch einen Grenzstein).

Der Beseitigungsanspruch unterliegt nach § 924 BGB nicht der Verjährung.

Nach **Absatz 3** gelten die Vorschriften der Absätze 1 und 2 auch für einen auf der Grenze stehenden Strauch. Zum Begriff Strauch vgl. die Erl. zu § 38 HNachbG.

§ 38 HNachbG

Grenzabstände für Bäume, Sträucher und einzelne Rebstöcke

(1) Der Eigentümer und die Nutzungsberechtigten eines Grundstücks haben bei dem Anpflanzen von Bäumen, Sträuchern und einzelnen Rebstöcken von den Nachbargrundstücken – vorbehaltlich des § 40 – folgende Abstände einzuhalten:

1. mit Allee- und Parkbäumen, und zwar

a) sehr stark wachsenden Allee- und Parkbäumen, insbesondere dem Eschenahorn (Acer negundo), sämtlichen Lindenarten (Tilia), der Platane (Platanus acerifolia), der Roßkastanie (Aesculus hippocastanum), der Rotbuche (Fagus sylvatica), der Stieleiche (Quercus robur), ferner der Atlas- und Libanon-Zeder (Cedrus atlantica u. libani), der Douglasfichte (Pseudotsuga taxifolia), der Eibe (Taxus baccata), der österreichischen Schwarzkiefer (Pinus nigra austriaca)… … … 4 m,

b) stark wachsenden Allee- und Parkbäumen, insbesondere der Mehlbeere (Sorbus intermedia), der Weißbirke (Betula pendula), der Weißerle (Alnus incana), ferner der Fichte oder Rottanne (Picea abies), der gemeinen Kiefer oder Föhre (Pinus sylvestris), dem abendländischen Lebensbaum (Thuja occidentalis) … … … 2 m,

c) allen übrigen Allee- und Parkbäumen… … … 1,5 m,

2. mit Obstbäumen, und zwar

a) Walnußsämlingsbäumen… … … 4 m,

b) Kernobstbäumen, soweit sie auf stark wachsender Unterlage veredelt sind, sowie Süßkirschenbäumen und veredelten Walnußbäumen… … … 2 m,

c) Kernobstbäumen, soweit sie auf schwach wachsender Unterlage veredelt sind, sowie Steinobstbäumen, ausgenommen die Süßkirschenbäume… … … 1,5 m,

3. mit Ziersträuchern, und zwar

a) stark wachsenden Ziersträuchern, insbesondere der Alpenrose (Rhododendron-Hybriden), dem Feldahorn (Acer campestre), dem Feuerdorn (Pyracantha coccinea), dem Flieder (Syringa vulgaris), dem Goldglöckchen (Forsythia intermedia), der rotblättrigen Haselnuß (Corylus avellana v. fuscorubra), den stark wachsenden Pfeifensträuchern – falscher Jasmin – (Philadelphus coronarius, satsumanus zeyheri u. a.), ferner dem Wacholder (Juniperus communis) … … … 1 m,

b) **allen übrigen Ziersträuchern… … …** **0,5 m,**

4. **mit Beerenobststräuchern, und zwar**

a) **Brombeersträuchern… … …** **1 m,**

b) **allen übrigen Beerenobststräuchern… … …** **0,5 m,**

5. **mit einzelnen Rebstöcken… … …** **0,5 m.**

(2) Abs. 1 gilt auch für wild gewachsene Pflanzen

Erläuterungen

Der Eigentümer und der Nutzungsberechtigte eines Grundstücks haben bei dem Anpflanzen von Bäumen, Sträuchern und einzelnen Rebstöcken bestimmte in dieser Vorschrift festgelegte Grenzabstände einzuhalten. Besondere Regelungen finden sich in § 40 Hess. NRG.

Bäume sind größere, meist über 5 m hoch werdende Holzgewächse, die einen ausgeprägten Stamm besitzen, von dem aus durch Äste und Zweige eine verschiedenartig geformte Krone gebildet wird. Sträucher erreichen im Allgemeinen keine größeren Höhen (nur selten ca. 10 m). Sie besitzen in der Regel mehrere gleichwertige aus dem Boden kommende (schwächere) Stämme und erneuern sich immer wieder durch Bodentriebe, die zu neuen Stämmen heranwachsen, während ein Teil der alten Stämme abstirbt. Zwischen Bäumen und Sträuchern gibt es Übergangsformen (vgl. *Jost Fitschen*, Gehölzflora, 1983, S. 16). Zu den Sträuchern sind auch die sog. Halbsträucher zu zählen, die oberirdisch jährlich bis auf die verholzende Basis ihrer Sprosse absterben, aus der jährlich neue Laub- und Blütensprosse hervorgehen. Dies sind auch die Rebstöcke, die im Gesetz besonders aufgezählt sind, ohne dass der Gesetzgeber damit die Halbsträucher im übrigen hat ausschließen wollen. Hecken gehören nicht hierzu, vgl. Erl. zu § 39 HNachbG.

Der vorgeschriebene Grenzabstand für **sehr stark wachsende** Allee- und Parkbäume beträgt 4 m. Neben den im Gesetz („insbesondere") aufgezählten kommen noch weitere sehr stark wachsende Bäume in Betracht, wobei nicht auf besondere Bedingungen, sondern auf die Schnelligkeit des Wuchses als solchen, d. h. unter normalen Bedingungen abzustellen ist. Als Beispiele für weitere sehr stark wachsende Allee- und Parkbäume können genannt werden: Andere Arten des Ahorn (mit Ausnahme des Feldahorns und Silberahorns), Pappeln (die Zitterpappel oder Espe, die Silberpappel und Graupappel, die Pyramidenpappel und die Kanadische Pappel, die Balsampappel und die verschiedenen sog. Kulturpappeln), der Tulpenbaum, die Saalweide, Silberweide und Trauerweide, die Eschen (zweifelhaft die Eberesche), die Erlen und Edelkastanien.

Von den sehr stark wachsenden Park- und Alleebäumen sind die **nur stark wachsenden** Allee- und Parkbäume zu unterscheiden. Bei ihnen muss ein Grenzabstand von 2 m eingehalten werden. Zu stark wachsenden Allee- und Parkbäumen gehören neben den im Gesetz genannten z. B. die Vogelbeere, die Zierkirsche, der japanische Pagodenbaum (Schnurbaum) und die Rubinie. Dass im HNachbG die Fichte nur als stark wachsender Baum, in dem LNRG RhPf aber als sehr stark wachsender Baum eingestuft ist, zeigt die Problematik der Unterscheidung zwischen stark und sehr stark wachsenden Bäumen. AG Neuss, Urt. vom 19.1.1990, ZMR 1990 S. 338: Pyramidenhainbuche ist stark wachsender Baum.

Für alle übrigen Allee- und Parkbäume, soweit sie also weder stark noch sehr stark wachsen, muss ein Abstand von 1,50 m eingehalten werden.

Bei den **Obstbäumen** werden die Walnusssämlingsbäume (4 m Abstand) besonders hervorgehoben. Von allen Obstbäumen wachsen sie am schnellsten. Sie sind die einzigen Obstbäume, die durch Samen vermehrt werden und daher wurzelecht sind. Ihre Kronenausdehnung ist mit der der Allee- und Parkbäume vergleichbar. Die **Kernobstbäume** (Apfel-, Birnen- und Quittenbäume), soweit sie auf stark wachsender Unterlage veredelt sind, sowie Süßkirschbäume und veredelte Walnussbäume müssen einen Grenzabstand von mindestens 2 m aufweisen. Bei Kernobstbäumen auf schwach wachsender Unterlage sowie bei Steinobstbäumen (ausgenommen die Süßkirschbäume) gilt ein Grenzabstand von 1,50 m (Steinobstbäume: Aprikosen, Mirabellen, Pfirsich, Reineclauden, Sauerkirschen und Zwetschgen).

Das Gesetz geht von der Tatsache aus, dass sich der Wuchs eines Obstbaumes entscheidend danach richtet, auf welcher Art von Unterlage der Baum veredelt worden ist. Sämlingsunterlagen (sog. Wildlinge) werden durch generative (geschlechtliche) Vermehrung, d. h. durch Aussaat von Samen, Kernen oder Steinen gewonnen und ergeben regelmäßig stark wachsende Pflanzen (hochstämmige Obstbäume). Durch vegetative (ungeschlechtliche) Vermehrung, d. h. durch Ableger, Stecklinge o. ä. gewonnene Unterlagen sind hingegen im allgemeinen durch einen schwachen Wuchs gekennzeichnet (Busch- oder Spalierobstbäume).

Bei **Ziersträuchern** wird nur zwischen stark wachsenden (1 m Abstand) und den übrigen Sträuchern (0,5 m Abstand) unterschieden. Neben den im Gesetz genannten stark wachsenden Sträuchern sind zu nennen: Felsenbirne, Schneeballarten, Weißdorn, Goldregen, Liguster, Erbsenstrauch, die Hartriegelarten und Holunderarten.

Bei den **Beerenobststräuchern** sind nur die Brombeersträucher hervorgehoben, die 1 m Abstand einhalten müssen, bei allen übrigen Beerenobststräuchern genügt 0,5 m Abstand.

Bei einzelnen Rebstöcken muss ein Abstand von 0,5 m eingehalten werden.

In bestimmten Fällen ist ein doppelter Abstand zu halten (vgl. § 40 HNachbG).

Werden bei den Anpflanzungen nicht die vorgeschriebenen Abstände eingehalten, hat der Grundstücksnachbar einen einklagbaren Anspruch auf Beseitigung nach § 1004 BGB. Der Anspruch ist unter den Voraussetzungen des § 43 HNachbG ausgeschlossen.

Die Vorschriften des § 38 Abs. 1 HNachbG gelten auch für wild gewachsene Pflanzen. Aus Gründen der Rechtsklarheit wurde diese Regelung aufgenommen. Sie ist auch interessengerecht, da nur der Eigentümer des Grundstücks rechtlich und tatsächlich die Möglichkeit der Beseitigung oder des Rückschnitts der wild gewachsenen Pflanzen hat.

§ 39 HNachbG
Grenzabstände für lebende Hecken

(1) Der Eigentümer und die Nutzungsberechtigten eines Grundstücks haben bei dem Anpflanzen lebender Hecken von den Nachbargrundstücken – vorbehaltlich des § 40 – folgende Abstände einzuhalten:

1.	**mit Hecken über 2,0 m Höhe**	**0,75 m,**
2.	**mit Hecken bis zu 2,0 m Höhe**	**0,50 m,**
3.	**mit Hecken bis zu 1,2 m Höhe**	**0,25 m.**

(2) Abs. 1 gilt nicht für Hecken, die das öffentliche Recht als Einfriedung vorschreibt.

Erläuterungen

Bei lebenden Hecken muss ein bestimmter, sich nach der Höhe der Hecke richtender Abstand eingehalten werden. Die Regelung des § 38 HNachbG geht von dem möglichen Pflanzenwuchs (sehr stark, stark) aus. Für den Abstand von lebenden Hecken wird dagegen von der beabsichtigten Höhe der Hecke ausgegangen.

Hecke ist eine Anpflanzung, bei der die Sträucher in dichter Reihenfolge angepflanzt sind und die beschnitten wird bzw. beschnitten werden soll. Hecken, die nicht beschnitten werden bzw. beschnitten werden sollen, sind keine Hecken i. S. des § 39 HNachbG. Für in

Reihe gepflanzte Bäume kommt nicht § 39 HNachbG, sondern § 38 HNachbG zur Anwendung. Hecke im Zusammenhang mit § 39 HNachbG dient der Einfriedung des Grundstücks; sie verliert den Heckencharakter bei über 3 m Höhe (LG Zweibrücken, MDR 1997 S. 1119).

Unerheblich ist, welche **Pflanzenart** als Hecke verwendet wird (z. B. Feldahorn, Eibe, Lebensbaum, Buchs, Rotbuche).

Unter bestimmten Voraussetzungen sind die **doppelten Abstände** einzuhalten (vgl. § 40 HNachbG).

Werden vorgeschriebene Abstände nicht eingehalten, so hat der Nachbar einen einklagbaren **Anspruch** auf Beseitigung (§ 1004 BGB). Dies gilt nicht, wenn der Beseitigungsanspruch ausgeschlossen ist (§ 43 HNachbG). Der Nachbar kann auf Einhaltung des vorgeschriebenen Abstandes von der Grenze bei der Anpflanzung der Hecke bestehen. Diesen Anspruch kann er mit der Klage auf Beseitigung der Hecke, hilfsweise auf Zurückschneiden der Hecke bis zur zulässigen Höhe geltend machen. Die Klage auf Beseitigung der Hecke muss aber binnen der vorgesehen Ausschlussfrist (drei Jahre) nach dem Anpflanzen erhoben werden (§ 43 Abs. 1 HNachbG). Bloßes Mahnen oder Klageandrohen reicht nicht aus. Nach Fristablauf können Beseitigungs- und Rückschnittsansprüche grundsätzlich nicht mehr gefordert werden. Der Rechtsnachfolger muss in dem Zusammenhang auch das Verstreichenlassen der Frist durch den Rechtsvorgänger sich anrechnen lassen. Die Nichteinhaltung der Abstandsvorschriften nach den §§ 38 und 39 HNachbG ist eine Beeinträchtigung i. S. des § 1004 BGB. Die §§ 38 und 39 HNachbG enthalten insoweit eine Fiktion für die Beeinträchtigung. Der Anspruch auf Zurückschneiden der Zweige und Triebe entsteht jedesmal neu, sobald das vom Gesetz festgelegte tatsächliche Verhältnis zwischen Grenzabstand und Heckenhöhe in einen gesetzwidrigen Zustand „hineinwächst", weil die Hecke den zugelassenen Höchststand überschritten hat.

Ist die Hecke schon vor dem Inkrafttreten des HNachbG, also vor dem 1.11.1962, mit einem Grenzabstand angepflanzt worden, der dem Partikularrecht entsprach, kann der Beseitigungsanspruch (§ 1004 BGB) nicht geltend gemacht werden (§ 43 Abs. 1 Nr. 1 HNachbG). Insoweit wird allerdings vorausgesetzt, dass die Höhe bzw. der Abstand der Hecke nicht verändert wird.

Bei abfallendem Gelände ist die tatsächliche Höhe der Hecke maßgebend, also vom Niveau des Geländes, auf dem die Hecke steht (mittlerer Masswert).

Nicht anwendbar ist Absatz 1 für Hecken, die das öffentliche Recht als Einfriedung vorschreibt. Sie kann z. B. in einer Satzung vorgeschrieben sein oder durch besondere Anforderungen im Rahmen des § 10 HBO von der Bauaufsichtsbehörde verlangt werden (vgl. weiter § 40 und die Erl. hierzu). Auch wenn des hessische Nachbarrechtsgesetz eine Höhenbegrenzung für Hecken nicht ausdrücklich vorsieht, folgt hier nicht, dass Hecken jede beliebige Höhe aufweisen können. Die Privilegierung einer Anpflanzung als Hecke entfällt, sobald sie eine Höhe erreicht hat, die üblicherweise Bäume vorbehalten ist. Diese Höhe ist bei drei Metern anzunehmen (LG Limburg, Urt. vom 27.1.2006 – 3 S 189/05 –). Eine völlig aus dem Rahmen fallende Hecke in überdimensionalen Ausmaßen stellt eine nicht hinzunehmende Beeinträchtigung des Nachbargrundstücks dar (AG Idstein, Urt. vom 28.1.2013 – 30 C 90/12 –).

§ 40 HNachbG

Ausnahmen

(1) Die doppelten Abstände nach den §§ 38 und 39 sind einzuhalten gegenüber Grundstücken, die

1. dem Weinbau dienen,

2. **landwirtschaftlich nutzbar sind oder dem Erwerbsgartenbau oder dem Kleingartenbau dienen und im Außenbereich (§ 19 Abs. 1 Nr. 3, § 35 Baugesetzbuch) liegen oder**
3. **durch Bebauungsplan der landwirtschaftlichen, erwerbsgärtnerischen oder kleingärtnerischen Nutzung vorbehalten sind.**

(2) Die §§ 38 und 39 gelten nicht für

1. **Anpflanzungen, die hinter einer Wand oder Mauer vorgenommen werden und diese nicht überragen,**
2. **Anpflanzungen an den Grenzen zu öffentlichen Straßen, zu öffentlichen Grünflächen und zu Gewässern,**
3. **Anpflanzungen auf öffentlichen Straßen.**

(3) § 9 Abs. 3 und 4 des Hessischen Waldgesetzes vom 27.6.2013 (GVBl. S. 458) bleibt unberührt.

Erläuterungen

Nach **Absatz 1** sind die doppelten Abstände nach den §§ 38 und 39 HNachbG einzuhalten gegenüber Grundstücken, die

- dem Weinbau dienen, wobei es sich um zusammenhängende Rebanlagen, d. h. Weinberge handeln muss;
- landwirtschaftlich nutzbar, also nicht unbedingt genutzt sind, dem Erwerbsgartenbau oder dem Kleingartenbau dienen (tatsächlich hierfür genutzt werden) und im sog. Außenbereich i. S. des BauGB liegen. Im Außenbereich liegen Grundstücke, die sich außerhalb des räumlichen Geltungsbereichs eines Bebauungsplans i. S. des § 30 BauGB und auch außerhalb eines im Zusammenhang bebauten Ortsteils befinden oder
- durch Bebauungsplan der landwirtschaftlichen, erwerbsgärtnerischen oder kleingärtnerischen Nutzung vorbehalten werden.

Die Regelung hat den Sinn, die Landwirtschaft, den Erwerbsgartenbau und den Kleingartenbau besonders zu schützen.

Gegenüber forstwirtschaftlich genutzten Grundstücken brauchen nur die Regelabstände eingehalten zu werden, da insoweit die Voraussetzungen des § 40 HNachbG nicht vorliegen. Baumreihen, die hinter Grenzwänden gepflanzt werden, dürfen ohne Einhaltung eines Mindestabstandes bis zur Höhe der Grenzwand wachsen (AG Gießen, Urt. vom 16.6.2017 – 41 C 49/14 –).

Nach **Absatz 2** gelten die Abstände nach den §§ 38 und 39 HNachbG nicht für Anpflanzungen (Baum, Strauch, Rebstock oder Hecke), die hinter einer Mauer oder Wand (auch Bretterwand) vorgenommen werden, wenn sie diese nicht überragen.

Die Abstandsregelungen nach den §§ 38 und 39 HNachbG gelten auch nicht bei Anpflanzungen an den Grenzen zu öffentlichen Straßen, Grünflächen und Gewässern.

Bestimmungen hierüber enthält das öffentliche Recht: § 27 Abs. 2 HStrG schreibt vor, dass Anpflanzungen aller Art nicht angelegt werden dürfen, wenn sie die Sicherheit oder Leichtigkeit des Verkehrs beeinträchtigen können. Soweit sie bereits vorhanden sind, haben die Eigentümer und Besitzer ihre Beseitigung zu dulden. Eine ähnliche Vorschrift enthält § 11 Abs. 2 bis 5 FStrG (Schadensersatzpflicht des Straßenbaulastträgers für entsprechende Maßnahmen gegenüber dem Grundstückseigentümer). Die Straßenbepflanzung selbst durch den Träger der Straßenbaulast ist in § 28 HStrG geregelt.

Absatz 3 verweist auf die Nachbarrechtsregelungen des Waldgesetzes die wie folgt lauten:

§ 9
Nachbarrechte und -pflichten

(1) Bei der Bewirtschaftung des Waldes haben die Waldbesitzerinnen und Waldbesitzer auf die Bewirtschaftung benachbarter Grundstücke Rücksicht zu nehmen.

(2) Bei Gemengelage von:

1. *Waldbesitz, dessen ordnungsgemäße Bewirtschaftung nur bei weitgehender Rücksichtnahme auf die Nachbargrundstücke möglich ist, haben die Waldbesitzerinnen und Waldbesitzer ihre Wirtschaftsmaßnahmen aufeinander abzustimmen. Kommt hierüber keine Einigung zustande, kann die Forstbehörde besondere Wirtschaftsmaßnahmen anordnen.*
2. *Wald und Feldflur sollen Waldränder einen Funktionen gerechten Aufbau haben. Schattenwurf oder Wurzelbrut sind zu vermeiden.*

(3) Bei der Verjüngung oder Neubegründung eines Waldes dürfen Baumanpflanzungen nur in einem Abstand von mindestens fünf Metern von der Grenze zu einem landwirtschaftlich oder gärtnerisch genutzten Grundstück erfolgen; zu Wegen muss der Abstand mindestens einen Meter, zu Rebgelände mindestens sechs Meter betragen. Die Abstandsstreifen können bis zu einem Meter Abstand von der Grenze mit Sträuchern oder Bäumen bis zu einer Höhe von zwei Metern bepflanzt werden. Die Forstbehörde kann Ausnahmen zulassen.

(4) Bundesautobahnen, Bundes-, Landes-, Kreis- und Gemeindestraßen gelten nicht als Wege im Sinne des Abs. 3 Satz 1.

§ 41 HNachbG
Berechnung des Abstandes

Der Abstand wird von der Mitte des Baumstammes, des Strauches oder des Rebstocks bis zur Grenzlinie gemessen, und zwar an der Stelle, an der der Baum, der Strauch oder der Rebstock aus dem Boden austritt.

Erläuterungen

Für die Berechnung der Abstände bei Bäumen, Sträuchern und einzelnen Rebstöcken wird von der Mitte des Baumstammes, des Strauches oder des Rebstockes bis zur Grenze gemessen, und zwar an der Stelle, an der die Pflanze aus dem Boden austritt. Die Regelung gilt nicht für Rebanlagen und Weinberge (vgl. hierzu § 42 HNachbG). Treten mehrere Stämme aus dem Boden, so ist von der Mitte des Stammes aus zu messen, der der Grenze am nächsten steht.

Bei der Messung ist die kürzeste Entfernung zur Grundstücksgrenze zu wählen. Bei ansteigendem oder abfallendem Gelände ist nicht am Boden entlang, sondern horizontal zu messen.

§ 42 HNachbG
Grenzabstand im Weinbau

(1) Der Eigentümer und die Nutzungsberechtigten eines dem Weinbau dienenden Grundstücks haben bei dem Anpflanzen von Rebstöcken folgende Abstände einzuhalten:

1. **gegenüber den parallel zu den Rebzeilen verlaufenden Grenzen die Hälfte des geringsten Zeilenabstandes, gemessen zwischen den Mittellinien der Rebzeilen, mindestens aber 0,75 m,**
2. **gegenüber den sonstigen Grenzen, gerechnet von dem äußersten Rebstock oder von der Verankerung, falls eine solche vorhanden ist, 0,5 m.**

(2) Übersteigt die Gesamthöhe der Rebanlage 1,8 m (Rebschnittgärten, Weitraumanlagen), so beträgt der Abstand nach Abs. 1 Nr. 1 mindestens 1,5 m.

Erläuterungen

Die Vorschrift regelt nur die Abstände, die bei der Anpflanzung von Rebstöcken auf den dem Weinbau dienenden Grundstücken, also Weinbergen, gegenüber anderen Grundstücken einzuhalten sind.

Laufen die Rebzeilen parallel zur Grundstücksgrenze, dann ist als Abstand die Hälfte des geringsten Zeilenabstands, gemessen zwischen den Mittellinien der Rebzeilen, mindestens aber 0,75 m einzuhalten.

Laufen die Rebzeilen nicht parallel (also z. B. schräg oder im spitzen Winkel), muss von dem äußersten Rebstock oder von der Verankerung 0,5 m Abstand zur Grenze eingehalten werden. Bei der Verankerung handelt es sich um die im Boden befestigte Haltestange für die Drähte an den Enden jeder Zeile. Die Verankerung erfolgt in jüngerer Zeit, insbesondere aber bei der oberen Haltestange in Hanglagen, die besonderem Zug (Druck) ausgesetzt ist, durch Einzementieren.

Nach **Absatz 2** beträgt der Abstand für die Fälle des Absatzes 1 Nr. 1 mindestens 1,5 m, wenn die Gesamthöhe der Rebanlage 1,8 m übersteigt.

§ 43 HNachbG

Beseitigungsanspruch, Anspruch auf Rückschnitt[1)]

(1) Einzelne Bäume, Sträucher und Rebstöcke, die den Grenzabstand nach den §§ 38 und 40, und Hecken, die den Grenzabstand nach § 39 Abs. 1 Nr. 3 und § 40 nicht einhalten, sind auf Verlangen des Nachbarn zu beseitigen. Der Anspruch ist ausgeschlossen, wenn der Nachbar nicht bis zum Ablauf des dritten auf das Anpflanzen oder die Errichtung folgenden Kalenderjahres Klage auf Beseitigung erhoben hat. Bei Bäumen, Sträuchern und Rebstöcken, die zunächst als Heckenbestandteil gezogen wurden, beginnt die Frist zu dem Zeitpunkt, zu dem die Anpflanzung das Erscheinungsbild einer Hecke verliert. Bei wild gewachsenen Pflanzen beginnt die Frist zu dem Zeitpunkt, zu dem das Vorhandensein der Pflanzen für den Nachbarn erkennbar wird.

(2) Hecken, die den Grenzabstand nach § 39 Abs. 1 Nr. 21 und 2 und § 40 nicht einhalten, sind auf Verlangen des Nachbarn auf die zur Einhaltung des Grenzabstandes erforderliche Höhe zurückzuschneiden. Die Verpflichtung zum Rückschnitt muss nur in der Zeit vom 1. Oktober bis zum 15. März erfüllt werden. Für den Anspruch auf Rückschnitt gilt Abs. 1 Satz 2 entsprechend mit der Maßgabe, dass die Frist zu dem Zeitpunkt beginnt, zu dem die Hecke den erforderlichen Abstand unterschreitet.

(3) Werden für die in Absatz 1 genannten Anpflanzungen Ersatzanspflanzungen vorgenommen, so gelten die §§ 38 Abs. 42. Werden in geschlossenen Obstanlagen einzelne Obstbäume nachgepflanzt, so bleibt der Abstand der anderen Obstbäume maßgebend.

Erläuterungen

Sind Pflanzen mit einem geringeren Abstand als in den §§ 38 bis 42 HNachbG vorgeschrieben angepflanzt, kann der beeinträchtigte Nachbar auf Beseitigung klagen (§ 1004 BGB). Dieses Klagerecht ist unter den im Gesetz (§ 43 HNachbG) genannten Voraussetzungen ausgeschlossen.

---

1) Gemäß Artikel 3 des Gesetzes zur Änderung des Hessischen Nachbarrechtsgesetzes und der Hessischen Bauordnung vom 10. Dezember 2009 (GVBl. I S. 631) gilt für Anpflanzungen, die bereits vor dem Inkrafttreten des Gesetzes vorhanden waren; § 43 Abs. 1 Nr. 2 in der bis zu diesem Zeitpunkt geltenden Fassung.

Aufgenommen wurde als milderes Mittel statt des Beseitigungsanspruchs ein Anspruch auf Zurückschneiden der Hecke auf die zulässige Höhe. Ein Zurückschneiden kommt lediglich dann nicht in Betracht, wenn der kleinstmögliche Mindestabstand des § 39 Abs. 1 Nr. 3 HNachbG unterschritten wird. In diesem Fall ist es nicht möglich, durch Rückschnitt zu einem Einhalten des Mindestabstandes zu gelungen. Insofern bleibt hier nur der Beseitigungsanspruch. Der Anspruch auf Rückschnitt ist in der Zeit vom 1. Oktober bis zum 15. März zu erfüllen, da sich in dieser Zeit die Pflanzen nicht in der Wachstumsphase befinden und ein Rückschnitt dann keine Schäden verursacht. Die Ausschlussfrist, innerhalb derer die Ansprüche geltend zu machen sind, wird von fünf auf drei Jahre verkürzt, um eine Übereinstimmung mit der dreijährigen Regelverjährung in § 195 BGB herbeizuführen.

Die Ausschlussfrist umfasst nicht nur den Beseitigungsanspruch sondern auch den Rückschnittsanspruch, weil der Rückschnitt als eine Art „Teilbeseitigung" anzusehen ist. Wenn die Entfernung oder Reduzierung der überhöhten Hecke nach dem Landesrecht nicht mehr gefordert werden kann, kommt es auf das nachbarliche Gemeinschaftsverhältnis an. Es gründet nur dann einen Anspruch, soweit der Nachbar durch die Hecke ungewöhnlich schweren und nicht mehr hinnehmbaren Beeinträchtigungen ausgesetzt ist (AG Witten, Urt. vom 5.11.2009 – 2 C 805/09 –). Die Ausschlussfrist beginnt bei Hecken dann, wenn diese erstmalig die zulässige Höhe überschreiten. Ein Rückschnittsanspruch über die Regelungen des § 43 HNachbG hinaus besteht nicht deshalb, weil sich der Nachbar aufgrund einer hohen Hecke bespitzelt fühlt (LG Frankfurt/Oder, Beschl. vom 5.4.2011 – 19 S 2/09 –). Bei eigenmächtiger Fällung eines Grenzbaumes im Sinne von § 923 BGB scheiden Schadensersatzansprüche des zuvor nicht um Zustimmung ersuchten Nachbarn aus, wenn dem Grunde nach ein Zustimmungsanspruch bestanden hat; die Beseitigung des Baums ist nicht nachbarrechtlichen Fristen des Landesrechts betreffend die Beseitigung von Grenzanpflanzungen unterworfen (vgl. AG Friedberg, Urt. vom 10.3.2017 – 2 C 809/16 –).

Für Ersatzpflanzungen kommen die Vorschriften des Hess. NRG uneingeschränkt zur Anwendung. Werden in geschlossenen Obstanlagen einzelne Bäume ausgewechselt, liegt keine Ersatzpflanzung vor. Es handelt sich dabei nur um eine sog. Nachpflanzung; der Abstand der anderen Obstbäume bleibt maßgebend. Dieses Auswechseln darf aber nicht bezwecken, allmählich und systematisch die gesamte Obstanlage zu erneuern, um so die geringeren Abstände für immer beizubehalten.

Soweit Anpflanzungen zum Zeitpunkt des Gesetzes bereits vor über drei Jahren, allerdings noch innerhalb der bisher geltenden Fünf-Jahresfrist erfolgt sind, würde dies ohne eine Übergangsregelung zu einer Verkürzung der Rechts des Nachbarn führen, da in diesen Fällen der Beseitigungsanspruch – unabhängig von der Frage der Verjährung – schon ausgeschlossen wäre. Aus Gründen des Vertrauensschutzes wurde hier eine Übergangsregelung geschaffen. Eine Baumreihe, die als Hecke gepflanzt wird, verliert ihre Eigenschaft als Hecke frühestens ab dem Hinauswachsen über die Oberkante der Grenzwand. Dies gilt auch dann, wenn die Wuchshöhe mehr als 3,0 m beträgt (AG Gießen, Urt. vom 16.6.2017 – 41 C 49/14 –).

§ 44 HNachbG

Nachträgliche Grenzänderungen

Die Rechtmäßigkeit des Abstandes einer Anpflanzung wird durch nachträgliche Grenzänderungen nicht berührt; jedoch gilt § 43 Abs. 3 entsprechend.

Erläuterungen

Eine Anpflanzung braucht nicht entfernt zu werden, wenn nachträglich Grenzänderungen vorgenommen werden und dadurch der vorgeschriebene Abstand für Bäume, Sträucher und Rebstöcke nicht mehr eingehalten ist.

Nachträgliche Grenzänderungen können eine privatrechtliche Grundlage haben, sie können auch durch ein Flurbereinigungsverfahren herbeigeführt werden.

ANWENDUNGSBEREICH UND SCHLUSSBESTIMMUNGEN

§ 45 HNachbG
Anwendungsbereich

Die §§ 1 bis 44 gelten nur, soweit öffentlich-rechtliche Vorschriften nicht entgegenstehen oder die Beteiligten nichts anderes vereinbaren.

Erläuterungen

Das HNachbG regelt nur die privatrechtlichen Beziehungen zwischen den Grundstücksnachbarn. Es lässt die Verpflichtungen des Grundstückseigentümers gegenüber der Allgemeinheit unberührt. Rechte des Grundstückseigentümers gegenüber dem Nachbarn nach dem Hess. NRG enthalten keine Bindungen oder Verpflichtungen für die Behörden. Diese prüfen die jeweilige Situation nach dem öffentlichen Recht. Bürgerlich-rechtliche Gesichtspunkte, d. h. auch Rechtspositionen aus dem Hess. NRG prüfen die Behörden grundsätzlich nur insoweit, als dies ihnen durch öffentlich-rechtliche Bestimmungen aufgegeben worden ist.

Verträge und Abreden, die Verpflichtungen eines Grundstücksnachbarn gegenüber einem anderen Grundstücksnachbarn enthalten und dabei öffentlich-rechtliche Vorschriften verletzten, sind nichtig, es sei denn, dass durch Dispens die öffentlich-rechtlichen Einschränkungen behoben werden können. Steht ein Dispens in Aussicht, sind die Verträge oder Abreden schwebend unwirksam.

§ 45 HNachbG stellt klar, dass alle öffentlich-rechtlichen Vorschriften den Normen des HNachbG vorgehen, ohne Unterschied, ob die öffentlich-rechtliche Norm höherrangig, gleich- oder niederrangig gegenüber dem HNachbG ist. Dem HNachbG gehen daher auch kommunale Satzungen vor. Soweit sich im Verhältnis zwischen dem HNachbG und dem öffentlichen Recht Besonderheiten ergeben, ist dies in den Erläuterungen zu den einzelnen Vorschriften weitestgehend berücksichtigt.

Die Vorschriften des HNachbG gewähren Raum für Vereinbarungen der Beteiligten, es handelt sich um nachgiebiges Recht. Es können Rechte eingeschränkt, erweitert, ausgeschlossen und geschaffen werden.

§ 46 HNachbG
Übergangsvorschriften

Der Umfang von Rechten, die bei Inkrafttreten dieses Gesetzes bestehen, richtet sich – unbeschadet des § 13, des § 16 Abs. 2 und des § 43 Abs. 1 – nach den Vorschriften dieses Gesetzes.

Erläuterungen

Es handelt sich um eine Überleitungsvorschrift für das frühere Partikularrecht. Von der Überleitung nicht betroffen sind neben den im Gesetz genannten Ausnahmen auch alle Vereinbarungen, die zum Zeitpunkt des Inkrafttretens des HNachbG d. h. am 1.11.1962, bestanden. § 45 HNachbG gilt ausnahmslos. Einer ausdrücklichen mündlichen oder schriftlichen Vereinbarung gleichzusetzen ist eine langandauernde Übung, ein stillschweigend gebilligter Zustand, der viele Jahre besteht.

§ 47 HNachbG
(Änderungsanweisung)

§ 48 HNachbG
(Aufhebungsanweisung)

§ 49 HNachbG
Inkrafttreten, Außerkrafttreten

Dieses Gesetz tritt am 1. November 1962 in Kraft. Es tritt mit Ablauf des 31.12.2022 außer Kraft.

Gesetz
zur Regelung der außergerichtlichen Streitschlichtung

vom 1. Dezember 2005

1. Allgemeines

Am 1.1.2000 ist das Bundesgesetz zur Förderung der außergerichtlichen Streitbeilegung vom 15.12.1994 (BGBl. I S. 2400) in Kraft getreten. Durch Art. 1 Abs. 1 des Gesetzes wird den Ländern die Möglichkeit eröffnet, für bestimmte Streitfälle die Erhebung einer Klage bei den Amtsgerichten von der vorherigen Durchführung eines **vorgerichtlichen Schlichtungsverfahrens** abhängig zu machen. Die Umsetzung dieser Möglichkeit (sog. Öffnungsklausel) bedarf eines landesrechtlichen Ausführungsgesetzes. Das Land Hessen hat von dieser Möglichkeit Gebrauch gemacht und das Gesetz zur Ausführung des § 15a des Gesetzes betreffend die Einführung der Zivilprozessordnung am 6.2.2001 erlassen.

Dieses Hess. Gesetz besteht aus vier Artikeln:

Art. 1 enthält das Gesetz zur Regelung der außergerichtlichen Streitschlichtung.

Art. 2 das Gesetz zur Einrichtung und Anerkennung von Gütestellen durch die Landesjustizverwaltung,

Art. 3 die Änderung des Hessischen Schiedsamtsgesetzes,

Art. 4 regelt das In-Kraft-Treten des Gesetzes.

Das Zweite Gesetz zur Ausführung des § 15a des Gesetzes betreffend die Einführung der Zivilprozessordnung vom 1.12.2005 besteht aus

Artikel 1	–	Änderung des Gesetzes zur Regelung der außergerichtlichen Streitschlichtung
Artikel 2	–	Änderung des Hessischen Schiedsamtsgesetzes
Artikel 3	–	Die Aufhebung des Gesetzes zur Einrichtung und Anerkennung von Gütestellen
Artikel 4	–	In-Kraft-Treten.

2. Die außergerichtliche Streitschlichtung

Sinn und Zweck der **außergerichtlichen Streitschlichtung** ist, die Justiz zu entlasten und zum Anderen unterschiedliche Interessen auszugleichen und dabei die Vorstellung des Siegers und Besiegten, wie etwa im Klageverfahren, nicht oder nur in geringerem Maße aufkommen zu lassen; m. a. W., das Streitschlichtungsverfahren soll der Befriedung der Menschen, es soll konsensuale Lösungen und einen dauerhaften Rechtsfrieden herbeiführen.

Schließlich sollen durch dieses Verfahren auch die Kosten bei den Streitenden vermindert werden. Jahrelanger Streit soll vermieden, eine schnellere und leichtere Bereitschaft, die Angelegenheit „zu klären" und „aus der Welt zu schaffen" soll geweckt werden. Das Güteverfahren, ohne dessen Durchführung ein Klageverfahren vor dem Amtsgericht unzulässig ist, ist grundsätzlich den Schiedsämtern übertragen. Diese Regelung (Gesetz) findet ab 1.6.2001 Anwendung, d. h. es findet Anwendung auf alle Klagen der im Gesetz festgelegten Art, die nach dem 1.6.2001 vor Gericht eingehen.

Gesetz
zur Regelung der außergerichtlichen Streitschlichtung

vom 6. Februar 2001 (GVBl. I S. 98),
zuletzt geändert durch Gesetz vom 22. August 2018 (GVbl. S. 362)

– Text –

ERSTER ABSCHNITT
ALLGEMEINE VORSCHRIFTEN

§ 1
Sachlicher Anwendungsbereich

(1) Die Erhebung einer Klage vor Gerichten der ordentlichen Gerichtsbarkeit ist erst zulässig, nachdem von einer in § 3 genannten Gütestelle versucht worden ist, die Streitigkeit einvernehmlich beizulegen,

1. in Streitigkeiten über Ansprüche wegen
   a) der in § 906 des Bürgerlichen Gesetzbuches geregelten Einwirkungen, sofern es sich nicht um Einwirkungen eines gewerblichen Betriebs handelt,
   b) Überwuchses nach § 910 des Bürgerlichen Gesetzbuches,
   c) Hinüberfalls nach § 911 des Bürgerlichen Gesetzbuches,
   d) eines Grenzbaums nach § 923 des Bürgerlichen Gesetzbuches,
   e) der im Hessischen Nachbarrechtsgesetz vom 24.9.1962 (GVBl S. 417), zuletzt geändert durch Gesetz vom 28.9.2014 (GVBl. S. 218) geregelten Nachbarrechte, sofern es sich nicht um Einwirkungen eines gewerblichen Betriebs handelt,

2. in Streitigkeiten über Ansprüche wegen Verletzungen der persönlichen Ehre, die nicht in Presse oder Rundfunk begangen worden sind.

(2) Abs. 1 findet keine Anwendung auf

1. Klagen nach §§ 323, 324, 328 der Zivilprozessordnung, Widerklagen und Klagen, die binnen einer gesetzlichen oder gerichtlich angeordneten Frist zu erheben sind,
2. Streitigkeiten in Familiensachen,
3. Wiederaufnahmeverfahren,
4. Ansprüche, die im Urkunden- oder Wechselprozess geltend gemacht werden,
5. die Durchführung des streitigen Verfahrens, wenn ein Anspruch im Mahnverfahren geltend gemacht worden ist,
6. Klagen wegen vollstreckungsrechtlicher Maßnahmen, insbesondere nach dem Achten Buch der Zivilprozessordnung,
7. Klagen, die auf Duldung gerichtet und im Gewerbebetrieb der klagenden Partei begründet sind,
8. Anträge, die im Adhäsionsverfahren (§ 403 der Strafprozessordnung) gestellt werden,
9. Klagen, für die nach anderen Vorschriften ein obligatorisches Vorverfahren angeordnet ist.

§ 2
Räumlicher Anwendungsbereich

Ein Einigungsversuch nach § 1 Abs. 1 ist nur erforderlich, wenn die Parteien in Hessen wohnen oder ihren Sitz oder eine Niederlassung haben.

§ 3
Sachliche Zuständigkeit

(1) Das Schlichtungsverfahren nach diesem Gesetz führt das Schiedsamt oder eine andere von der Landesjustizverwaltung eingerichtete oder anerkannte Gütestelle nach Maßgabe der jeweils für sie geltenden Verfahrensordnung durch (obligatorische Streitschlichtung).

(2) Das Erfordernis eines Einigungsversuchs vor dieser Stelle entfällt, wenn die Parteien einvernehmlich versucht haben, ihren Streit vor einer sonstigen Gütestelle, die Streitbeilegung betreibt, beizulegen (fakultative Streitschlichtung). Die Aufgaben der sonstigen Gütestellen können auch von den Mitgliedern der Rechtsanwalts- und Notarkammern wahrgenommen werden.

(3) Im Rahmen der fakultativen Streitschlichtung sind die Mitglieder der Notarkammern befugt, eidesstattliche Versicherungen entgegenzunehmen und formbedürftige Erklärungen zu protokollieren.

§ 4
Örtliche Zuständigkeit

Das Schlichtungsverfahren ist bei der Gütestelle einzuleiten, in deren Bezirk die Gegenpartei wohnt. Bei Streitigkeiten über Ansprüche aus Miet- und Pachtverhältnissen über Räume ist die Gütestelle ausschließlich zuständig, in deren Bezirk sich die Räume befinden.

§ 5
Erfolglosigkeitsbescheinigung

(1) Über einen ohne Erfolg durchgeführten Schlichtungsversuch ist den Parteien von der anerkannten Gütestelle eine Bescheinigung zu erteilen. Die Bescheinigung ist auf Antrag auch auszustellen, wenn binnen einer Frist von drei Monaten das Einigungsverfahren nicht durchgeführt worden ist.

(2) Die Bescheinigung muss enthalten

1. Name und Anschrift der Parteien,
2. Angaben über den Gegenstand des Streites, insbesondere die Anträge.

Außerdem sollen Beginn und Ende des Verfahrens vermerkt werden.

(3) Das Scheitern einer Streitschlichtung vor einer sonstigen Gütestelle ist durch eine Bescheinigung nachzuweisen, die den Anforderungen des Abs. 2 entspricht.

ZWEITER ABSCHNITT

EINRICHTUNG UND ANERKENNUNG VON GÜTESTELLEN

§ 6
Gütestellen und Schiedsämter

(1) Als Gütestelle im Sinne des § 794 Abs. 1 Nr. 1 der Zivilprozessordnung können juristische Personen oder bei diesen bestehende Stellen eingerichtet oder anerkannt werden. Auch natürliche Personen können als Gütestellen anerkannt werden.

(2) Schiedsämter im Sinne des Hessischen Schiedsamtsgesetzes vom 23.3.1994 (GVBl. S. 148), zuletzt geändert durch Gesetz vom 22.8.2018 (GVBl. S. 362), stehen den von der Landesjustizverwaltung anerkannten Gütestellen gleich.

§ 7
Aufgaben

Aufgabe der Gütestelle ist es, die außergerichtliche Streitbeilegung zu fördern und die Inanspruchnahme der Gerichte in geeigneten Fällen entbehrlich zu machen. Ihr obliegt die einvernehmliche Streitbeilegung nach § 1.

§ 8
Persönliche Voraussetzungen

(1) Natürliche Personen können als Gütestellen anerkannt werden, wenn sie nach ihrer Persönlichkeit und ihren Fähigkeiten für das Amt geeignet sind und sich verpflichtet haben, die Schlichtung als dauerhafte Aufgabe zu betreiben.

(2) Nicht anerkannt werden kann, wer

1. die Fähigkeit zur Bekleidung öffentlicher Ämter nicht besitzt,
2. unter Betreuung steht,
3. durch sonstige, nicht unter Nr. 2 fallende gerichtliche Anordnungen in der Verfügung über sein Vermögen beschränkt ist.

(3) Juristische Personen oder deren Einrichtungen können als Gütestellen anerkannt werden, wenn gewährleistet ist, dass die von ihnen bestellte Schlichtungsperson die Voraussetzungen der Abs. 1 und 2 erfüllt. Es muss darüber hinaus gewährleistet sein, dass die Schlichtungsperson im Rahmen ihrer Schlichtungstätigkeit unabhängig und an Weisungen nicht gebunden ist. Die Bestellung als Schlichtungsperson muss für einen Zeitraum von mindestens drei Jahren erfolgen. Eine Abberufung darf nur stattfinden, wenn Tatsachen vorliegen, die eine unabhängige Erledigung der Schlichtertätigkeit nicht mehr erwarten lassen.

§ 9
Schlichtungsordnung

(1) Die Gütestelle bedarf einer Schlichtungsordnung. Diese muss den Parteien des Schlichtungsverfahrens zugänglich sein.

(2) Die Schlichtungsordnung muss vorsehen, dass

1. die Schlichtungsperson die Schlichtungstätigkeit nicht ausüben darf
   a) in Angelegenheiten, in denen sie selbst Partei ist oder in denen sie zu einer Partei in dem Verhältnis einer Mitberechtigten, Mitverpflichteten oder Regresspflichtigen steht,

b) in Angelegenheiten ihrer Ehegattin, ihres Ehegatten, ihrer Lebenspartnerin, ihres Lebenspartners, ihrer Verlobten oder ihres Verlobten, auch wenn die Ehe, Lebenspartnerschaft oder das Verlöbnis nicht mehr besteht,

c) in Angelegenheiten einer Person, mit der sie in gerader Linie verwandt, verschwägert, in der Seitenlinie bis zum dritten Grade verwandt oder bis zum zweiten Grade verschwägert ist, auch wenn die Ehe, durch die die Schwägerschaft begründet ist, nicht mehr besteht,

d) in Angelegenheiten, in denen sie als Prozessbevollmächtigte oder Beistand einer Partei bestellt oder als gesetzliche Vertreterin einer Partei aufzutreten berechtigt ist oder war,

e) in Angelegenheiten einer Person, bei der sie gegen Entgelt beschäftigt oder bei der sie als Mitglied des Vorstandes, des Aufsichtsrates oder eines gleichartigen Organs tätig ist oder war,

2. die am Schlichtungsverfahren beteiligten Parteien Gelegenheit erhalten, selbst oder durch von ihnen beauftragte Personen Tatsachen und Rechtsansichten vorzubringen und sich zu dem Vortrag der Gegenseite zu äußern.

§ 10
Haftpflichtversicherung

(1) Soweit die Gütestelle nicht von einer öffentlich-rechtlichen Körperschaft oder Anstalt getragen wird, muss eine Haftpflichtversicherung für Vermögensschäden bestehen und die Versicherung während der Dauer der Anerkennung als Gütestelle aufrechterhalten bleiben. Die Versicherung muss bei einem im Inland zum Geschäftsbetrieb befugten Versicherungsunternehmen zu den nach Maßgabe des Versicherungsaufsichtsgesetzes vom 1.4.2015 (BGBl. I S. 434), zuletzt geändert durch Gesetz vom 17.8.2017 (BGBl. I S. 3214), eingereichten Allgemeinen Versicherungsbedingungen aufgenommen werden und sich auf solche Vermögensschäden erstrecken, für die die Gütestelle nach § 278 oder § 831 des Bürgerlichen Gesetzbuches einzustehen hat.

(2) Der Versicherungsvertrag hat Versicherungsschutz für jede einzelne Pflichtverletzung zu gewähren, die gesetzliche Haftpflichtansprüche privatrechtlichen Inhalts gegen die Gütestelle zur Folge haben könnte.

(3) Die Mindestversicherungssumme beträgt zweihundertfünfzigtausend Euro für jeden Versicherungsfall. Die Leistungen des Versicherers für alle innerhalb eines Versicherungsjahres verursachten Schäden können auf den vierfachen Betrag der Mindestversicherungssumme begrenzt werden.

(4) Die Vereinbarung eines Selbstbehalts bis zu 1 vom Hundert der Mindestversicherungssumme ist zulässig.

(5) Im Versicherungsvertrag ist der Versicherer zu verpflichten, der für die Anerkennung von Gütestellen zuständigen Stelle den Beginn und die Beendigung oder Kündigung des Versicherungsvertrages sowie jede Änderung, die den vorgeschriebenen Versicherungsschutz beeinträchtigt, unverzüglich mitzuteilen.

(6) Zuständige Stelle im Sinne des § 117 Abs. 2 Satz 1 des Versicherungsvertragsgesetzes vom 23.11.2007 (BGBl. I S. 2631), zuletzt geändert durch Gesetz vom 17.8.2017 (BGBl. I S. 3214), ist die für die Anerkennung als Gütestelle zuständige Stelle.

§ 11
Aktenführung

(1) Die Gütestelle hat durch Anlegung von Handakten einen geordneten Überblick über die von ihr entfaltete Tätigkeit zu ermöglichen. In diesen Akten sind insbesondere zu dokumentieren

1. der Zeitpunkt der Anbringung eines Güteantrags bei der Gütestelle, weiterer Verfahrenshandlungen der Parteien und der Gütestelle sowie der Beendigung des Güteverfahrens,
2. der Inhalt eines zwischen den Parteien geschlossenen Vergleichs.

(2) Die Gütestelle hat die Akten auf die Dauer von fünf Jahren nach Beendigung des Verfahrens aufzubewahren.

(3) Innerhalb des in Abs. 2 genannten Zeitraums können die Parteien von der Gütestelle gegen Kostenerstattung beglaubigte Ablichtungen der Handakten und Ausfertigungen geschlossener Vergleiche verlangen.

(4) Zur Überprüfung der Geschäftsführung sind die Akten auf Verlangen der nach § 13 Abs. 1 zuständigen Behörde vorzulegen.

§ 12
Rücknahme und Widerruf der Anerkennung

(1) Die Anerkennung als Gütestelle ist mit Wirkung für die Zukunft zurückzunehmen, wenn nachträglich Tatsachen bekannt werden, bei deren Kenntnis die Zulassung hätte versagt werden müssen.

(2) Die Anerkennung ist zu widerrufen, wenn

1. die Schiedsperson nicht mehr die persönlichen Voraussetzungen des § 8 erfüllt,
2. die Schlichtungsordnung nicht mehr den Anforderungen des § 9 entspricht,
3. die erforderliche Haftpflichtversicherung (§ 10) nicht mehr besteht,
4. die Gütestelle auf die Rechte aus ihrer Anerkennung gegenüber der für die Anerkennung zuständigen Behörde schriftlich verzichtet hat.

§ 13
Zuständigkeit, Gebühren und Verfahren

(1) Zuständige Behörde für die Anerkennung sowie die Rücknahme und den Widerruf der Anerkennung als Gütestelle ist das Oberlandesgericht als Verwaltungsbehörde.

(2) Die Anträge sind schriftlich zu stellen. Die Schlichtungsordnung ist beizufügen.

(3) Für die Anerkennung als Gütestelle wird eine Gebühr in Höhe von 125 Euro erhoben. Wird der Antrag auf Anerkennung abgelehnt oder wird dieser zurückgenommen, so beträgt die Gebühr 25 Euro.

(4) Wird eine andere Schlichtungsperson tätig oder die Schlichtungsordnung geändert, so ist dies der nach Abs. 1 zuständigen Behörde unverzüglich anzuzeigen.

(5) Die Anerkennung als Gütestelle sowie die Rücknahme oder der Widerruf der Anerkennung sind öffentlich bekannt zu machen. Die nach Abs. 1 zuständige Behörde führt eine Liste der in ihrem Bezirk anerkannten Gütestellen. Die hierfür erforderlichen Daten dürfen erhoben und gespeichert werden. Die erstellten Listen dürfen in automatisierte Abrufverfahren eingestellt werden.

§ 14
Anfechtung von Entscheidungen

Über die Rechtmäßigkeit von Anordnungen, Verfügungen oder sonstigen Maßnahmen nach diesem Abschnitt entscheiden auf Antrag die ordentlichen Gerichte. Die §§ 23 bis 30a des Einführungsgesetzes zum Gerichtsverfassungsgesetz in der im Bundesgesetzblatt Teil III, Gliederungsnummer 300-1, veröffentlichten bereinigten Fassung, zuletzt geändert durch Gesetz vom 8.10.2017 (BGBl I S. 3546) , gelten mit der Maßgabe, dass ein Vorverfahren nach § 24 Abs. 2 nicht stattfindet.

§ 15
Bestehende Gütestellen

Dieser Abschnitt findet auf die zum Zeitpunkt seines In-Kraft-Tretens bereits anerkannten Gütestellen mit der Maßgabe Anwendung, dass es einer erneuten Anerkennung nach § 6 nicht bedarf.

DRITTER ABSCHNITT
GELTUNGSDAUER

§ 16
In-Kraft-Treten, Außer-Kraft-Treten

Dieses Gesetz tritt am Tage nach seiner Verkündung in Kraft. Es tritt mit Ablauf des 31. Dezember 2025 außer Kraft.

Gesetz zur Regelung der außergerichtlichen Streitschlichtung

vom 6. Februar 2001 (GVBl. I S. 98), zuletzt geändert durch Gesetz vom 22. August 2018 (GVBl S. 362)

– Kommentar –

ERSTER ABSCHNITT

ALLGEMEINE VORSCHRIFTEN

§ 1

Sachlicher Anwendungsbereich

(1) Die Erhebung einer Klage vor Gerichten der ordentlichen Gerichtsbarkeit ist erst zulässig, nachdem von einer in § 3 genannten Gütestelle versucht worden ist, die Streitigkeit einvernehmlich beizulegen,

1. **in Streitigkeiten über Ansprüche wegen**
   a) **der in § 906 des Bürgerlichen Gesetzbuches geregelten Einwirkungen, sofern es sich nicht um Einwirkungen eines gewerblichen Betriebs handelt,**
   b) **Überwuchses nach § 910 des Bürgerlichen Gesetzbuches,**
   c) **Hinüberfalls nach § 911 des Bürgerlichen Gesetzbuches,**
   d) **eines Grenzbaums nach § 923 des Bürgerlichen Gesetzbuches,**
   e) **der im Hessischen Nachbarrechtsgesetz vom 24.9.1962 (GVBl. S. 417), zuletzt geändert durch Gesetz vom 28.9.2014 (GVBl. S. 218), geregelten Nachbarrechte, sofern es sich nicht um Einwirkungen eines gewerblichen Betriebs handelt,**
2. **in Streitigkeiten über Ansprüche wegen Verletzungen der persönlichen Ehre, die nicht in Presse oder Rundfunk begangen worden sind.**

(2) Abs. 1 findet keine Anwendung auf

1. **Klagen nach §§ 323, 324, 328 der Zivilprozessordnung, Widerklagen und Klagen, die binnen einer gesetzlichen oder gerichtlich angeordneten Frist zu erheben sind,**
2. **Streitigkeiten in Familiensachen,**
3. **Wiederaufnahmeverfahren,**
4. **Ansprüche, die im Urkunden- oder Wechselprozess geltend gemacht werden,**
5. **die Durchführung des streitigen Verfahrens, wenn ein Anspruch im Mahnverfahren geltend gemacht worden ist,**
6. **Klagen wegen vollstreckungsrechtlicher Maßnahmen, insbesondere nach dem Achten Buch der Zivilprozessordnung,**
7. **Klagen, die auf Duldung gerichtet und im Gewerbebetrieb der klagenden Partei begründet sind,**
8. **Anträge, die im Adhäsionsverfahren (§ 403 der Strafprozessordnung) gestellt werden,**
9. **Klagen, für die nach anderen Vorschriften ein obligatorisches Vorverfahren angeordnet ist.**

Erläuterungen

Absatz 1: Nur für Klagen ist das Schlichtungsverfahren vorgesehen, nicht etwa für Antragsverfahren wie z. B. Arrest oder einstweilige Verfügung, die einer gezielteren und schnelleren Erledigung bedürfen. Die Möglichkeit über das Mahnverfahren rasch und kostengünstig einen Vollstreckungstitel zu erlangen, bleibt unberührt. Weitere Ausnahmen für die das Schlichtungsverfahren keine Anwendung findet, sind in Absatz 2 aufgezählt. Es geht nur um Klagen vor den Gerichten der ordentlichen Gerichtsbarkeit (sog. Justizgerichtsbarkeit). Gerichte der ordentlichen Gerichtsbarkeit sind in Hessen das Oberlandesgericht Frankfurt am Main sowie die Land- und Amtsgerichte.

Das Schlichtungsverfahren findet vor den Gütestellen statt (hierzu Erl. zu § 3 HSchlG). Die Gütestellen haben die Aufgabe, die Streitigkeit einvernehmlich zwischen den Parteien beizulegen. Im Falle der Nichtbeilegung ist die Klage vor dem Amtsgericht insoweit zulässig. Wird aber ein Vergleich vor der Gütestelle geschlossen, kann nach § 794 Abs. 1 ZPO gemäß diesem Vergleich vollstreckt werden. Die Anrufung der Gütestelle unterbricht auch die Verjährung eines Anspruchs gemäß § 209 Abs. 1, Abs. 2 Nr. 1 Buchst. a BGB.

Streitigkeiten über Ansprüche, deren Gegenstand an Geld oder Geldeswert darstellen, sind im Gegensatz zur bisherigen Regelung gestrichen worden.

Nach Absatz 1 Nr. 1 findet die obligatorische außergerichtliche Streitschlichtung auf dem Gebiet des Nachbarschaftsrechts statt.

Nach Buchst. a geht es um Ansprüche (§ 906 BGB), die mit Einwirkungen (Immissionen) von Nachbargrundstücken verbunden sind. Nur bei den Einwirkungen eines gewerblichen Betriebs muss die Streitigkeiten nicht erst vor die Gütestelle gebracht, sondern es kann unmittelbar Klage vor dem zuständigen Gericht erhoben werden.

Auf die Erläuterungen zu § 906 BGB wird Bezug genommen. Eine Streitwertbegrenzung besteht nicht.

Nach Buchst. b sind die Gütestellen zuständig – ebenfalls ohne Streitwert – für Ansprüche aus § 910 BGB. § 910 BGB regelt die Rechtsverhältnisse bei überhängenden Zweigen und in das Nachbargrundstück eingedrungenen Wurzeln. Auf die Erläuterungen zu § 910 BGB wird Bezug genommen. Die Schlichtung für Ansprüche wegen Überhang nach § 910 BGB gilt auch für Schadensersatzansprüche aus einer unerlaubten Handlung, die aus dieser Bestimmung erwachsen. Die ohne die vorherige Durchführung der obligatorischen Schlichtungsverfahren erhobene Klage ist auch dann vom Berufungsgericht als unzulässig abzuwenden, wenn das erstinstanzliche Urteil keine Ausführungen zu der angenommenen Zulässigkeit der Klage enthält (OLG Frankfurt, Urt. vom 6.3.2008 – 4 U 41/07 –).

Buchst. c regelt die Ansprüche bei Hinüberfall von Früchten auf das Nachbargrundstück. (Erl. zu § 911 BGB).

Buchst. d bezieht sich auf die Ansprüche wegen eines Grenzbaums nach § 923 BGB. Die Problematik hierzu ist in der Kommentierung zu § 923 BGB dargelegt.

Nach Buchst. e ist in allen nachbarrechtlichen Streitigkeiten nach dem HNachbG, bevor Klage beim ordentlichen Gericht eingereicht wird, eine außergerichtliche Streitschlichtung durchzuführen, gleichgültig wie hoch der Streitwert ist. Nur bei Einwirkungen durch einen gewerblichen Betrieb ist unmittelbar Klage zu erheben.

Diese Regelung in Buchstabe e gilt für alle Abschnitte des HNachbG vom 1. Abschnitt bis zum 12. Abschnitt. Für den Streit zwischen zwei Wohnungseigentümern über die „Grenzbepflanzung" der jeweiligen Sondernutzungsrechte ist kein obligatorisches Streitschlichtungsverfahren durchzuführen (LG Frankfurt, Urt. vom 15.3.2018 – 2–13 S 102/17 –).

Nach Absatz 1 Nr. 2 ist die außergerichtliche Streitschlichtung auch vorgeschrieben bei Streitigkeiten über Ansprüche wegen Verletzungen der persönlichen Ehre, soweit sie nicht in Presse oder Rundfunk begangen worden sind.

Auch und gerade im Bereich der Beleidigungen, die oft im erregten Wortwechsel oder bei sonstigen Aufregungen ausgesprochen werden, erscheint die versöhnende Kraft eines Dritten, hier die erklärende und ausgleichende Funktion einer Gütestelle, von besonderem Wert.

Die Verletzung der persönlichen Ehre entspricht vor allem dem § 185 StGB. Begrifflich ist Beleidigung der rechtswidrige Angriff auf die Ehre eines anderen durch vorsätzliche Kundgebung der Missachtung oder Nichtachtung (BGH 1, 289; 16, 63).

Die Ehre als Objekt der Beleidigung bedeutet einmal den inneren Wert als die Würde des Menschen, daneben die äußere Ehre in den Augen der anderen, nämlich den Ruf des Menschen innerhalb der Gesellschaft, d. h. innerhalb seines Lebenskreises.

Eine Familienehre kennt die Rechtsprechung und Lehre nicht. Geschützt ist nur die Einzelpersönlichkeit. So ist auch ein Ehegatte durch sexuelle Handlungen oder ehebrecherische Beziehungen des anderen Ehegatten mit einem Dritten in der Regel nicht beleidigt.

In der Äußerung, in der Handlung oder in der schriftlichen Darstellung muss eine Missachtung oder Nichtachtung liegen, wobei Nichtachtung einen höheren Grad an Intensität, an Aktivität erfordert als eine Missachtung, die einer anderen Person etwa eine schlechte Eigenschaft beifügt. Maßgebend ist dabei nicht, wie der Empfänger, sondern wie ein verständlicher Dritter die Äußerung versteht (BGH 19, 237). Konnte der Täter annehmen, sein Tun werde nach Lage des Falles als Scherz (Satire) aufgefasst werden, so fehlt es am Vorsatz. Wegen beiderseitiger Beleidigung wird auf das Strafrecht Bezug genommen. § 185 StGB ist auch kein Auffangtatbestand für sexuelles Verhalten. Ein Angriff auf die sexuelle Selbstbestimmung erfüllt nur dann § 185 StGB, wenn nach den gesamten Umständen in dem Verhalten des Täters zugleich eine von ihm gewollte herabsetzende Bewertung des Opfers zu sehen ist (BGH 36, 150).

Die Missachtung oder Nichtachtung muss sich gegen einen anderen richten. Vertrauliche Äußerungen im Familienkreis sind in der Regel nicht beleidigend. Etwas anderes kann gelten, wenn damit zu rechnen ist, dass die Äußerung über den Kreis hinausdringt. Die Äußerung muss für den anderen verständlich sein; diese Voraussetzung liegt nicht vor bei Äußerungen in einer für den anderen nicht verständlichen Fremdsprache.

Bei Einwilligung, z. B. beim scharfen gegenseitigen Kritisieren, kann die Situation dazu führen, dass es an der Rechtswidrigkeit der Beleidigung fehlt.

Vollendet ist die Beleidigung, sobald sie mit Willen des Täters zur Kenntnis des Beleidigten oder eines anderen kommt, der die Äußerung als Beleidigung auffasst.

Absatz 2: Die außergerichtliche Streitschlichtung findet nach Absatz 2 keine Anwendung in den in Absatz 2 Nr. 1 bis 8 aufgezählten Verfahren. Hierzu gehören insbesondere (in Nr. 1) künftig fällig werdende, wiederkehrende Leistungen (§ 323 ZPO, Abänderungsklage), die Verurteilung zur Entrichtung einer Geldrente (§ 324 ZPO) und die Anerkennung ausländischer Urteile (§ 328 ZPO). Nach Absatz 2 Nr. 5 erscheint es nicht ausgeschlossen, dass auf das Mahnverfahren ausgewichen wird. Man wird bei der Evaluation des Gesetzes insoweit besonders kritisch zu prüfen haben.

Ein Antrag auf Erlass eines Mahnbescheids gemäß § 688 ZPO kann nur dann eine obligatorische Streitschlichtung entbehrlich machen, wenn der Antrag auf Erlass eines Mahnbescheids überhaupt zulässig ist. Wird ein unzulässiger Mahnbescheid (z. B. Vorschusszahlung zur Beseitigung von Beeinträchtigungen durch überhängende Äste) beantragt oder erlassen und das Verfahren nach dem Widerspruch in das streitige Verfahren übergeleitet, so ist die Klage als unzulässig abzuweisen, da die Prozessvoraussetzung der obligatorischen Schlichtung nicht erfüllt ist (AG Rosenheim, Urt. vom 14.4.2001, NJW 2001 S. 2030).

Absatz 2 Nr. 8 dient der Klarstellung, dass die Einbeziehung zivilrechtlicher Ansprüche in das Strafverfahren ohne Verzögerung möglich ist.

In Absatz 2 Nr. 9 wird sichergestellt, dass ein spezialgesetzlich normiertes obligatorisches Vorverfahren (außergerichtliches Streitschlichtungsverfahren), wie z. B. nach § 36 des Hess. Jagdgesetzes, für die Zulässigkeit der Klage ausreicht. Voraussetzung ist aber, dass in diesem spezialgesetzlichen Vorverfahren die Streitschlichtung vorgeschrieben ist.

§ 2
Räumlicher Anwendungsbereich

Ein Einigungsversuch nach § 1 Abs. 1 ist nur erforderlich, wenn die Parteien in Hessen wohnen oder ihren Sitz oder eine Niederlassung haben.

Erläuterungen

Nach der bundesgesetzlichen Regelung des § 15a Abs. 2 Satz 2 EGZPO findet die obligatorische außergerichtliche Streitschlichtung nicht statt, wenn die Parteien nicht in demselben Land wohnen oder ihren Sitz oder eine Niederlassung haben. § 2 des HSchlG macht von der Option gemäß § 15a Abs. 5 EGZPO Gebrauch. Der Bund Deutscher Schiedsmänner und Schiedsfrauen hatte eine Erstreckung des räumlichen Anwendungsbereiches auf ganz Hessen vorgeschlagen. Dem ist der Gesetzgeber gefolgt.

§ 3
Sachliche Zuständigkeit

(1) Das Schlichtungsverfahren nach diesem Gesetz führt das Schiedsamt oder eine andere von der Landesjustizverwaltung eingerichtete oder anerkannte Gütestelle nach Maßgabe der jeweils für sie geltenden Verfahrensordnung durch (obligatorische Streitschlichtung).

(2) Das Erfordernis eines Einigungsversuchs vor dieser Stelle entfällt, wenn die Parteien einvernehmlich versucht haben, ihren Streit vor einer sonstigen Gütestelle, die Streitbeilegung betreibt, beizulegen (fakultative Streitschlichtung). Die Aufgaben der sonstigen Gütestellen können auch von den Mitgliedern der Rechtsanwalts- und Notarkammern wahrgenommen werden.

(3) Im Rahmen der fakultativen Streitschlichtung sind die Mitglieder der Notarkammern befugt, eidesstattliche Versicherungen entgegenzunehmen und formbedürftige Erklärungen zu protokollieren.

Erläuterungen

Sachlich zuständig für das Schlichtungsverfahren ist das Schiedsamt oder eine andere von der Landesjustizverwaltung eingerichtete oder anerkannte Gütestelle.

Das Land verfügt über ein flächendeckendes Netz von ca. 730 Schiedsämtern. Die dort tätigen Schiedspersonen sind in der Lage, das Verfahren bürgernah durchzuführen. Schiedsfrauen- und -männer verfügen i. d. R. auf dem Gebiet der außergerichtlichen Streitschlichtung über langjährige Erfahrungen. Die außergerichtliche Konfliktbewältigung ist ihnen vertraut (Begründung zu dem Gesetzentwurf der Landesregierung für ein Hess. Gesetz zur Ausführung des § 15a des Gesetzes betreffend die Einführung der Zivilprozessordnung, LT-Drs. 15/1581 vom 12.9.2000 zu § 3 HSchlG).

Nach Absatz 2 kann an die Stelle dieser Schiedsämter auch eine „sonstige Gütestelle", die Streitbeilegung betreibt, treten. Der Zugang zum gerichtlichen Verfahren wird auch dann eröffnet, wenn die Parteien einvernehmlich versucht haben, sich vor einer sonstigen Gütestelle zu einigen. Gütestellen i. S. dieser Vorschrift sind sowohl die weiteren von der Landesjustizverwaltung eingerichteten oder anerkannten Gütestellen als auch solche, die nicht nur einmalig die Aufgabe der Streitschlichtung wahrnehmen (sonstige Gütestellen). Sonstige Gütestellen sind z. B. Gütestellen der Industrie- und Handelskammern, der Handwerkskammern, der Innungen, der Ombudsmann der Banken oder die Schlichtungsstellen des Kfz- oder Reinigungsgewerbes. Unter den Begriff der sonstigen Gütestellen fallen auch Notare, Rechtsanwälte und Mediatoren. Mediation (z. B. durch Rechtsanwälte und Notare) ist ein freiwillig strukturiertes Verfahren zur außergerichtlichen Beilegung von Konflikten, in dem die streitenden Parteien durch die Vermittlung eines neutralen Dritten – des Mediators – angeregt werden sollen, selbstbestimmte und von allen Beteiligten akzeptierte Problemlösungen für die Zukunft zu erreichen (vgl. *U. Rüssel*, Das Gesetz zur Förderung der außergerichtlichen Streitbeilegung – der Weg zu einer neuen Streitkultur?, NJW 2000 S. 2800).

Das Mediationsverfahren ist besonders geeignet, bei unterschiedlichen Interessenlagen im Zusammenhang mit mehreren Problemen z. B. zwischen Nachbarn oder zwischen langjährigen Mietern oder Vermietern, die in dauerhaften Beziehungen miteinander stehen und diese nicht aufgeben wollen, einen Ausgleich zu finden. Insoweit ist die Phantasie der beiden Beteiligten besonders gefragt, die der Mediator als Vermittelnder, als Moderator und als sachverständiger Helfer unterstützt. Der Schlichtungsversuch vor den weiteren von der Landesjustizverwaltung eingerichteten oder anerkannten Gütestellen sowie den sonstigen Gütestellen muss im gegenseitigen Einvernehmen der Parteien erfolgen. So soll verhindert werden, dass der wirtschaftlich schwächere Partner gegen seinen Willen mit den in der Regel höheren Kosten der fakultativen Schlichtung belastet wird. Ein einvernehmlicher Einigungsversuch liegt nur dann vor, wenn die Parteien persönlich oder im Rahmen der nach dem obligatorischen Verfahren zulässigen Vertretung versucht haben, eine Einigung herbeizuführen.

Ein rein formaler Versuch, auf den die Gegenseite sich nicht eingelassen hat, stellt keinen einvernehmlichen Einigungsversuch in diesem Sinne dar. Im Falle der fakultativen Streitschlichtung können die Notarinnen und Notare (Absatz 3) eidesstattliche Versicherungen entgegennehmen und formbedürftige Erklärungen protokollieren, wofür sie die berufsmäßigen Voraussetzungen mitbringen. Dies kann bei der Beilegung von Streitigkeiten hilfreich sein.

Für das fakultative Verfahren verzichtet das Gesetz auf Verfahrensvorschriften. Es gelten insoweit die Verfahrens- und Gebührenvorschriften, die sich die Gütestellen selbst gegeben bzw. die Parteien vereinbart haben.

§ 4
Örtliche Zuständigkeit

Das Schlichtungsverfahren ist bei der Gütestelle einzuleiten, in deren Bezirk die Gegenpartei wohnt. Bei Streitigkeiten über Ansprüche aus Miet- und Pachtverhältnissen über Räume ist die Gütestelle ausschließlich zuständig, in deren Bezirk sich die Räume befinden.

Erläuterungen

Das Schlichtungsverfahren wird durch Antrag bei der Gütestelle eingeleitet, d. h. der Antragsteller hat sich an die Gütestelle zu wenden, in deren Bezirk die Gegenpartei wohnt, ihren Sitz oder eine Niederlassung hat. Bei Streitigkeiten über Ansprüche aus Miet- und Pachtverhältnissen über Räume ist ausschließlich die Gütestelle zuständig, in deren Bezirk sich die Räume befinden.

§ 5
Erfolglosigkeitsbescheinigung

(1) Über einen ohne Erfolg durchgeführten Schlichtungsversuch ist den Parteien von der anerkannten Gütestelle eine Bescheinigung zu erteilen. Die Bescheinigung ist auf Antrag

auch auszustellen, wenn binnen einer Frist von drei Monaten das Einigungsverfahren nicht durchgeführt worden ist.

(2) Die Bescheinigung muss enthalten

1. Name und Anschrift der Parteien,

2. Angaben über den Gegenstand des Streites, insbesondere die Anträge.

Außerdem sollen Beginn und Ende des Verfahrens vermerkt werden.

(3) Das Scheitern einer Streitschlichtung vor einer sonstigen Gütestelle ist durch eine Bescheinigung nachzuweisen, die den Anforderungen des Abs. 2 entspricht.

Erläuterungen

§ 5 HSchlG regelt die Voraussetzungen, die erfüllt sein müssen, damit die Erfolglosigkeit des Schlichtungsversuchs durch die anerkannte Gütestelle bescheinigt werden kann. Die Bescheinigung ist auf Antrag auch auszustellen, wenn binnen einer Frist von drei Monaten das Einigungsverfahren nicht durchgeführt worden ist.

Absatz 2 enthält die notwendigen Angaben der Bescheinigung. Für die sonstigen Gütestellen wird das Verfahren nicht näher normiert, um deren Autonomie nicht einzuschränken. Lediglich für den Inhalt der Erfolglosigkeitsbescheinigung wird auf die Regelung verwiesen, die für die anerkannten Gütestellen gilt.

ZWEITER ABSCHNITT
EINRICHTUNG UND ANERKENNUNG VON GÜTESTELLEN

§ 6
Gütestellen und Schiedsämter

(1) Als Gütestelle im Sinne des § 794 Abs. 1 Nr. 1 der Zivilprozessordnung können juristische Personen oder bei diesen bestehende Stellen eingerichtet oder anerkannt werden. Auch natürliche Personen können als Gütestellen anerkannt werden.

(2) Schiedsämter im Sinne des Hessischen Schiedsamtgesetzes vom 23.3.1994 (GVbl. S. 148), zuletzt geändert durch Gesetz vom 22.8.2018 (GVbl. S. 362), stehen den von der Landesjustizverwaltung anerkannten Gütestellen gleich.

Erläuterungen

Die juristische Person ist eine Zweckschöpfung des Gesetzgebers. Sie ist die Zusammenfassung von Personen und Sachen zu einer rechtlich geregelten Organisation, der die Rechtsordnung Rechtsfähigkeit verliehen und dadurch als Träger eigener Rechte und Pflichten verselbständigt hat.

Die Regelung des § 6 HSchlG gilt für juristische Personen des öffentlichen Rechts und des Privatrechts. Juristische Personen des öffentlichen Rechts sind neben dem Bund und den Ländern die kommunalen Gebietskörperschaften (Gemeinden und Kreise), die Kirchen sowie die sonstigen Körperschaften, Anstalten und Stiftungen des öffentlichen Rechts. Für die Abgrenzung zwischen juristischer Person des öffentlichen Rechts und des Privatrechts ist der Entstehungstatbestand entscheidend, nicht die Art der übertragenen Aufgabe.

Eine juristische Person des öffentlichen Rechts kann vorwiegend mit fiskalischen Aufgaben, eine juristische Person des Privatrechts als beliehener Unternehmer mit hoheitlichen Aufgaben betraut werden. Entsprechendes gilt für Anstalten und Stiftungen. Die juristischen Personen können selbst Gütestellen sein, was jedoch (z. B. Rechtsanwaltskammer) administrativ sehr umständlich und aufwändig ist. Die vom Gesetz vorgesehene Möglichkeit, **bei** der juristischen Person Gütestellen einzurichten bzw. anzuerkennen ist dagegen sinnvoll und zulässig.

Darüber hinaus können auch natürliche Personen, wie zum Beispiel Innungsmeister oder Rechtsanwälte als Gütestellen anerkannt werden. Auf die Vorschrift des § 8 HSchlG wird jedoch verwiesen.

§ 6 Abs. 2 HSchlG besagt, dass Schiedsämter im Sinne des Hessischen Schiedsamtsgesetzes den von der Landesjustizverwaltung anerkannten Gütestellen gleichstehen. Die Regelung der gemeindlichen Schiedsämter und der Schiedsamtsbezirke ist im Hessischen Schiedsamtsgesetz vom 23.3.1994 (GVBl. S. 148) geregelt (Anlage 1).

§ 7
Aufgaben

Aufgabe der Gütestelle ist es, die außergerichtliche Streitbeilegung zu fördern und die Inanspruchnahme der Gerichte in geeigneten Fällen entbehrlich zu machen. Ihr obliegt die einvernehmliche Streitbeilegung nach § 1.

Erläuterungen

Aufgabe der Gütestelle ist es einmal, die außergerichtliche Streitbeilegung zu fördern. Hier kommt dem Fördern zunächst die Bedeutung zu, für die Streitbeilegung als solche hilfreich zu sein. Das heißt, durch die Existenz der Gütestelle deutlich zu machen, dass dieser Weg für den Bürger Vorteile hat. Das Verhalten, die Tätigkeit und die Wirksamkeit der Gütestelle sollte eine Werbung für die Möglichkeit einer solchen Streitbeilegung sein (Gewährleistung). Die weitere Aufgabe ist, die Inanspruchnahme der Gerichte in bestimmten Fällen entbehrlich zu machen, das heißt, nicht nur eine schnellere und leichtere Durchführung von Streitfällen zu realisieren, sondern auch für eine Beilegung des Streites in Güte beizutragen. Das bedeutet, dass grundsätzlich keine Streitentscheidung vorgenommen werden soll; Zwang zur Einigung darf nicht ausgeübt werden.

§ 8
Persönliche Voraussetzungen

(1) Natürliche Personen können als Gütestellen anerkannt werden, wenn sie nach ihrer Persönlichkeit und ihren Fähigkeiten für das Amt geeignet sind und sich verpflichtet haben, die Schlichtung als dauerhafte Aufgabe zu betreiben.

(2) Nicht anerkannt werden kann, wer

1. die Fähigkeit zur Bekleidung öffentlicher Ämter nicht besitzt,

2. unter Betreuung steht,

3. durch sonstige, nicht unter Nr. 2 fallende gerichtliche Anordnungen in der Verfügung über sein Vermögen beschränkt ist.

(3) Juristische Personen oder deren Einrichtungen können als Gütestellen anerkannt werden, wenn gewährleistet ist, dass die von ihnen bestellte Schlichtungsperson die Voraussetzungen der Abs. 1 und 2 erfüllt. Es muss darüber hinaus gewährleistet sein, dass die Schlichtungsperson im Rahmen ihrer Schlichtungstätigkeit unabhängig und an Weisungen nicht gebunden ist. Die Bestellung als Schlichtungsperson muss für einen Zeitraum von mindestens drei Jahren erfolgen. Eine Abberufung darf nur stattfinden, wenn Tatsachen vorliegen, die eine unabhängige Erledigung der Schlichtertätigkeit nicht mehr erwarten lassen.

Erläuterungen

Im Anschluss an § 6 Abs. 1 Satz 2 HSchlG können natürliche Personen als Gütestellen nach § 8 Abs. 1 HSchlG anerkannt werden (z. B. Rechtsanwalt), wenn sie nach ihrer **Persönlichkeit** für das Amt geeignet sind. Die Geeignetheit umfasst vor allem die persönliche charakterliche Eignung, d. h. das Vertrauen, das in die Person gesetzt werden kann. Dabei kommt es auf das Ansehen der Person innerhalb der Gemeinde oder des engeren Personenkreises an und dass die betreffende Person in ihrer Lebensführung ethische Grundsätze und die Anerkennung der Grundwerte hat erkennen lassen.

Zu den **Fähigkeiten** gehört die Geschicklichkeit im behördlichen Verkehr zu kommunizieren und vor allem die Fähigkeit, eine ausreichende und verständnisvolle Anhörung der Beteiligten und eine vermittelnde Verhandlung durchzuführen. Dabei sind eigene Hinweise der Schiedsperson nicht ausgeschlossen, die aus der persönlichen Lebenserfahrung resultieren.

Die Begriffe Persönlichkeit und Befähigung sind unbestimmte Rechtsbegriffe. Sie lassen sich letztlich nur im Hinblick auf die Tätigkeit bzw. Aufgabe der Gütestelle mit Inhalten erfüllen. Dabei hat die mit ihnen befasste (anerkennende) Behörde einen so genannten Beurteilungsspielraum. Darüber hinaus weist die Formulierung „können" auf einen zusätzlichen Handlungs- bzw. Entscheidungsspielraum hin, der gerichtlich nur darauf überprüfbar ist, ob bei seiner Ausübung die gesetzlichen Grenzen des Ermessens in einer dem Zweck der Ermächtigung nicht entsprechenden Weise Gebrauch gemacht worden ist.

Schließlich ist es notwendig, dass bei der Bewertung in Aussicht gestellt worden ist, die Schlichtung als dauerhafte Aufgabe zu betreiben. Durch besondere Umstände (Krankheit, Todesfall) kann die dauerhafte Bereitschaft unterbrochen bzw. abgebrochen werden.

In Absatz 2 sind Gründe aufgeführt, die der Anerkennung für das Amt entgegenstehen, ohne dass ein Ermessensspielraum für die Behörde besteht. Nicht anzuerkennen ist, wer die Fähigkeit zur Bekleidung öffentlicher Ämter nicht besitzt. Diese Regelung entspricht der des Hessischen Beamtengesetzes. Der Bewerber steht unter Betreuung, wenn die Vorschriften der §§ 1896 ff. BGB angewendet werden. Es genügt nicht, wenn das Verfahren zur Betreuung eingeleitet wird, sondern notwendig ist, dass die fragliche Person unter Betreuung steht.

Ablehnungsgründe können sich auch ergeben durch sonstige, nicht sich aus der Betreuung ergebende gerichtliche Anordnungen, durch die der Bewerber in der Verfügung über sein Vermögen beschränkt ist (z. B. bei der Nachlassverwaltung).

Nach Absatz 3 können juristische Personen oder deren Einrichtungen als Gütestellen anerkannt werden, wenn gewährleistet ist, dass die von ihnen bestellte Schlichtungsperson die Voraussetzungen der Absätze 1 und 2 erfüllen. § 3 Satz 2 HSchlG verlangt darüber hinaus, dass die Schlichtungsperson im Rahmen ihrer Schlichtungstätigkeit unabhängig und nicht an Weisungen gebunden ist. Letzteres kann vor allem durch organisatorische Strukturen gesichert werden.

Die Bestellung zur Schlichtungsperson muss im Voraus für einen Zeitraum von mindestens drei Jahren erfolgen; dabei sind Auslassungszeiten nicht möglich. Eine Abberufung darf nur erfolgen, wenn Tatsachen vorliegen, also nicht aufgrund von Vermutungen, die eine unabhängige Erledigung der Schlichtertätigkeit nicht erwarten lassen. Dabei handelt es sich um eine Entscheidung aufgrund von Tatsachen und einer Prognose.

§ 9
Schlichtungsordnung

(1) Die Gütestelle bedarf einer Schlichtungsordnung. Diese muss den Parteien des Schlichtungsverfahrens zugänglich sein.

(2) Die Schlichtungsordnung muss vorsehen, dass

1. die Schlichtungsperson die Schlichtungstätigkeit nicht ausüben darf

a) in Angelegenheiten, in denen sie selbst Partei ist oder in denen sie zu einer Partei in dem Verhältnis einer Mitberechtigten, Mitverpflichteten oder Regresspflichtigen steht,

b) in Angelegenheiten ihres Ehegattin, ihres Ehegatten, ihrer Lebenspartnerin, ihres Lebenspartners, ihrer Verlobten oder ihres Verlobten, auch wenn die Ehe, Lebenspartnerschaft oder das Verlöbnis nicht mehr besteht,

c) in Angelegenheiten einer Person, mit der sie in gerader Linie verwandt, verschwägert, in der Seitenlinie bis zum dritten Grade verwandt oder bis zum zweiten Grade verschwägert ist, auch wenn die Ehe, durch die die Schwägerschaft begründet ist, nicht mehr besteht,

d) in Angelegenheiten, in denen sie als Prozessbevollmächtigte oder Beistand einer Partei bestellt oder als gesetzliche Vertreterin einer Partei aufzutreten berechtigt ist oder war,

e) in Angelegenheiten einer Person, bei der sie gegen Entgelt beschäftigt oder bei der sie als Mitglied des Vorstandes, des Aufsichtsrates oder eines gleichartigen Organs tätig ist oder war,

2. die am Schlichtungsverfahren beteiligten Parteien Gelegenheit erhalten, selbst oder durch von ihnen beauftragte Personen Tatsachen und Rechtsansichten vorzubringen und sich zu dem Vortrag der Gegenseite zu äußern.

Erläuterungen

Die Schlichtungsordnung muss den Parteien des Schlichtungsverfahrens zugänglich sein. Sie muss bestimmte Ausschließungsgründe enthalten. Dazu gehören Statusverhältnisse, insbesondere familiäre Bindungen auf Grund von bestimmten Verwandtschaftsgraden. Die Vorschriften sind eng auszulegen. Sie schließen lediglich in bestimmten Fällen die Schlichtungstätigkeit aus. Die Schlichtungsperson darf nicht selbst in der streitigen Sache als Partei beteiligt sein. Ausgeschlossen von der Schlichtungstätigkeit sind auch Personen, die zu einer Partei in dem Verhältnis eigener Mitberechtigung oder Mitverpflichtung stehen. Die Schlichtungsperson darf auch nicht nach der Schlichtungsordnung in Angelegenheiten ihres Ehegatten oder Verlobten tätig werden, auch wenn die Ehe oder das Verlöbnis nicht mehr besteht. Bei dem Verlöbnis wird es oft schwierig sein, das Bestehen oder Nichtbestehen festzustellen.

Das Gleiche gilt für Personen, mit denen die Schlichtungsperson in gerader Linie verwandt, verschwägert, in der Seitenlinie bis zum dritten Grad verwandt oder bis zum zweiten Grad verschwägert ist, auch wenn die Ehe, durch die die Schwägerschaft begründet ist, nicht mehr besteht. Bei der Annahme an Kindes statt wird durch die Annahme ein Verwandtschaftsverhältnis begründet.

Die Schlichtungsperson darf nicht die Schlichtertätigkeit in Angelegenheiten ausüben, in denen sie als Prozessbevollmächtigte oder Beistand einer Partei bestellt oder gesetzliche Vertreterin ist.

Auch in Angelegenheiten einer Person oder Personenmehrheit, bei der die Schlichtungsperson gegen Entgelt beschäftigt oder bei der sie als Mitglied des Vorstandes, des Aufsichtsrats oder eines gleichartigen Organs tätig ist oder war.

Gerade in einem Dienst- und Geschäftsbereich sollte sich eine Schiedsperson zurückhalten. Dies kann vor allem notwendig sein bei kaufmännischen und gewerblichen Betrieben.

In Absatz 2 Nr. 2 ist das Anhörungsverfahren gesichert. Den am Schlichtungsverfahren beteiligten Parteien muss Gelegenheit gegeben werden, selbst oder durch von ihnen beauftragten Vertretern Tatsachen und Rechtsansichten vorzubringen. Dabei ist es wesentlich, dass sie sich zu dem Vortrag der Gegenseite äußern können. Dem Charakter des Schlichtungsverfahrens entspricht es, wenn insoweit eine weite Auslegung beachtet wird. Das heißt nun wiederum nicht, dass im Rahmen der Streitschlichtungsökonomie besonders ausufernde Vorträge in Kauf genommen werden müssten.

§ 10
Haftpflichtversicherung

(1) Soweit die Gütestelle nicht von einer öffentlich-rechtlichen Körperschaft oder Anstalt getragen wird, muss eine Haftpflichtversicherung für Vermögensschäden bestehen und die Versicherung während der Dauer der Anerkennung als Gütestelle aufrechterhalten bleiben. Die Versicherung muss bei einem im Inland zum Geschäftsbetrieb befugten Versicherungsunternehmen zu den nach Maßgabe des Versicherungsaufsichtsgesetzes vom 1.4.2015 (BGBl. I S. 434), zuletzt geändert durch Gestez vom 17.8.2017 (BGbl. I S. 3214), eingereichten Allgemeinen Versicherungsbedingungen aufgenommen werden und sich auf solche Vermögensschäden erstrecken, für die die Gütestelle nach § 278 oder § 831 des Bürgerlichen Gesetzbuches einzustehen hat.

(2) Der Versicherungsvertrag hat Versicherungsschutz für jede einzelne Pflichtverletzung zu gewähren, die gesetzliche Haftpflichtansprüche privatrechtlichen Inhalts gegen die Gütestelle zur Folge haben könnte.

(3) Die Mindestversicherungssumme beträgt zweihundertfünfzigtausend Euro für jeden Versicherungsfall. Die Leistungen des Versicherers für alle innerhalb eines Versicherungsjahres verursachten Schäden können auf den vierfachen Betrag der Mindestversicherungssumme begrenzt werden.

(4) Die Vereinbarung eines Selbstbehalts bis zu 1 vom Hundert der Mindestversicherungssumme ist zulässig.

(5) Im Versicherungsvertrag ist der Versicherer zu verpflichten, der für die Anerkennung von Gütestellen zuständigen Stelle den Beginn und die Beendigung oder Kündigung des Versicherungsvertrages sowie jede Änderung, die den vorgeschriebenen Versicherungsschutz beeinträchtigt, unverzüglich mitzuteilen.

(6) Zuständige Stelle im Sinne des § 117 Abs. 2 Satz 1 des Versicherungsvertragsgesetzes ist die für die Anerkennung als Gütestelle zuständige Stelle.

Erläuterungen

In Absatz 1 ist die Pflicht geregelt, dass für die Gütestelle, so lange sie besteht, eine Haftpflichtversicherung abzuschließen ist, wenn sie nicht von einer öffentlich-rechtlichen Körperschaft oder Anstalt getragen wird (z. B. Gemeinden). Die näheren Voraussetzungen über die Versicherung sind in Absatz 1 Satz 2 und in den Absätzen 2 bis 4 geregelt.

Nach Absatz 5 ist der Versicherer (d. h. die Versicherungsgesellschaft) zu verpflichten, der für die Anerkennung von Gütestellen zuständigen Stelle den Beginn und die Beendigung bzw. die Kündigung des Versicherungsvertrages mitzuteilen. Darüber hinaus ist jede Änderung des Versicherungsvertrages, die den Versicherungsschutz beeinträchtigt, unverzüglich (ohne schuldhaftes Zögern) mitzuteilen. Nach Absatz 6 ist die zuständige Stelle i. S. des § 158 c Abs. 2 des Gesetzes über den Versicherungsvertrag, die für die Anerkennung als Gütestelle zuständige Stelle. Nach § 13 HSchlG ist dies das Oberlandesgericht des jeweiligen Bundeslandes als Verwaltungsbehörde.

§ 11
Aktenführung

(1) Die Gütestelle hat durch Anlegung von Handakten einen geordneten Überblick über die von ihr entfaltete Tätigkeit zu ermöglichen. In diesen Akten sind insbesondere zu dokumentieren

1. der Zeitpunkt der Anbringung eines Güteantrags bei der Gütestelle, weiterer Verfahrenshandlungen der Parteien und der Gütestelle sowie der Beendigung des Güteverfahrens,

2. der Inhalt eines zwischen den Parteien geschlossenen Vergleichs.

(2) Die Gütestelle hat die Akten auf die Dauer von fünf Jahren nach Beendigung des Verfahrens aufzubewahren.

(3) Innerhalb des in Abs. 2 genannten Zeitraums können die Parteien von der Gütestelle gegen Kostenerstattung beglaubigte Ablichtungen der Handakten und Ausfertigungen geschlossener Vergleiche verlangen.

(4) Zur Überprüfung der Geschäftsführung sind die Akten auf Verlangen der nach § 13 Abs. 1 zuständigen Behörde vorzulegen.

Erläuterungen

Nach § 11 Abs. 1 HSchlG werden organisatorische Gründe für die Aktenführung der Gütestelle festgelegt. Es sind Handakten anzulegen, d. h. für jeden Streitfall eine Zusammenstellung der entstandenen Unterlagen. Um einen geordneten Überblick zu sichern, liegt es nahe, ist aber nicht vorgeschrieben, die Akten chronologisch zu heften. Der Inhalt der Akten ist nicht abschließend aufgeführt („insbesondere"). Zu den wichtigsten Unterlagen gehören die Angabe des Zeitpunkts der Anbringung der Gütebeantragung, wie er bei der Gütestelle eingegangen ist. Die Unterlagen weiterer Verfahrenshandlungen der Parteien und der Gütestelle, beginnend mit dem Beiziehen von Unterlagen bzw. Akten anderer Stellen und Behörden. Es folgt dann die Protokollierung der mündlichen Verhandlung, jedoch kein Wortprotokoll. Erforderlichenfalls wird Beweis erhoben und die Beweisergebnisse schriftlich festgehalten (Zeugenbeweis, Urkundenbeweis, Augenscheinbeweis, Beweis durch Parteivernehmung usw.). Auch die Beendigung des Güteverfahrens ist festzuhalten. Das gilt auch für das Ergebnis des Güteverfahrens, das mit „Beendigung des Güteverfahrens" gemeint ist. Das Protokoll einer Verhandlung könnte folgenden Inhalt haben, wobei die nachstehende Aufzählung keineswegs abschließend ist:

- Bezeichnung des Schiedsgerichts/Gütestelle, Aktenzeichen, Verhandlungsort und Verhandlungstag
- Besetzung der Gütestelle, Name des Protokollführers
- Bezeichnung der Streitsache
- Uhrzeit des Verhandlungsbeginns
- Die Namen der erschienenen Parteien, gesetzlichen Vertreter und deren Vollmachten, Verfahrensbevollmächtigten und Beiständen
- Erklärung der Parteien, dass die Gütestelle ordnungsgemäß besetzt und zuständig ist
- Erklärung der Parteien zum Streitwert
- Die gestellten Verfahrens- bzw. Sachanträge
- Beweisaufnahme, genügt wesentlicher Inhalt
- Feststellung sonstiger wichtiger Erklärungen, z. B. Erklärung der Parteien und Bevollmächtigten, dass in ausreichendem Maße rechtliches Gehör gewährt worden ist
- Ergebnis des Güteverfahrens und Uhrzeit der Beendigung.

Nach § 11 Abs. 2 HSchlG hat die Gütestelle die Akten auf die Dauer von fünf Jahren nach Beendigung des Verfahrens aufzubewahren. Innerhalb der genannten fünf Jahre können die Parteien von der Gütestelle gegen Kostenerstattung beglaubigte Ablichtung der Handakten und Ausfertigungen geschlossener Vergleiche verlangen.

§ 11 Abs. 4 HSchlG regelt, dass zur Überprüfung der Geschäftsführung die Akten auf Verlangen der nach § 13 Abs. 1 HSchlG zuständigen Behörde vorzulegen sind. Fraglich ist, was hier unter Geschäftsführung zu verstehen ist. Durch die Geschäftsführung wird die Verwaltung zum funktionierenden Organismus. Mängel in der Geschäftsführung können auf Verletzung von Rechtspflichten der Gütestelle zurückzuführen sein. Insoweit hat die Aufsichtsbehörde nach § 13 Abs. 1 HSchlG das Recht und die Pflicht, auf die Korrektur der Mängel hinzuwirken. Im Übrigen kann jedoch die Aufsichtsbehörde weder in die Spruchpraxis der Gütestelle noch in die nicht durch Rechtsvorschriften gesicherte praktische Geschäftsführung eingreifen.

§ 12
Rücknahme und Widerruf der Anerkennung

(1) Die Anerkennung als Gütestelle ist mit Wirkung für die Zukunft zurückzunehmen, wenn nachträglich Tatsachen bekannt werden, bei deren Kenntnis die Zulassung hätte versagt werden müssen.

(2) Die Anerkennung ist zu widerrufen, wenn

1. **die Schiedsperson nicht mehr die persönlichen Voraussetzungen des § 8 erfüllt,**
2. **die Schlichtungsordnung nicht mehr den Anforderungen des § 9 entspricht,**
3. **die erforderliche Haftpflichtversicherung (§ 10) nicht mehr besteht,**
4. **die Gütestelle auf die Rechte aus ihrer Anerkennung gegenüber der für die Anerkennung zuständigen Behörde schriftlich verzichtet hat.**

Erläuterungen

Absatz 1: Die Anerkennung als Gütestelle ist mit Wirkung für die Zukunft zurückzunehmen, wenn Tatsachen nachträglich bekannt werden, die einer Zulassung (besser: Anerkennung) entgegengestanden hätten. Die Rücknahme eines Verwaltungsakts, insbesondere einer Genehmigung oder Erlaubnis, macht ein bisheriges dem zurückgenommenen Verwaltungsakt entsprechendes Verhalten nicht unerlaubt, so auch die erledigten Schlichtungsfälle. Jede Rücknahme eines Verwaltungsaktes bedeutet ein Wiederaufgreifen des durch den Akt abgeschlossenen Verfahrens. Mit der Rücknahme vernichtet eine Behörde die Wirkung eines von ihr erlassenen rechtswidrigen Verwaltungsaktes. Ein rechtswidriger begünstigender Verwaltungsakt kann zurückgenommen werden, wenn ein spezielles Gesetz (hier § 12 HSchlG) die Rücknahme ausdrücklich vorsieht. Ein Ermessen steht der überprüfenden Behörde nicht zu; sie ist verpflichtet, die Anerkennung als Gütestelle zurückzunehmen.

Nach Absatz 2 ist die Anerkennung zu widerrufen, wenn bestimmte Voraussetzungen vorliegen. Hier ist die Anerkennung zu widerrufen, ein Ermessensspielraum besteht auch hier nicht. Da es sich um einen begünstigten Verwaltungsakt handelt, ist er zu widerrufen. Widerruf ist erforderlich, wenn

- die Schiedsperson nicht mehr die persönlichen Voraussetzungen des § 8 erfüllt,
- die Schlichtungsordnung nicht mehr den Anforderungen des § 9 entspricht,
- die erforderliche Haftpflichtversicherung (§ 10) nicht mehr besteht,
- die Gütestelle auf die Rechte aus ihrer Anerkennung gegenüber der zuständigen Behörde schriftlich verzichtet. Die Vorschrift ist im Bereich überwiegender Laienarbeit notwendig.

§ 13
Zuständigkeit, Gebühren und Verfahren

(1) Zuständige Behörde für die Anerkennung sowie die Rücknahme und den Widerruf der Anerkennung als Gütestelle ist das Oberlandesgericht als Verwaltungsbehörde.

(2) Die Anträge sind schriftlich zu stellen. Die Schlichtungsordnung ist beizufügen.

(3) Für die Anerkennung als Gütestelle wird eine Gebühr in Höhe von 125 Euro erhoben. Wird der Antrag auf Anerkennung abgelehnt oder wird dieser zurückgenommen, so beträgt die Gebühr 25 Euro.

(4) Wird eine andere Schlichtungsperson tätig oder die Schlichtungsordnung geändert, so ist dies der nach Abs. 1 zuständigen Behörde unverzüglich anzuzeigen.

(5) Die Anerkennung als Gütestelle sowie die Rücknahme oder der Widerruf der Anerkennung sind öffentlich bekannt zu machen. Die nach Abs. 1 zuständige Behörde führt eine Liste der in ihrem Bezirk anerkannten Gütestellen. Die hierfür erforderlichen Daten dürfen erhoben und gespeichert werden. Die erstellten Listen dürfen in automatisierte Abrufverfahren eingestellt werden.

Erläuterungen

Für die Anerkennung bzw. Rücknahme und den Widerruf als Gütestelle ist das zuständige Oberlandesgericht als Verwaltungsbehörde zuständig. Nach Absatz 2 sind alle Anträge in diesem Bereich schriftlich zu stellen; die Schlichtungsordnung ist beizufügen.

Absatz 3: Für die Anerkennung als Gütestelle wird eine Gebühr von 125 € erhoben. Bei Ablehnung des Anerkennungsantrags oder bei Rücknahme desselben beträgt die Gebühr 25 €.

Wird eine andere Schlichtungsperson tätig (§ 13 Abs. 4 HSchlG) oder die Schlichtungsordnung geändert, ist dies der zuständigen Behörde unverzüglich anzuzeigen. Die Anerkennung als Gütestelle sowie die Rücknahme oder der Widerruf der Anerkennung sind öffentlich bekannt zu machen. Die nach Absatz 1 zuständige Behörde führt eine Liste der in ihrem Bezirk anerkannten Gütestellen. Die hierfür erforderlichen Daten dürfen erhoben und gespeichert werden.

§ 14
Anfechtung von Entscheidungen

Über die Rechtmäßigkeit von Anordnungen, Verfügungen oder sonstigen Maßnahmen nach diesem Abschnitt entscheiden auf Antrag die ordentlichen Gerichte. Für das Verfahren gelten die Vorschriften der §§ 23 bis 30a des Einführungsgesetzes zum Gerichtsverfassungsgesetz in der im Bundesgesetzblatt Teil III, Gliederungsnummer 300-1, veröffentlichten bereinigten Fassung, zuletzt geändert durch Gesetz vom 8.10.2017 (BGBl I S. 3546), gelten mit der Maßgabe, dass ein Vorverfahren nach § 24 Abs. 2 des Einführungsgesetzes findet nicht statt.

Erläuterungen

Nicht über die Zweckmäßigkeit, aber über die Rechtmäßigkeit von Anordnungen, Verfügungen oder sonstige Maßnahmen des Zweiten Abschnitts entscheiden auf Antrag die ordentlichen Gerichte. Es handelt sich um die Regelung des Rechtswegs bei Justizverwaltungsakten. Mit dem Antrag auf gerichtliche Entscheidung kann auch die Verpflichtung der Justiz- und Vollzugsbehörden zum Erlass eines abgelehnten oder unterlassenen Verwaltungsaktes begehrt werden. Im Übrigen ist im Einführungsgesetz zum Gerichtsverfassungsgesetz die Zulässigkeit des Antrags, die Zuständigkeit, die Antragsfrist (1 Monat), die Antragstellung bei Untätigkeit der Behörde, die Entscheidung über den Antrag, die

Unanfechtbarkeit der Entscheidung und die Kosten geregelt. Ein Vorverfahren nach § 24 Abs. 2 des Einführungsgesetzes findet nicht statt.

§ 15
Bestehende Gütestellen

Dieser Abschnitt findet auf die zum Zeitpunkt seines In-Kraft-Tretens bereits anerkannten Gütestellen mit der Maßgabe Anwendung, dass es einer erneuten Anerkennung nach § 6 nicht bedarf.

Erläuterungen

Die Vorschriften des Zweiten Abschnitts finden auf die zum Zeitpunkt seines In-Kraft-Tretens bereits anerkannten Gütestellen Anwendung. Insoweit bedarf es einer erneuten Anerkennung nach § 6 HSchlG nicht.

DRITTER ABSCHNITT
GELTUNGSDAUER

§ 16
In-Kraft-Treten, Außer-Kraft-Treten

Dieses Gesetz tritt am Tage nach seiner Verkündung in Kraft. Es tritt mit Ablauf des 31. Dezember 2025 außer Kraft.

Erläuterungen

Das Gesetz ist am 13.2.2001 verkündet worden. Es ist daher am 14.2.2001 in Kraft getreten. Das Gesetz tritt mit Ablauf des 31.12.2025 außer Kraft.

Anhang

Anhang 1

Hessisches Schiedsamtsgesetz (HSchAG)

vom 23. März 1994 (GVBl. I S. 148), zuletzt geändert durch Gesetz vom 22. August 2018 (GVbl. S. 362)

Inhaltsübersicht

ERSTER ABSCHNITT
GEMEINDLICHE SCHIEDSÄMTER

§ 1
Schiedsamt, Schiedsamtsbezirke

(1) Zur Schlichtung streitiger Rechtsangelegenheiten richtet jede Gemeinde ein Schiedsamt oder mehrere Schiedsämter ein. Das Schiedsamt führt einen auf die Gemeinde oder auf seinen Schiedsamtsbezirk hinweisenden Zusatz.

(2) Zuständig für die Einrichtung der Schiedsämter und die Abgrenzung der Schiedsamtsbezirke ist der Gemeindevorstand. Die Einrichtung und die Änderung von Schiedsamtsbezirken sind öffentlich bekanntzumachen.

(3) Die Schiedsämter führen das kleine Landessiegel.

§ 2
Besetzung des Schiedsamts

Die Aufgaben des Schiedsamts werden von einer Schiedsfrau oder einem Schiedsmann (Schiedspersonen) wahrgenommen. Diese sind ehrenamtlich tätig; § 26 der Hessischen Gemeindeordnung gilt entsprechend.

§ 3
Eignung für das Schiedsamt

(1) Schiedspersonen müssen nach ihrer Persönlichkeit und ihren Fähigkeiten für das Amt geeignet sein.

(2) Das Amt kann nicht bekleiden,

1. wer die Fähigkeit zur Bekleidung öffentlicher Ämter nicht besitzt;
2. eine Person, für die eine Betreuerin oder ein Betreuer bestellt wurde;
3. wer als Rechtsanwältin oder Rechtsanwalt zugelassen oder als Notarin oder Notar bestellt ist;
4. wer die Besorgung fremder Rechtsangelegenheiten geschäftsmäßig ausübt;
5. wer die rechtsprechende Gewalt (§ 1 des Deutschen Richtergesetzes in der Fassung der Bekanntmachung vom 19.4.1972 (BGBl. I S. 713), zuletzt geändert durch Gesetz vom 8.6.2017 (BGBl. I S. 1570) als Berufsrichterin oder Berufsrichter oder das Amt der Staatsanwaltschaft (§ 142 des Gerichtsverfassungsgesetzes) ausübt oder im Schiedsamtsbezirk im Polizeivollzugsdienst tätig ist.

(3) In das Amt soll nicht berufen werden, wer

1. bei Beginn der Amtsperiode das dreißigste Lebensjahr noch nicht oder das fünfundsiebzigste Lebensjahr vollendet haben wird;
2. nicht in dem Bezirk des Schiedsamts, bei Gemeinden mit mehreren Schiedsämtern nicht in der Gemeinde wohnt;
3. durch sonstige, nicht unter Abs. 2 Nr. 2 fallende gerichtliche Anordnungen in der Verfügung über sein Vermögen beschränkt ist.

(4) Die in §§ 4 und 5 genannten Stellen können personenbezogene Daten der zu wählenden oder zu bestätigenden Schiedspersonen erheben, soweit dies nach Abs. 1 bis 3 erforderlich ist.

§ 4
Wahl

(1) Die Schiedspersonen werden von der Gemeindevertretung auf fünf Jahre gewählt. Zur Wahl bedarf es der Mehrheit der gesetzlichen Zahl der Gemeindevertreter. Bis zum Amtsantritt der gewählten Person bleibt die bisherige Schiedsperson im Amt.

(2) Wird die im Amt befindliche Ortsgerichtsvorsteherin oder der im Amt befindliche Ortsgerichtsvorsteher gewählt und stimmen die Grenzen des Schiedsamtsbezirks mit denen des Ortsgerichtsbezirks

überein oder bildet der Schiedsamtsbezirk einen Teil des Ortsgerichtsbezirks, so kann bestimmt werden, dass die Wahl für die Zeit gilt, in der die gewählte Schiedsperson Ortsgerichtsvorsteherin oder Ortsgerichtsvorsteher ist; diese Bestimmung muss in dem Beschluss über die Wahl schriftlich niedergelegt werden.

(3) Die Gemeinde soll die bevorstehende Wahl in Verbindung mit dem Hinweis darauf, dass sich interessierte Personen zur Wahl stellen können, in geeigneter Form bekanntmachen.

(4) Das Amt endet vorzeitig, wenn das Schiedsamt aufgelöst wird.

(5) Bei vorzeitigem Ausscheiden aus dem Amt nach §§ 7 und 8 hat die Gemeinde unverzüglich eine Neuwahl durchzuführen.

§ 5
Bestätigung

(1) Die in das Amt gewählte Person bedarf der Bestätigung durch den Vorstand des Amtsgerichts, in dessen Bezirk das Schiedsamt seinen Sitz hat. Die Bestätigung ist zu erteilen, wenn die gewählte Person die persönlichen Voraussetzungen nach § 3 erfüllt und die Wahl ordnungsgemäß nach § 4 erfolgt ist. Wird die Bestätigung versagt, so ist unverzüglich eine Neuwahl durchzuführen.

(2) Ist eine Ortsgerichtsvorsteherin oder ein Ortsgerichtsvorsteher in das Amt gewählt worden und ist bei der Wahl bestimmt worden, daß die Wahl für die Zeit gilt, in der die gewählte Person Ortsgerichtsvorsteherin oder Ortsgerichtsvorsteher ist, so hat der Vorstand des Amtsgerichts dies in der Bestätigung zu vermerken.

§ 6
Vereidigung

(1) Die Schiedsperson wird von dem Vorstand des Amtsgerichts (§ 5) auf die Erfüllung ihrer Pflichten vereidigt. Der Eid wird wie folgt geleistet:

„Ich schwöre, die Pflichten einer Schiedsperson getreulich zu erfüllen, so wahr mir Gott helfe."

Der Eid kann auch ohne religiöse Beteuerungsformel geleistet werden.

(2) Bei Mitgliedern einer Religions- oder Bekenntnisgemeinschaft, der das Gesetz den Gebrauch anderer Beteuerungsformeln an Stelle des Eides gestattet, wird die Abgabe einer Erklärung unter der Beteuerungsformel dieser Religions- oder Bekenntnisgemeinschaft gleichgeachtet.

(3) Bei der Wiederwahl genügt die Verweisung auf den bereits geleisteten Eid.

§ 7
Ablehnung und Niederlegung des Amtes

(1) Die Berufung zur Schiedsperson kann ablehnen, wer

1. das sechzigste Lebensjahr vollendet hat;
2. das Amt während der vorausgegangenen fünf Jahre ausgeübt hat;
3. anhaltend krank ist;
4. aus beruflichen Gründen häufig oder langdauernd von seinem Wohnort abwesend ist;
5. durch die Ausübung des Amtes in der Sorge für seine Familie besonders belastet wird;
6. aus sonstigen wichtigen Gründen das Amt nicht ausüben kann.

(2) Abs. 1 Nr. 3 bis 6 gilt entsprechend für die Niederlegung des Amtes.

(3) Über die Befugnis zur Ablehnung oder zur Niederlegung entscheidet der Vorstand des Amtsgerichts.

§ 8
Amtsenthebung

(1) Eine Amtsenthebung hat zu erfolgen, wenn die in § 3 Abs. 2 genannten Umstände eintreten oder bekannt werden. Sie hat ferner zu erfolgen, wenn ein wichtiger Grund vorliegt. Ein wichtiger Grund liegt insbesondere vor, wenn die Schiedsperson

1. Amtspflichten gröblich verletzt hat;
2. sich als unwürdig erwiesen hat, das Amt auszuüben;
3. das Amt nicht mehr ordnungsgemäß ausüben kann.

(2) Über die Amtsenthebung entscheidet auf Antrag des Vorstands des Amtsgerichts nach Anhörung der Schiedsperson und des Gemeindevorstands der Vorstand des Oberlandesgerichts.

§ 9
Aufsicht

(1) Die Aufsicht über die Tätigkeit des Schiedsamts im Schlichtungsverfahren üben aus:

1. der Vorstand des Oberlandesgerichts;
2. der Vorstand des Amtsgerichts, in dessen Bezirk sich das Schiedsamt befindet.

(2) Die Aufsicht erstreckt sich auf die ordnungsgemäße, insbesondere zeitgerechte Durchführung der Schlichtungsverfahren und umfasst die Befugnis zur Bearbeitung von Beschwerden und zur Erteilung von Rügen.

(3) Außerhalb des Schlichtungsverfahrens unterliegt die Schiedsperson den Weisungen und der Aufsicht der Gemeinde als Trägerin des Schiedsamts.

§ 10
Amtsverschwiegenheit

(1) Über die Verhandlungen und die Verhältnisse der Parteien ist, so weit sie amtlich bekannt geworden sind, Verschwiegenheit zu wahren; dies gilt auch nach Beendigung der Amtstätigkeit.

(2) Über Angelegenheiten, über die Verschwiegenheit zu wahren ist, darf nur mit Genehmigung des Vorstands des Amtsgerichts ausgesagt werden.

(3) Die Genehmigung soll in der Regel erteilt werden, wenn die Parteien zustimmen. § 37 Abs. 4 Satz 1 und Abs. 5 des Beamtenstatusgesetzes vom 17. Juni 2008 (BGBl. I S. 1010), geändert durch Gesetz vom 8.6.2017 (BGBl I S. 1570), gilt entsprechend.

§ 11
Stellvertretung

(1) Für jedes Schiedsamt wird eine stellvertretende Schiedsperson berufen. Bei mehreren Schiedsämtern in der Gemeinde kann der Gemeindevorstand die Vertretung so regeln, dass diese gegenseitig erfolgt.

(2) Ist auch die stellvertretende Schiedsperson vorübergehend oder dauernd verhindert, das Amt auszuüben, so kann der Vorstand des Amtsgerichts eine Schiedsperson aus einem benachbarten Schiedsamtsbezirk mit der Stellvertretung beauftragen. Steht im Amtsgerichtsbezirk keine weitere Schiedsperson zur Verfügung, so regelt der Vorstand des Landgerichts die Vertretung in entsprechender Anwendung des Satz 1.

(3) Auf die stellvertretenden Schiedspersonen sind die Vorschriften dieses Gesetzes entsprechend anzuwenden.

§ 12
Sachkosten und Haftung

(1) Die Gemeinde trägt die Sachkosten des Schiedsamts.

(2) Zu den Kosten im Sinne des Abs. 1 gehört auch der Ersatz von Sachschäden der Schiedsperson, die durch einen Unfall bei Ausübung ihres Amtes veranlasst worden sind, so weit die Schiedsperson diesen nicht vorsätzlich oder grob fahrlässig verursacht hat und von Dritten keinen Ersatz verlangen kann.

(3) Für Amtspflichtverletzungen der Schiedsperson im Rahmen des Schlichtungsverfahrens haftet das Land. Für den Rückgriff gilt § 56 des Hessischen Beamtengesetzes, entsprechend.

ZWEITER ABSCHNITT
SCHLICHTUNGSVERFAHREN IN BÜRGERLICHEN RECHTSSTREITIGKEITEN

§ 13
Sachliche Zuständigkeit

Das Schiedsamt ist zuständig

1. für die Verfahren, in denen nach § 1 Abs. 1 und 2 des Gesetzes zur Regelung der außergerichtlichen Streitschlichtung vom 6. Februar 2001 (GVBl. I S. 98), zuletzt geändert durch Gesetz vom 22. August 2018 (GVbl. S. 362), ein Einigungsversuch durchzuführen ist,
2. für sonstige Schlichtungsverfahren in bürgerlichen Rechtsstreitigkeiten über vermögensrechtliche Ansprüche, sofern sie nicht zur Zuständigkeit der Arbeitsgerichte gehören oder an ihnen Behörden oder Organe des Bundes, der Länder oder der Gemeinden oder von Körperschaften, Anstalten oder Stiftungen des öffentlichen Rechts beteiligt sind.

§ 14
Antragstellung

(1) Das Schlichtungsverfahren wird auf Antrag eingeleitet. Der Antrag ist bei dem Schiedsamt, in dessen Bezirk die Gegenpartei wohnt, schriftlich einzureichen oder mündlich zu Protokoll zu erklären. Bei Streitigkeiten über Ansprüche aus Miet- und Pachtverhältnissen über Räume ist das Schiedsamt ausschließlich zuständig, in dessen Bezirk sich die Räume befinden. Der Antrag muss die Namen und Anschriften der Parteien angeben und von der antragstellenden Partei unterschrieben sein. Er soll den Gegenstand des Streits und das Begehren allgemein bezeichnen. Dem Antrag sollen die für die Zustellung erforderlichen Abschriften beigefügt werden.

(2) Wohnen die Parteien nicht in demselben Schiedsamtsbezirk, so kann der Antrag auch bei dem Schiedsamt des Bezirks, in dem die antragstellende Partei wohnt, zu Protokoll erklärt werden. Das Protokoll ist dem zuständigen Schiedsamt unverzüglich zu übersenden.

(3) Eine abweichende örtliche Zuständigkeit kann von den Parteien schriftlich oder durch Erklärung zu Protokoll des gewählten Schiedsamts vereinbart werden.

§ 15
Verfahrenssprache

Das Schlichtungsverfahren wird in deutscher Sprache geführt; mit Einverständnis der Parteien kann die Schlichtungsverhandlung in einer anderen Sprache geführt werden, wenn alle Beteiligten die fremde Sprache beherrschen.

§ 16
Ausschluss von der Amtsausübung

(1) Die Schiedsperson ist von der Ausübung des Amtes kraft Gesetzes ausgeschlossen,

1. in Angelegenheiten, in denen sie selbst Partei ist oder zu einer Partei in dem Verhältnis eines Mitberechtigten, Mitverpflichteten oder Regresspflichtigen steht;
2. in Angelegenheiten ihres Ehegatten oder Verlobten, auch wenn die Ehe oder das Verlöbnis nicht mehr besteht;
3. in Angelegenheiten einer Person, mit der sie in gerader Linie verwandt, verschwägert oder in der Seitenlinie bis zum dritten Grade verwandt oder bis zum zweiten Grade verschwägert ist, auch wenn die Ehe, durch die die Schwägerschaft begründet ist, nicht mehr besteht;

4. in Angelegenheiten, in denen sie als Prozessbevollmächtigte oder Beistand einer Partei bestellt oder als gesetzliche Vertreterin einer Partei aufzutreten berechtigt oder in denen sie sonst beratend oder gutachterlich tätig ist oder war;
5. in Angelegenheiten einer Partei, bei der sie gegen Entgelt beschäftigt oder bei der sie Mitglied des Vorstandes, des Aufsichtsrates oder eines gleichartigen Organs ist oder war.

(2) Die Schiedsperson hat die Ausübung ihres Amtes abzulehnen, wenn

1. der zu protokollierende Vergleich der notariellen Beurkundung bedarf,
2. eine Partei ihr nicht bekannt ist und auch ihre Identität nicht nachweisen kann,
3. Bedenken gegen die Geschäftsfähigkeit und Verfügungsbefugnis einer Partei oder gegen die Legitimation ihrer Vertreter bestehen.

(3) Soweit es sich um Schlichtungsverfahren nach § 13 Nr. 2 handelt, kann die Schiedsperson die Ausübung des Schiedsamtes ablehnen, wenn

1. die streitige Angelegenheit zu weitläufig oder zu schwierig oder wegen einer am Verfahren beteiligten Person eine besonders schwierige Verfahrensgestaltung zu erwarten ist,
2. der Antrag auf Einleitung eines Schlichtungsverfahrens erkennbar ohne Einigungsabsicht oder sonst offensichtlich missbräuchlich gestellt ist.

(4) Die Entscheidungen nach Abs. 1 bis 3 sind unanfechtbar.

§ 17

Terminbestimmung, Ladung

(1) Ort und Zeit der Schlichtungsverhandlung werden vom Schiedsamt bestimmt.

(2) Die Zustellung der Ladung erfolgt durch die Post mittels Zustellungsurkunde. Für das Zustellen durch Postbedienstete gelten die Vorschriften der §§ 177 bis 182 der Zivilprozessordnung. Die antragstellende Partei kann auch gegen Empfangsbekenntnis geladen werden, wenn der Antrag zu Protokoll des Schiedsamtes erklärt wird.

(3) Die Gegenpartei erhält mit der Ladung eine Abschrift des Antrags. Zugleich werden die Parteien auf die Pflicht, persönlich zur Schlichtungsverhandlung zu erscheinen, und auf die Folgen einer Verletzung dieser Pflicht hingewiesen. Hat eine Partei einen gesetzlichen Vertreter, so ist die Ladung diesem zuzustellen.

(4) Zwischen der Zustellung der Ladung und dem Tag der Schlichtungsverhandlung muss eine Frist von mindestens zwei Wochen liegen (Ladungsfrist). Die Ladungsfrist kann mit Zustimmung beider Parteien abgekürzt werden.

(5) Eine Partei kann ihr Ausbleiben in dem anberaumten Termin wegen Krankheit, beruflicher Verhinderung, Ortsabwesenheit oder wegen sonstiger wichtiger Gründe entschuldigen. Sie hat ihr Nichterscheinen dem Schiedsamt unverzüglich anzuzeigen und dabei die Entscheidungsgründe glaubhaft zu machen. Geht dem Schiedsamt die Entschuldigung vor dem Ende des Termins zu und wird der Termin daraufhin nicht aufgehoben, so ist dies der Partei gegen Nachweis mitzuteilen.

§ 18

Persönliches Erscheinen der Parteien, Sanktionen bei Ausbleiben oder vorzeitiger Entfernung

(1) Die Parteien sind verpflichtet, in dem anberaumten Termin persönlich zu erscheinen. Das persönliche Erscheinen der Parteien soll in der Regel angeordnet werden.

(2) Erscheint die antragstellende Partei entschuldigt nicht zu dem Termin, so ruht das Verfahren. Es kann jederzeit wieder aufgenommen werden. Mit dem Eingang des Antrags auf Wiederaufnahme wird das Ruhen des Verfahrens beendet.

(3) Steht fest, dass die Gegenpartei der Schlichtungsverhandlung unentschuldigt ferngeblieben ist oder sich unentschuldigt vor dem Schluss der Schlichtungsverhandlung entfernt hat, vermerkt die Schiedsperson die Beendigung der Schlichtungsverhandlung. Anderenfalls beraumt sie einen neuen Termin an.

(4) Erscheint die Gegenpartei unentschuldigt nicht zu dem Termin, oder entfernt sie sich unentschuldigt vor dem Schluss der Schlichtungsverhandlung, so setzt das Schiedsamt durch Bescheid ein Ord-

nungsgeld von zehn bis hundert Euro fest. Erfolgt die Entschuldigung nicht so rechtzeitig, dass der anberaumte Termin noch evrlegt werden kann, unterbleibt die Auferlegung eines Ordnungsgeldes nur dann, wenn glaubhaft gemacht wird, dass die Partei an der Verspätung der Entschuldigung kein Verschulden trifft.

(5) Der Bescheid ist der betroffenen Partei mit einer Belehrung über die Anfechtungsmöglichkeit nach Abs. 6 zuzustellen.

(6) Die Partei kann den Bescheid anfechten. Die Anfechtungserklärung ist binnen eines Monats nach Zustellung des Bescheides bei dem Schiedsamt schriftlich einzureichen oder zu Protokoll des Schiedsamts zu geben, welches den Bescheid erlassen hat. In der Anfechtungsklage sind die Gründe für die Anfechtung des Bescheides darzulegen und glaubhaft zu machen.

(7) Hält das Schiedsamt die Anfechtung für begründet, so ist der Bescheid aufzuheben oder das Ordnungsgeld herabzusetzen. Die Anfechtungserklärung ist unverzüglich dem Amtsgericht vorzulegen, wenn der Anfechtung nicht oder nur zum Teil abgeholfen wird.

(8) Das Amtsgericht kann Ermittlungen anstellen. Es entscheidet ohne mündliche Verhandlung durch Beschluss, der zu begründen ist. Die Entscheidung ist unanfechtbar. Solange über den Antrag nicht entschieden ist, darf wegen des Ordnungsgeldes nicht vollstreckt werden.

(9) Das Verfahren vor dem Amtsgericht ist kostenfrei. Außergerichtliche Kosten werden nicht erstattet.

(10) Bleibt die antragstellende Partei im Termin aus, ohne ihr Ausbleiben rechtzeitig vor dem Termin genügend zu entschuldigen, so gilt der Antrag als zurückgenommen, Andernfalls wird ein neuer Termin bestimmt.

(11) Bleibt die Gegenpartei im Termin aus, ohne ihr Ausbleiben vor dem Termin genügend zu entschuldigen, und ist eine etwaige Anfechtung des Bescheides über das Ordnungsgeld erfolglos geblieben, so ist anzunehmen, dass sie sich auf die Schlichtungsverhandlung nicht einlassen will. Andernfalls wird ein neuer Termin bestimmt.

§ 19

Wiedereinsetzung in den vorigen Stand

(1) War die Partei ohne Verschulden gehindert, die Frist nach § 18 Abs. 6 Satz 2 einzuhalten, so ist ihr auf Antrag Wiedereinsetzung in den vorigen Stand zu gewähren.

(2) Der Wiedereinsetzungsantrag ist mit der Anfechtungserklärung innerhalb einer Woche nach Wegfall des Hindernisses bei dem Amtsgericht schriftlich einzureichen. Die Partei kann ihn auch zu Protokoll der Geschäftsstelle des Amtsgerichts oder zu Protokoll des Schiedsamts erklären, welches den Bescheid erlassen hat. Die Tatsachen zur Begründung des Antrags sind bei der Antragstellung oder im Verfahren über den Antrag glaubhaft zu machen. Wird der Wiedereinsetzungsantrag zu Protokoll des Schiedsamts erklärt, so wird er dem Amtsgericht zugeleitet.

(3) Über den Antrag entscheidet das Amtsgericht ohne mündliche Verhandlung durch Beschluss, der zu begründen ist. Die Entscheidung ist unanfechtbar.

(4) Das Verfahren vor dem Amtsgericht ist kostenfrei. Außergerichtliche Kosten werden nicht erstattet.

(5) Für die Berechnung der Fristen gilt § 222 der Zivilprozessordnung.

§ 20

Vertretung natürlicher Personen in der Schlichtungsverhandlung

Die Vertretung natürlicher Personen in der Schlichtungsverhandlung durch Bevollmächtigte ist nur zulässig, wenn die Bevollmächtigten zur Aufklärung des Sachverhalts in der Lage und zu einem Vergleichsabschluss ermächtigt sind. Mehrere gesetzliche Vertreter einer Person können einander mit einer schriftlichen Vollmacht vertreten.

§ 21

Beistände in der Schlichtungsverhandlung

Jede Partei kann in der Schlichtungsverhandlung mit einem Rechtsanwalt oder sonstigem Beistand erscheinen.

§ 22
Verhandlungsgrundsätze

(1) Die Schlichtungsverhandlung ist mündlich und nicht öffentlich. Sie ist möglichst ohne Unterbrechung zu Ende zu führen. Wird die Verhandlung unterbrochen, so ist sogleich ein Termin zu ihrer Fortsetzung zu bestimmen.

(2) Die Schiedsperson erörtert die Streitsache mit den Parteien; dabei sind deren Vorstellungen von einer einvernehmlichen Beilegung des Konflikts zugrunde zu legen. Sie kann ihnen eigene Vergleichsvorschläge unterbreiten.

(3) Wird unter Beteiligung von Personen verhandelt, die der deutschen Sprache nicht mächtig sind, so kann die Person, die nicht deutsch spricht, eine sprachkundige Person zuziehen, die ihre Erklärungen ins Deutsche und die sonstigen Erklärungen, die in der Schlichtungsverhandlung abgegeben werden in die Sprache dieser Person übersetzt. Die Erklärungen können von der Schiedsperson selbst übersetzt werden, wenn sie die fremde Sprache beherrscht. Jede Partei kann verlangen, dass eine von der Schiedsperson auszuwählende Dolmetscherin oder ein von ihr auszuwählender Dolmetscher zugezogen wird.

§ 23
Beweiserhebung

(1) Die Schiedsperson lädt weder Zeuginnen und Zeugen noch Sachverständige. Zeuginnen und Zeugen sowie Sachverständige, die freiwillig erschienen sind, können gehört werden. Mit Zustimmung und in Anwesenheit der Parteien kann auch der Augenschein eingenommen werden.

(2) Zur Beeidigung, zur eidlichen Parteivernehmung sowie zur Entgegennahme eidesstattlicher Versicherungen ist die Schiedsperson nicht befugt.

§ 24
Protokoll

(1) Über die mündliche Verhandlung ist ein Protokoll in deutscher Sprache aufzunehmen.

(2) Das Protokoll enthält

1. den Tag und den Ort der Verhandlung,
2. die Namen und Vornamen sowie Anschriften der erschienenen Parteien, ihrer gesetzlichen Vertreter, Bevollmächtigten oder Beistände, der Dolmetscherinnen und Dolmetscher sowie die Angabe, wie diese sich ausgewiesen haben,
3. Angaben über den Gegenstand des Streits, insbesondere die Anträge,
4. den Wortlaut eines Vergleichs oder eine anderweitige Einigung (Anerkenntnis oder Verzicht) der Parteien oder die Feststellung, dass eine Vereinbarung zwischen den Parteien nicht zustande gekommen ist.

§ 25
Genehmigung des Protokolls

(1) Das Protokoll ist den Parteien vorzulesen oder zur Durchsicht vorzulegen und von ihnen zu genehmigen. Dies ist in dem Protokoll zu vermerken.

(2) Das Protokoll ist von der Schiedsperson eigenhändig zu unterschreiben. Wurde ein Anerkenntnis, Vergleich oder Verzicht erklärt, so ist das Protokoll auch von den Parteien zu unterschreiben. Mit Vollzug der Unterschriften werden die Erklärungen wirksam.

(3) Erklärt eine Person, dass sie nicht schreiben könne, so ist ihr Handzeichen durch einen besonderen Vermerk der Schiedsperson zu beglaubigen.

§ 26
Protokollbuch

(1) Die Protokolle werden der Zeitfolge nach in ein ausschließlich dazu bestimmtes Buch (Protokollbuch) eingeschrieben oder eingelegt und mit fortlaufenden Nummern versehen.

(2) Abgeschlossene Protokollbücher werden von dem für den Schiedsamtsbezirk zuständigen Amtsgericht aufbewahrt.

(3) Das Protokollbuch kann auch in automatisierter Form geführt werden.

§ 27
Abschriften und Ausfertigungen des Protokolls

(1) Die Parteien oder ihre Rechtsnachfolger erhalten auf Verlangen Abschriften oder Ausfertigungen des Protokolls.

(2) Die Ausfertigung besteht aus der mit dem Ausfertigungsvermerk versehenen Abschrift des Protokolls. Der Ausfertigungsvermerk muss Angaben über den Ort und die Zeit der Ausfertigung sowie die Person enthalten, für die die Ausfertigung erteilt wird, von der Schiedsperson unterschrieben und mit dem Dienstsiegel versehen werden.

(3) Die Ausfertigung wird von dem Schiedsamt erteilt, das die Urschrift des Protokolls verwahrt. Die Schiedsperson hat vor Aushändigung der Ausfertigung auf der Urschrift des Protokolls zu vermerken, wann und für wen die Ausfertigung erteilt worden ist.

(4) Befindet sich das Protokoll in der Verwahrung des Amtsgerichts, so wird die Ausfertigung von der Urkundsbeamtin oder dem Urkundsbeamten der Geschäftsstelle erteilt.

§ 28
Vollstreckung

(1) Aus dem vor einem Schiedsamt geschlossenen Vergleich findet die Zwangsvollstreckung statt.

(2) Die Vollstreckungsklausel auf die Ausfertigung erteilt das Amtsgericht, in dessen Bezirk das Schiedsamt seinen Sitz hat.

(3) Auf der Urschrift des Protokolls ist zu vermerken, wann und von wem sowie für und gegen wen die Vollstreckungstitel erteilt worden ist. Das Amtsgericht benachrichtigt das Schiedsamt von der Erteilung der Vollstreckungsklausel, wenn es das Protokoll nicht verwahrt.

§ 29
Erfolglosigkeitsbescheinigung

(1) Das Schiedsamt erteilt der antragstellenden Partei von Amts wegen eine Bescheinigung über die Erfolglosigkeit der Schlichtung, wenn

1. die Schlichtungsverhandlung beendet worden ist, weil feststeht, dass die Gegenpartei der Verhandlung unentschuldigt ferngeblieben ist oder sich unentschuldigt vor dem Schluss der Verhandlung wieder entfernt hat (§ 18 Abs. 3), und eine etwaige Anfechtung des Bescheides über das Ordnungsgeld erfolglos geblieben ist;
2. eine Vereinbarung zwischen den Parteien nicht zustande gekommen ist,
3. das Einigungsverfahren nicht innerhalb einer Frist von drei Monaten seit der Antragstellung (§ 14) und Einzahlung eines etwa angeforderten Kostenvorschusses durchgeführt worden ist. Der Zeitraum, während dessen das Verfahren ruht (§ 18 Abs. 2 Satz 1), wird in die Frist nicht eingerechnet.

(2) Die Schiedsperson versieht die Bescheinigung mit ihrer Unterschrift und dem Dienstsiegel. Die Bescheinigung muss

1. den Namen, Vornamen und die Anschrift der Parteien und ihrer gesetzlichen Vertreter,
2. Angaben über den Gegenstand des Streits, insbesondere die Anträge,
3. die Zeitpunkte des Antragseingangs und der Verfahrensbeendigung sowie
4. Ort und Zeit der Ausstellung

enthalten.

(3) Der Nachweis, dass statt der obligatorischen Streitschlichtung eine fakultative Streitschlichtung durchgeführt wurde, kann nur durch eine Abs. 2 entsprechende Bescheinigung geführt werden. Daraus muss sich außerdem ergeben, dass sich die Gegenpartei mit der Durchführung der fakultativen Streitschlichtung durch diese Stelle einverstanden erklärt hat.

DRITTER ABSCHNITT
SCHLICHTUNGSVERFAHREN IN STRAFSACHEN

§ 30
Sachliche Zuständigkeit

Das Schiedsamt ist die Vergleichsbehörde im Sinne des § 380 Abs. 1 der Strafprozeßordnung.

§ 31
Sühneversuch

(1) Der Sühneversuch wird im Rahmen eines Schlichtungsverfahrens durchgeführt. Für dieses Verfahren gelten die Vorschriften des Zweiten Abschnitts entsprechend, so weit in den §§ 32 bis 36 keine abweichenden Bestimmungen getroffen sind.

(2) Ein Sühneversuch wird nicht durchgeführt, wenn die Gegenpartei zur Zeit der Tat noch nicht achtzehn Jahre alt war.

§ 32
Befreiung vom Sühneversuch

(1) Das für das Privatklageverfahren zuständige Gericht kann auf Antrag durch Beschluß gestatten, dass von dem Sühneversuch abgesehen wird, wenn die antragstellende Partei von der Gemeinde, in der die Verhandlung stattfinden müßte, so weit entfernt wohnt, dass ihr unter Berücksichtigung ihrer Verhältnisse und nach den Umständen des Falles nicht zugemutet werden kann, zu der Verhandlung zu erscheinen. Das Gericht kann statt dessen die antragstellende Partei ermächtigen, sich in der Schlichtungsverhandlung vertreten zu lassen, die vertretende Person hat den gerichtlichen Beschluß sowie eine schriftliche Vollmacht dem Schiedsamt vorzulegen.

(2) Die Parteien können den Beschluß mit der sofortigen Beschwerde nach den Vorschriften der Strafprozessordnung anfechten.

§ 33
Beschränkung der Ablehnung

(1) Der Sühneversuch darf nicht aus den in § 16 Abs. 2 Nr. 3 und § 16 Abs. 3 angegebenen Gründen abgelehnt werden.

(2) Wenn bei einer Partei einer der in § 16 Abs. 2 Nr. 3 angegebenen Umstände vorliegt, so ist das in dem Protokoll zu vermerken. Gegen eine solche Partei findet die Zwangsvollstreckung aus einem aufgenommenen Vergleich nicht statt.

§ 34
Gesetzliche Vertretung der Gegenpartei

Wird die Gegenpartei gesetzlich vertreten, so ist die Terminsladung auch der vertretenden Person zuzustellen. Diese Person ist als Beistand zur Schlichtungsverhandlung zuzulassen.

§ 35
Ausbleiben der Gegenpartei

Bleibt allein die ordnungsgemäß geladene Gegenpartei ohne genügende Entschuldigung in einem anberaumten Termin aus (§ 18 Abs. 4), trifft die Schiedsperson die Feststellung nach § 18 Abs. 11 nur dann, wenn die Parteien nicht in derselben Gemeinde wohnen. Wohnen die Parteien in derselben

Gemeinde, ist die Feststellung erst dann zu treffen, wenn die Gegenpartei auch in einem weiteren Termin ohne genügende Entschuldigung ausbleibt.

§ 36

Sühnebescheinigung

(1) Auf Antrag bescheinigt das Schiedsamt die Erfolglosigkeit des Sühneversuchs zum Zwecke der Einreichung der Klage (§ 380 Abs. 1 Satz 2 der Strafprozeßordnung), wenn

1. in der Schlichtungsverhandlung ein Vergleich oder eine anderweitige Einigung nicht zu Stande gekommen ist oder
2. allein die Gegenpartei dem Schlichtungstermin, in den Fällen des § 35 Satz 2 auch in einem weiteren Termin, unentschuldigt ferngeblieben ist; in diesem Fall wird die Bescheinigung erst ausgestellt, wenn die Frist des § 18 Abs. 6 Satz 2 verstrichen ist, ohne dass der Bescheid über das Ordnungsgeld angefochten worden ist, oder wenn die Anfechtung erfolglos geblieben ist.

(2) Die Bescheinigung ist von der Schiedsperson zu unterschreiben und mit dem Dienstsiegel zu versehen. Sie hat die Straftat, die zur Last gelegt wird, und den Zeitpunkt ihrer Begehung, das Datum der Antragstellung sowie Ort und Datum der Ausstellung zu enthalten.

(3) Die Schlichtungsverhandlung und die Ausstellung der Bescheinigung sind im Protokollbuch zu vermerken.

VIERTER ABSCHNITT
KOSTEN

§ 37

Kosten

Das Schiedsamt erhebt für seine Tätigkeit Kosten (Gebühren und Auslagen) nur nach diesem Gesetz.

§ 38

Kostenschuld

(1) Wer die Tätigkeit des Schiedsamts beantragt hat, ist verpflichtet, die Kosten zu tragen.

(2) Die Kosten hat ferner zu tragen,

1. die Gegenpartei in einer bürgerlichen Rechtsstreitigkeit, wenn allein wegen ihres unentschuldigten Ausbleibens die Schlichtungsverhandlung nicht stattfinden kann;
2. wer die Kostenschuld durch eine vor der Schiedsperson abgegebene oder dieser mitgeteilten Erklärung oder in einem Vergleich übernommen hat;
3. wer für die Kostenschuld einer anderen Person kraft Gesetzes haftet;
4. hinsichtlich der Schreibauslagen diejenige Person, die die Erstellung von Ausfertigungen und Abschriften beantragt hat.

(3) Sind mehrere Personen verpflichtet, die Kosten zu tragen, so haften sie gesamtschuldnerisch. Die Haftung nach Abs. 2 Nr. 1 und 2 geht der Haftung nach Abs. 1 vor; die Haftung nach Abs. 1 für die nicht durch Vorschuß gedeckten Kosten soll in diesem Fall erst geltend gemacht werden, wenn das Beitreibungsverfahren (§ 40 Abs. 2) gegen die vorrangig haftende Person keinen Erfolg hatte oder aussichtslos erscheint.

(4) Haben die Parteien einen Vergleich geschlossen oder sich auf eine anderweitige Einigung verständigt, ohne dass darin eine Vereinbarung über die Kostentragung enthalten ist, so trägt jede Partei die Kosten des Schlichtungsverfahrens zur Hälfte.

§ 39

Fälligkeit, Vorschuss, Zurückbehaltungsrecht

(1) Gebühren werden mit der Beendigung des gebührenpflichtigen Geschäfts, Auslagen mit ihrem Entstehen fällig.

(2) Das Schiedsamt soll seine Tätigkeit von der vorherigen Zahlung der voraussichtlich entstehenden Gebühren und Auslagen abhängig machen.

(3) Haftet eine Person für Kosten, so können die ihr zu erteilenden Bescheinigungen, Ausfertigungen und Abschriften sowie Urkunden, die sie aus Anlaß des Geschäfts eingereicht hat, zurückbehalten werden, bis die in der Angelegenheit entstandenen Kosten bezahlt sind.

§ 40

Einforderung, Beitreibung, Verjährung

(1) Die Kosten und Ordnungsgelder werden auf Grund einer von der Schiedsperson unterschriebenen Kostenrechnung, die der für die Kosten haftenden Person mitzuteilen ist, eingefordert.

(2) Die Kosten und Ordnungsgelder werden auf Antrag des Schiedsamts von der Gemeinde nach den Vorschriften des Hessischen Verwaltungsvollstreckungsgesetzes vom 12. Dezember 2008 (GVBl. 2009, Seite 2), zuletzt geändert durch Gesetz vom 21. November 2012 (GVBl. S. 430), in der jeweils geltenden Fassung beigetrieben. Für die Verjährung gilt § 19 des Hessischen Verwaltungskostengesetzes in der Fassung vom 12. Januar 2004 (GVBl. I S. 36), zuletzt geändert durch Gesetz vom 23. Juni 2018 (GVBl S. 330), entsprechend.

§ 41

Gebühren

(1) Für das Schlichtungsverfahren wird eine Gebühr von mindestens elf Euro erhoben; kommt ein Vergleich zu Stande, so beträgt die Gebühr mindestens einundzwanzig Euro.

(2) Unter Berücksichtigung der Verhältnisse der Person, die verpflichtet ist, die Kosten zu tragen, und des Umfangs und der Schwierigkeit des Falles kann die Gebühr auf höchstens fünfzig Euro erhöht werden.

(3) Sind auf der Seite einer Partei oder beider Parteien mehrere Personen am Schlichtungsverfahren beteiligt, so wird die Gebühr nur einmal erhoben; die Beteiligung mehrerer Personen kann nach Abs. 2 berücksichtigt werden.

§ 42

Auslagen

(1) Als Auslagen werden erhoben:

1. eine Dokumentenpauschale für die Aufnahme von Anträgen, für Mitteilungen an die Parteien sowie für Ausfertigungen und Ablichtungen von Protokollen und Bescheinigungen; die Höhe der Dokumentenpauschale bestimmt sich nach Nr. 31000 Nr. 1 bis 3 der Anlage 1 des Gerichts- und Notarkostengesetzes vom 23. Juli 2013 (BGBl. I S. 2586), zuletzt geändert durch Gesetz vom 05. Juli 2017 (BGBl. I s. 2208);
2. die bei der Durchführung einer Amtshandlung entstandenen notwendigen baren Auslagen in tatsächlicher Höhe.

(2) Die Vergütung hinzugezogener Dolmetscherinnen und Dolmetscher zählt zu den baren Auslagen. Sie richtet sich nach dem Justizvergütungs- und -entschädigungsgesetz vom 5. Mai 2004 (BGBl. I S. 718, 776), zuletzt geändert durch Gesetz vom 11. Oktober 2016 (BGBl I S. 2222). Die Vergütung ist auf Antrag des Schiedsamts oder der Dolmetscherin oder des Dolmetschers von dem Urkundsbeamten der Geschäftsstelle des für den Schiedsamtsbezirk zuständigen Amtsgerichts festzusetzen.

§ 43

Absehen von der Kostenerhebung

(1) Das Schiedsamt kann, wenn dies mit Rücksicht auf die wirtschaftlichen Verhältnisse der zahlungspflichtigen Person oder sonst aus Billigkeitsgründen geboten ist, die Gebühren ermäßigen oder von ihrer Erhebung ganz absehen.

(2) Von der Erhebung der Auslagen kann unter den in Abs. 1 genannten Voraussetzungen ganz oder teilweise abgesehen werden.

(3) Die nicht erhobenen Auslagen nach § 42 Abs. 1 Nr. 1 trägt die Schiedsperson, die nicht erhobenen Auslagen nach § 42 Abs. 1 Nr. 2 die Gemeinde und die nicht erhobenen Auslagen nach § 42 Abs. 2 die Staatskasse.

§ 44
Einwendungen gegen den Kostenansatz

Über Einwendungen der zahlungspflichtigen Person gegen den Kostenansatz oder gegen Maßnahmen nach § 39 Abs. 2 und 3 entscheidet das für den Schiedsamtsbezirk zuständige Amtsgericht ohne mündliche Verhandlung durch richterlichen Beschluss. Die Entscheidung ist unanfechtbar. Das Verfahren vor dem Amtsgericht ist kostenfrei. Außergerichtliche Kosten werden nicht erstattet.

§ 45
Verteilung der Einnahmen

(1) Die Ordnungsgelder, die auf Grund dieses Gesetzes erhoben werden, stehen der Gemeinde zu.

(2) Die nach § 41 erhobenen Gebühren stehen zu 60 vom Hundert der Schiedsperson und zu 40 vom Hundert der Gemeinde zu.

(3) Die nach § 42 Abs. 1 erhobenen Auslagen stehen der Schiedsperson zu.

FÜNFTER ABSCHNITT
ÜBERGANGS- UND SCHLUSSVORSCHRIFTEN

§ 46
(nicht wiedergegebene Aufhebungsvorschrift)

§ 47
Fortbestand der Bezirke

Die bei Inkrafttreten dieses Gesetzes eingerichteten Schiedsmannsbezirke bestehen als Schiedsamtsbezirke fort, so weit der Gemeindevorstand keine abweichenden Regelungen (§ 1 Abs. 2) trifft.

§ 48
Fortdauer der Amtsausübung

(1) Die nach dem Hessischen Schiedsmannsgesetz berufenen Schiedsfrauen und Schiedsmänner üben ihr Amt weiterhin aus, wenn der ihnen zugewiesene Schiedsmannsbezirk als Schiedsamtsbezirk bestehen bleibt; ihre Amtszeit richtet sich nach dem bisherigen Recht. Das Amt endet vorzeitig, wenn der Schiedsamtsbezirk aufgelöst wird.

(2) Die nach dem Hessischen Schiedsmannsgesetz berufenen Schiedsfrauen und Schiedsmänner, die nach § 3 Abs. 2 Nr. 5 das Amt nicht bekleiden können, dürfen ihr Amt für die Zeit weiter ausüben, für die sie gewählt wurden, sofern das Amt nicht nach Abs. 1 Satz 2 vorzeitig endet.

§ 49
Anhängige Verfahren

Die bei Inkrafttreten dieses Gesetzes bei dem Schiedsamt anhängigen Verfahren werden nach dem bisherigen Recht zu Ende geführt.

§ 50
Vollstreckung

Die Vorschriften dieses Gesetzes, die sich auf die Ausfertigung und Vollstreckung der abgeschlossenen Vergleiche beziehen, finden auch auf Vergleiche Anwendung, die vor dem Inkrafttreten dieses Gesetzes von einer Schiedsfrau oder einem Schiedsmann zu Protokoll genommen worden sind.

§ 51

Verwaltungsvorschriften

Der Vorstand des Oberlandesgerichts erlässt die zur Ausführung dieses Gesetzes erforderlichen Verwaltungsvorschriften.

§ 52

Zeitlicher Geltungsbereich

Das Gesetz tritt am 1. Oktober 1994 in Kraft. Dieses Gesetz tritt mit Ablauf des 31. Dezember 2025 außer Kraft.

Stichwortverzeichnis

Die Zahlen verweisen jeweils auf die Seite.

L

N

O

R

S

T

U

V

W

Z